山东大学检察理论研究中心支持

中国刑事公诉制度发展报告(2021)

周长军　主　编
冯俊伟　副主编

山东大学出版社
SHANDONG UNIVERSITY PRESS
·济南·

图书在版编目(CIP)数据

中国刑事公诉制度发展报告. 2021/周长军主编
.—济南:山东大学出版社,2022.12
ISBN 978-7-5607-7708-5

Ⅰ.①中… Ⅱ.①周… Ⅲ.①刑事诉讼—公诉—制度—研究报告—中国—2021 Ⅳ.①D925.214

中国版本图书馆 CIP 数据核字(2022)第 247754 号

责任编辑 肖淑辉
封面设计 王秋忆

中国刑事公诉制度发展报告(2021)
ZHONGGUO XINGSHI GONGSU ZHIDU FAZHAN BAOGAO **2021**

出版发行 山东大学出版社
社 址 山东省济南市山大南路 20 号
邮政编码 250100
发行热线 (0531)88363008
经 销 新华书店
印 刷 东港股份有限公司
规 格 720 毫米×1000 毫米 1/16
18.5 印张 337 千字
版 次 2022 年 12 月第 1 版
印 次 2022 年 12 月第 1 次印刷
定 价 68.00 元

前　言

刑事公诉是现代各国检察机关的基本职能。党的十九大以来，随着2018年我国《宪法》《刑事诉讼法》的修改以及《监察法》的颁布，各级监察委员会依法成立，对所有行使公权力的公职人员进行监察，调查职务违法和职务犯罪。相应地，原本由检察机关侦查的职务犯罪案件转由监察委员会调查。在此背景下，检察机关为更好地发挥作为法律监督机关的功能，进行了大刀阔斧的机构改革和职能重塑，初步形成了刑事检察、民事检察、行政检察和公益诉讼检察"四大检察"全面发展的格局。当然，囿于历史、现实等多重因素的影响，实践中"四大检察"的发展并不平衡。无论从业务类型、机构设置，还是案件数量、影响范围、社会关注度来看，刑事检察均具有基础性地位和关键性作用，刑事公诉制度的发展状况因而值得特别关注和研究。

山东大学检察理论研究中心是2018年4月最高人民检察院和山东大学合作共建的科研平台，2019年8月被授予最高人民检察院检察基础理论研究基地，致力于检察基础理论、检察权运行机制、检察权运行实践、检察制度改革等领域的研究，着力打造成高端检察理论研究中心、人才培养中心、专业文献中心和国内一流的专业型智库。研究中心成立以来，积极组织中心人员开展学术活动和社会服务工作，取得了丰硕成果。一是紧密围绕检察权行使与认罪认罚从宽制度、刑事合规、职务犯罪案件办理、非羁押诉讼等前沿问题进行检察理论研究，在《法学研究》《中国法学》等期刊上发表了高质量的研究成果，出版了《刑事合规的基础理论》等多部著作，承担了最高人民检察院和山东省各级检察机关设立的检察理论和调研课题。二是大力推进检校合作，推动学校先后与山东省人民检察院、最高人民检察院案管中心等签署战略合作协议。研究中心不仅与山东省人民检察院共同主办山东省检察理论研究年会，而且与山东各级检察机关在科研合作与学术交流、专家咨询与智库建设、教育培训与人才培养等领域进行了深入合作。三是针对当前检察体制改革和检察工作核心话题,研究中心人员积极撰写智库成果,多篇智库报告获得最高人民检察院领导批示。四是为来自全国各地的检察机关举办业务骨干培训活动,促进检察队伍建设,助力检察工作高质量发展。在2021年山东省人民检察院与山东省律师协会等共同举办的检察官与律师辩论赛上,研究中心多位人员作为专家参与活动或作电视直播现场点评。

为更好地发挥山东大学检察理论研究中心作为最高人民检察院检察基础理论研究基地的作用,打造具有鲜明辨识度和广泛影响力的学术品牌,结合研究基础、学术兴趣和支撑条件,研究中心决定编辑出版中国刑事公诉制度发展报告。基本框架除序言和附录外,分为以下四编:

第一编是研究综述,侧重对当年有关刑事公诉权和刑事公诉制度的研究文献进行综述,追踪理论研究前沿动态。

第二编是实践进展,侧重以山东为例考察我国刑事公诉制度的最新发展和改革状况,把握检察机关的实践操作特点,回应现实关切。

第三编是法律文件,汇集当年立法机关和司法机关制定的涉及我国刑事公诉制度的一些主要的规范性文件。限于篇幅无法在此编中一一展开的,则只列标题,收于附录中。

第四编是重要案例,选取当年最高人民检察院发布的涉及我国刑事公诉制度的部分典型案例和指导性案例。限于篇幅无法在此编中一一展开的,则只列标题,收于附录中。

《中国刑事公诉制度发展报告(2021)》就是基于上述考虑编辑而成的,是山东大学检察理论研究中心与山东济南、青岛、烟台、淄博、东营、聊城等六地检察院进行合作研究的产物。其中,第二编"实践进展"部分,选取了职务犯罪检察、未成年人检察、涉案企业合规改革、"捕诉一体"办案机制、非羁押诉讼、刑事检察"案-件比"指标六个领域进行考察和分析,分别由山东青岛、济南、烟台、淄博、东营、聊城六地的检察官负责撰写;其余各编则由山东大学检察理论研究中心研究人员完成。

当然,受水平和视野所限,书中肯定存在不足之处,敬请各位专家和同仁批评指正。

周长军
2022年10月

目　录

第一编　研究综述

第二编　实践进展

第三编　法律文件

第四编　典型案例

第一编

研究综述

刑事公诉权基本理论研究综述

周长军　张瑞斌*

刑事公诉权的基本理论是指刑事公诉权的基本概念、范畴与原理。从逻辑上讲，刑事公诉权的基本理论可以划分为刑事公诉权的内部性理论和外部性理论。前者聚焦于刑事公诉权的内涵、权能、功能等方面的探讨，后者则聚焦于公诉与自诉、公诉权与检察权、公诉权与法律监督权等关系的研究。2021年，我国法学界与法律界关于刑事公诉权基本理论的研究主要集中在刑事公诉形态的多元化、刑事公诉权的功能、追加公诉、公诉与自诉的关系以及公诉权与检察权、法律监督(权)的关系等领域。

一、刑事公诉权的内部性理论

(一)刑事公诉形态的多元化

有学者认为，刑事公诉权的形态分为实体形态和程序形态。实体形态中，定罪公诉是公诉机关通过对案件事实的审查，根据刑法规定的犯罪构成，依据刑事诉讼法规定的证据标准和程序，认定犯罪嫌疑人或被告人的行为是否构成犯罪以及构成什么犯罪的诉讼活动；量刑公诉是公诉人提出量刑建议并说服法官采纳量刑建议的诉讼活动。程序形态中，程序公诉是检察机关在起诉和审判过程中规范侦查行为，保障诉讼主体权益，灵活选择建议适用速裁程序、简易程序、普通程序，实现繁简分流等的程序性活动。因应公诉形态的多元化，证据制度上应当保障证明标准和证明责任多元化，庭审制度上应当推动量刑程序诉讼

* 周长军，山东大学法学院院长、法学院(威海)院长，山东大学检察理论研究中心主任；张瑞斌，山东大学法学院诉讼法学博士生。

化,辩护制度上应当倡导诉辩协商常态化。[①]

(二)刑事公诉权的功能实现

有学者认为,刑事公诉权的功能是公诉权在一定目的的指引下,通过运行而造成一定的客观后果,是检察机关通过审查起诉等活动对社会产生的功用和效能。刑事公诉权的功能经过了四个阶段的发展,即“从无到有:犯罪追诉功能的产生”“从有到分离:权力制约和利益保护功能的出现”“从单一性权力到集合型权力:法治功能的丰富”“从诉讼视野到社会视野:社会治理功能的彰显”。追诉犯罪是刑事公诉权最基本的功能;制约权力是公诉权现代化的功能支撑;保护利益是公诉权的内在依归功能;统一法律实施是公诉权法治功能的集中体现;维护社会秩序是公诉权对于行使结果的功能,指公诉权行使的过程和结果得到当事人的认可。认罪认罚从宽必然对进入这一范畴的公诉权的功能产生影响。[②]

(三)追加公诉的要件与审理

有学者认为,检察机关追加起诉不应受到立案管辖和地域管辖的规制,但不得突破级别管辖,且普通审判程序中不得追加由专门法院管辖的案件。追加起诉的程序时点应限于一审且不得违背上诉不加刑原则,截止时点应提前至庭审结束前。只要新旧两诉存在交叉关系,检察机关就有权追加起诉。涉及追加遗漏的同案犯罪嫌疑人时,审判机关原则上仍要求新旧两诉被告人涉嫌的罪名同一;涉及追加遗漏的罪行时,新旧两诉的同一性是指新旧两诉被告人相互牵连。关于诉之追加的审理,未来应明确赋予审判机关审查判断检察机关追加起诉申请是否合理的权力,同时将因追加起诉而产生的延期审理申请权赋予控辩双方;法院若同意检察机关追加起诉,则应将旧诉与追加的新诉合并审理。[③]

二、刑事公诉权的外部性理论

(一)公诉与自诉的关系

刑事起诉方式有国家追诉主义与私人追诉主义之别。国家追诉主义是指

---

① 参见李鹏飞、郭志远:《论刑事公诉多元化形态及相关制度完善》,《江淮论坛》2021 年第 3 期。

② 参见王新清、谢财能:《认罪认罚从宽视野下公诉权的功能实现》,《广西大学学报》(哲学社会科学版)2021 年第 4 期。

③ 参见程光:《刑事公诉中诉之追加:内涵、要件及审理——以最高检 2019 年〈人民检察院刑事诉讼规则〉第四百二十三条为切入点》,《广西警察学院学报》2021 年第 2 期。

由国家所设机关代表国家追诉犯罪，又称“职权追诉主义”；私人追诉主义是指追诉犯罪之权由私人操控，又可分为公众追诉主义和狭义私人追诉主义，前者指追诉犯罪之权，人人皆得而有之，后者指追诉权由被害人及其法定代理人、近亲属等行使。从私人追诉到国家追诉的变迁，代表了刑事起诉制度发展的总体趋势，但是法律文化传统、诉讼模式等方面的差异，导致刑事起诉方式存在检察官起诉专权主义、以检察官起诉为主兼采大陪审团起诉、以检察官起诉为主兼采被害人自诉、以私人起诉原则为基础的多主体起诉等多种形态。检察官起诉专权主义和以检察官起诉为主兼采被害人自诉是两种最为常见的形态。①

在以往的学术研究中，公诉与自诉的关系问题鲜受关注。2020 年底至 2021 年初，一起发生在杭州的诽谤罪案件引起了学术界和实务界广泛而激烈的讨论。此案中，被害人谷某某向法院提起自诉且法院立案后，公安机关又根据检察机关的检察建议对郎某某、何某某涉嫌诽谤罪立案侦查，被害人谷某某随即撤回起诉，该案由自诉案件转为公诉案件。对于其中所涉及的在案件已经系属法院情况下自诉能否转为公诉、自诉与公诉如何衔接等问题的回答，均指向自诉与公诉的关系理论。学界围绕此案展开的讨论既包括公诉与自诉的原理性研究，也涉及具体法律适用的对策建议。以下将主要就公诉与自诉关系的理论基础、公诉权与自诉权的竞合、告诉才处理犯罪追诉制度的反思、我国公诉与自诉关系的立法完善等方面的讨论进行综述。

1.公诉与自诉关系的理论基础

有学者认为，世界范围内刑事起诉方式所呈现的多元形态及学术界的争论表明，关于刑事起诉方式的理论基础，大体可以分为三种观点：其一是被害人自诉权固有论，其二是国家公诉权让渡论，其三是公诉权与自诉权合理分配论。②

被害人自诉权固有论认为，被害人是犯罪行为的直接受害者，被害人因犯罪行为使自己在人身、健康、精神、财产等方面的权利受到损害，当然有权要求对加害者进行惩罚。在此意义上，可以说自诉是被害人的一项“自然权利”或“固有权利”。③ 比如，有观点认为，在自诉人未同意的情形下，即便案件属于自诉转公诉，检察机关依然不能自行提起公诉，法理基础为个人法益优于公共法益。自诉转公诉案件是在侵犯个人法益的基础上延伸出公共法益的侵害结果，没有前者便无后者，因而在保护公共法益时尤其需要注意个人法益是否有遭受

① 参见熊秋红：《论公诉与自诉的关系》，《中国刑事法杂志》2021 年第 1 期。

② 参见熊秋红：《论公诉与自诉的关系》，《中国刑事法杂志》2021 年第 1 期。

③ 参见熊秋红：《论公诉与自诉的关系》，《中国刑事法杂志》2021 年第 1 期。

牺牲的风险。①

国家公诉权让渡论认为,由于一切犯罪包括针对私人的犯罪,本质上都是对国家和社会利益的侵害,因此,追诉犯罪的权力属于国家。只是在犯罪对国家和社会利益影响不大的情况下,权衡利弊,公权力让渡出一部分给私权利,由国家赋予个人有限的追诉权。从某种意义上说,个人的追诉权仍然是国家追诉权的一部分,是国家通过权力让渡使追诉权呈现出的另一种表现形式。② 比如,有观点认为,自诉权来源于国家公权的让渡,国家可以根据需要收回由自己行使,是否由国家公诉,由司法机关决定,即使没有法定的例外情形,自诉人申请国家公权救济时,国家亦需“接盘”。一旦国家公权决定自己行使追诉权,自诉权须无条件服从,即自诉程序须让位于公诉程序。③

公诉权与自诉权合理分配论者撇开本体论上的争议,更多地从犯罪治理的实效出发,考虑在刑事起诉方式上实现公诉权与自诉权的合理配置问题。刑事起诉方式无论采公诉还是自诉,都应服务于刑事诉讼目的的实现,更好地追求惩罚犯罪与保障人权之间的平衡。④ 比如,有观点认为,作为追诉犯罪的法定形式之一,哪些案件可以纳入自诉范围是一个事实判断问题,需要注重考虑被害人的追诉能力、取证的难易程度等实践性因素。⑤ 另有观点认为,自诉在遵从公诉的前提下,对公诉进行超越和突破,当公诉不能有效履行职责时,转化为自诉可以对公诉进行监督和制约,救济被害人的合法权益;公诉保障和促进自诉自由,自诉遇到困难时,转为公诉可以保证诉讼的顺利进行。⑥ 还有观点认为,从刑事自诉制度的发展史可知,自诉犯罪设立的初衷乃是保障受到侵害的公民在司法公权力主体无法追诉时能从程序上得到弥补。网络社会公共秩序若因网络谣言散布而受到严重破坏,司法机关的主动介入可及时恢复业已遭受侵害的社会秩序,这体现了司法机关不断为增强人民群众幸福感、获得感和安全感而肩负的崇高使命。⑦

---

① 参见赵天水:《网络诽谤犯罪自诉转公诉的域外考察及借鉴》,《江苏警官学院学报》2021年第4期。

② 参见熊秋红:《论公诉与自诉的关系》,《中国刑事法杂志》2021年第1期。

③ 参见庄永廉、樊崇义、苗生明、黄生林、常锋:《自诉与公诉的转换衔接及理论基础》,《人民检察》2021年第13期。

④ 参见熊秋红:《论公诉与自诉的关系》,《中国刑事法杂志》2021年第1期。

⑤ 参见吴宏耀:《告诉才处理犯罪的追诉制度:历史回顾与理论反思》,《中国刑事法杂志》2021年第1期。

⑥ 参见庄永廉、樊崇义、苗生明、黄生林、常锋:《自诉与公诉的转换衔接及理论基础》,《人民检察》2021年第13期。

⑦ 参见王译:《网络诽谤案刑事“自诉”转“公诉”的正当性考察》,《人民检察》2021年第4期。

2.公诉权与自诉权的竞合

在公诉与自诉并存的制度设计下，由于公诉案件与自诉案件的划分标准并不清晰，实践中可能会出现"一案两诉"。有学者指出，在公诉程序开始启动的情况下，如果刑事自诉已经开始，就会出现观念上的诉讼竞合的情况。而所谓"诉讼竞合"，就是一个案件同时存在两个诉讼的情况，但应依法终结或者中止其中一个诉讼，由另外一个诉讼处理案件或者先行处理。所谓"观念上的"，是指从逻辑上可能存在两个诉讼，但一个诉讼开始是以另外一个诉讼终结为前提的，也就是说，实际上并不会出现两个诉讼同时存在并继续的情况。[①]

关于公诉权与自诉权竞合时的处理，持不同理论主张的人有不同的理解。国家公诉权让渡论者、公诉权与自诉权合理分配论者均倾向于主张在公诉权与自诉权发生竞合的情形下公诉优先。比如，有观点认为，自诉转换为公诉，或者公诉转换为自诉，应当遵循的一个重要原则就是公诉优于自诉。杭州女子收快递遭网络诽谤案的发展，不仅使被害人的人格、工作、精神遭受了损失，更重要的是使社会秩序和国家治理秩序遭到了严重的危害。按照公诉优于自诉的原则，转换之举不仅使被害人的人权得到了保护，也使国家和社会的利益损失得以挽回。[②] 另有观点指出，从我国检察机关所处的法律监督者地位以及"民众对犯罪的恐惧更甚于对国家权力扩张的担忧"这一国情看，我国宜采公诉优先论。[③] 还有观点认为，在超出个人利益范围的情形下，被害人的隐私权或名誉权受到侵犯，从法理上讲，其仍有刑事自诉权，但由于行为人侵犯的利益"溢出"了被害人的私领域，因而国家有权提起公诉。在这种情形下，国家追诉权应当优先实施。基于一事不再理原则，对行为人只能同时提起一个刑事诉讼。国家对公共利益的维护可以涵盖对被害人个人利益的保护。[④] 与之不同的是，被害人自诉权固有论者认为，在公诉权与自诉权发生竞合的情形下自诉优先。比如，有观点认为，在判定自诉-公诉案件的程序时，应当以案件的本性为中心进行分析，如自诉转公诉案件的本性为民事案件，就应当以自诉人的意愿为原则，充分尊重自诉人在诉讼中撤诉、和解与调解的意愿。在自诉人未同意的情形下，即便案件属于自诉转公诉，检察机关依然不能自行提起公诉，法理基础为个人法益优于公共法益。若检察机关径行提起公诉，先不谈其是否尊重了自诉人的诉

① 参见时延安:《"自诉转公诉"的法理分析》,《中国刑事法杂志》2021 年第 1 期。

② 参见樊崇义:《自诉转公诉,须坚持刑事诉讼四原理》,《检察日报》2021 年 7 月 13 日。

③ 参见熊秋红:《论公诉与自诉的关系》,《中国刑事法杂志》2021 年第 1 期。

④ 参见时延安:《"自诉转公诉"的法理分析》,《中国刑事法杂志》2021 年第 1 期。

讼意愿,很有可能在诉讼程序中牺牲自诉人的利益,使自诉人遭受双重伤害。[①]

如果公诉权与自诉权发生竞合时公诉权优先,那么自诉权是合并、转化还是自始无效？对此,存在一定的认识分歧。有观点认为,追诉权竞合可以分为实质的追诉权竞合和想象的追诉权竞合。前者是指,在国家追诉的刑事案件中,被害人的自诉权仍旧存在,比如侮辱、诽谤刑事案件中,如果被害人先行提起自诉,而法院认为或者公安机关发现,侮辱或诽谤行为“严重危害社会秩序和国家利益”而应转为公诉程序时,自诉应被合并到新的公诉程序中。后者是指,被害人自认为有自诉权,但实际上被害人对其起诉的案件并没有追诉权,法院应建议被害人撤回自诉或者驳回起诉,同时将案件移送公安机关立案侦查。[②]另有观点认为,若同一案件自诉和公诉并存,在公诉程序启动后,自诉案件就被公诉案件吸收。[③] 也有观点认为,在既可自诉也可提起公诉时应坚持公诉优先,这并非国家对被害人追诉权的不当干涉,因为虽然追诉形式发生了转变,但是由国家机关行使公诉权,进行侦查取证,能够更好地维护个人利益;公诉对自诉进行吸收,主要有两种方式:被害人撤回起诉和法院裁定终止审理。[④] 亦有观点分析指出,如果自诉人提起诉讼,法院尚未立案,执法司法机关启动公诉追诉程序,法院应当说服自诉人撤回起诉,自诉人不撤回起诉的,裁定不予受理;如果法院立案后,执法司法机关启动公诉追诉程序,法院可以说服自诉人撤回起诉,或者采取公诉程序吸收自诉程序,由法院裁定终止自诉案件的审理,以公诉案件进行审理,自诉人以当事人身份参加诉讼。[⑤] 还有观点认为,如果被害人此前已提起了诉讼,那么自公安机关立案侦查开始,被害人的自诉活动就因为其丧失了自诉权而归于无效,国家只能采取公诉程序来追究犯罪嫌疑人的刑事责任。[⑥]

3.告诉才处理犯罪追诉制度的反思

有学者从告诉才处理犯罪的追诉制度切入,探讨告诉才处理犯罪与自诉和公诉的关系。论者认为,主流观点将告诉才处理犯罪解释为“只能自诉”是特定历史条件下的学理误读。告诉才处理制度与自诉制度承载着不同的法律功能。

① 参见赵天水:《网络诽谤犯罪自诉转公诉的域外考察及借鉴》,《江苏警官学院学报》2021 年第 4 期。

② 参见时延安:《“自诉转公诉”的法理分析》,《中国刑事法杂志》2021 年第 1 期。

③ 参见任开志、童世均:《“自诉转公诉”的法理分析和立法完善》,《人民检察》2021 年第 11 期。

④ 参见任开志、童世均:《“自诉转公诉”的法理分析和立法完善》,《人民检察》2021 年第 11 期。

⑤ 参见庄永廉、樊崇义、苗生明、黄生林、常锋:《自诉与公诉的转换衔接及理论基础》,《人民检察》2021 年第 13 期。

⑥ 参见邓思清:《论自诉转公诉的规范构造》,《西南政法大学学报》2021 年第 4 期。

一项犯罪在实体法上是否规定为告诉才处理的犯罪与其在追诉方式上是否适宜提起自诉，一个是价值选择问题，一个是现实操作问题。告诉才处理案件本质上属于公诉案件；现行立法只是赋予了告诉才处理案件“可以自诉”的权利，而非限制其只能自诉。为此类犯罪构建一种“公自诉并行”的追诉制度，本质上是承认被害人就此类犯罪享有追诉方式的选择权。[①]

4.我国公诉与自诉关系的立法完善

有学者认为，应当重新审视我国的相关立法和司法解释，在此基础上理清处理公诉与自诉关系的基本思路。一是被害人的诉权可以通过多种方式实现，不宜将被害人的诉权与自诉权画等号。二是应当牢固树立国家追诉主义的理念，以被害人自诉权固有论为基础的公诉与自诉二元制（双轨制）不可取。三是可以考虑限制乃至废除自诉，自诉制度的功能在一定程度上可被刑事和解制度替代。四是应当处理好实体法与程序法的关系。五是应当做好自诉与公诉之间的衔接。[②] 另有学者认为，应当完善自诉与公诉转换衔接的法律规定，解决以下问题：一是明确规定自诉与公诉转换衔接的案件范围和条件；二是规定转换衔接的程序，包括诉的撤回、诉的驳回、诉的终止或中止等；三是转换受理审判后不服的救济程序等。[③] 也有学者建议，为了填补法律的空白，有效解决自诉与公诉的法律程序衔接问题，我国法律或者司法解释对自诉转公诉的法律程序衔接应作如下规定：对于自诉案件，被害人向人民法院提起诉讼，人民法院在审查过程中发现该案件属于公诉案件的，应当作出不予受理的决定，并告知被害人向公安机关报案，或者将案件线索移送公安机关。人民法院对被害人的自诉立案后，知悉公安机关又启动立案侦查程序的，应当说服被害人撤回自诉；如果被害人不同意撤回自诉，人民法院应当裁定终止审理。[④] 还有学者认为，在符合公诉条件的情形下，若自诉人起诉在先，由于自诉人撤回自诉不符合刑事诉讼法有关撤回自诉的规定，因而“被害人撤诉论”无法为公诉提供程序衔接的合理性；在诽谤罪除罪化已成世界趋势的背景下，我国应在明确诽谤法律制度价值倾向的基础上，以原告提起民事诉讼作为公诉的前置程序，对担当诉讼制度进行本土化改造，将自诉转公诉的案件与公诉转自诉的案件统一以“自诉-公诉”

---

① 参见吴宏耀：《告诉才处理犯罪的追诉制度：历史回顾与理论反思》，《中国刑事法杂志》2021年第1期。

② 参见熊秋红：《论公诉与自诉的关系》，《中国刑事法杂志》2021年第1期。

③ 参见庄永廉、樊崇义、苗生明、黄生林、常锋：《自诉与公诉的转换衔接及理论基础》，《人民检察》2021年第13期。

④ 参见邓思清：《论自诉转公诉的规范构造》，《西南政法大学学报》2021年第4期。

案件进行称谓,主张"举证责任归于原告说",化解网络诽谤案件自诉转公诉的程序缺位问题。[①]

(二)公诉权与检察权、法律监督(权)的关系

学界普遍基于我国宪法对检察机关作为法律监督机关的定位认为,检察权的本质属性是法律监督。比如,有观点认为,我国检察权是法定的法律监督权,具体包括国家公诉权(如提起刑事公诉,民事、行政公益诉讼的权力)、诉讼监督权、司法审查权(如侦查监督权)、立法提案权和参加其他法律活动。检察机关除专司刑事公诉检控犯罪之外,还负责对由刑事检控衍生的刑事案件立案、侦查、审判和执行工作进行司法审查,并对特定案件享有指导侦查和案件侦查权,从而形成新时代"四大检察""十大业务"检察权能配置。检察权运行中所体现的职能、属性等都应溯源至法律监督属性,其职权和运作归根结底都是体现和服务于法律监督职能,且司法属性与法律监督属性深度交互融合。[②] 也有观点指出,检察权在始终保持法律监督权基本属性的前提下,适时地根据时代变迁而不断调整其权力外延和权力运行方式,实现检察权发展与国家治理的同频共振。[③] 还有观点认为,诉讼监督乃是检察权或法律监督的核心和实质内涵,这也是检察机关作为司法机关的根本属性。[④]

不过,对于法律监督是检察机关的一项权力即法律监督权,还是其一项职责或属性,存在认识分歧。有观点认为,就权力定位而言,我国检察权是法定的法律监督权。[⑤] 也有观点指出,检察机关的法律监督权是通过参与具体的诉讼程序来行使的,无论是审查逮捕、侦查监督、审判监督、审查起诉、刑事执行监督,还是民事、行政、公益诉讼检察,都是在诉讼过程中完成的,诉讼是检察机关法律监督的基本载体。[⑥] 还有观点认为,检察机关的监督职权不再局限于刑事诉讼监督,而是延伸到民事诉讼监督和行政诉讼监督;不仅如此,随着社会主义法律体系的建成,维护国家法制统一的需求日渐迫切,检察机关的法律监督职

---

① 参见赵天水:《网络诽谤犯罪自诉转公诉的域外考察及借鉴》,《江苏警官学院学报》2021 年第 4 期。

② 参见桂万先、姜奕:《新时代中国特色社会主义检察制度的特色与优势》,《法治现代化研究》2021 年第 3 期。

③ 参见谢鹏程、陈磊:《检察学:围绕检察基本理论创新立说》,《检察日报》2021 年 1 月 9 日。

④ 参见张伟:《"法律监督"新解》,《民主与科学》2021 年第 2 期。

⑤ 参见桂万先、姜奕:《新时代中国特色社会主义检察制度的特色与优势》,《法治现代化研究》2021 年第 3 期。

⑥ 参见张伟:《"法律监督"新解》,《民主与科学》2021 年第 2 期。

权不再局限于诉讼监督，开始向行政执法甚至立法领域延伸。[①] 但也有学者对此持不同意见，认为法律监督并非一项具体权力，而是人民检察院的一项宪法职责，是人民检察院通过行使检察权实现的某种约束权力的效应或法治生态。如果认为检察职能或检察权就是法律监督权，会遏制法律监督效能的发挥。检察机关在行使检察权的时候，必须跳出行使检察权就是法律监督的观念，检察权只是法律监督的手段，是形成法治生态的强大力量。[②]

对于公诉权作为检察权的核心权能，基本不存在争议。有观点指出，以公诉权为核心的刑事检察权连接侦查与审判，把控开启审判之门的钥匙，具有调整侦诉司法资源的制度功能。[③] 另有观点认为，在新时代背景下，应当立足审查起诉前承侦查、后启审判的程序法地位，充分利用检察机关的不起诉裁量权，完善刑事案件的程序分流机制，真正实现犯罪案件“轻重分离、快慢分道”；以犯罪治理体系与治理能力现代化为导向，在轻罪领域逐步实现从惩治犯罪到治理犯罪的转变，积极探索轻罪治理程序及其理论；就重罪案件而言，坚持“以审判为中心诉讼制度改革”的改革导向，积极探索适应庭审实质化的刑事追诉模式。[④] 也有观点认为，在刑事检察承担的多项职责任务中，最具实质性和标志性的就是逮捕和公诉职能。[⑤] 还有观点指出，公诉是人民检察院实施法律监督的基本手段，法律监督的法治生态需要公诉权去创造和促进，法律监督不与公诉权相结合，则难以创造法律监督的法治生态。[⑥]

---

① 参见魏晓娜：《推动检察机关职权范围与监督手段的完善》，引自吴宏耀等：《大家谈：新时代检察基础理论的重点问题》，《国家检察官学院学报》2021 年第 1 期。

② 参见蒋德海：《重新定位法律监督：从实体权到法治生态》，《探索与争鸣》2021 年第 2 期。

③ 参见刘华：《国家治理现代化背景下刑事检察职能的拓展路径》，《国家检察官学院学报》2021 年第 2 期。

④ 参见吴宏耀：《轻罪治理与刑事检察制度的时代转型》，引自吴宏耀等：《大家谈：新时代检察基础理论的重点问题》，《国家检察官学院学报》2021 年第 1 期。

⑤ 参见苗生明：《刑事检察的职能配置、主导责任与处分权的双重属性》，引自吴宏耀等：《大家谈：新时代检察基础理论的重点问题》，《国家检察官学院学报》2021 年第 1 期。

⑥ 参见蒋德海：《重新定位法律监督：从实体权到法治生态》，《探索与争鸣》2021 年第 2 期。

刑事公诉权运行研究综述

赵恒　卢菲*

2021年以来，刑事诉讼法学界积极贯彻落实习近平法治思想，重点关注刑事司法改革尤其是公诉权运行的实践发展，紧跟社会热点，对认罪认罚从宽制度、职务犯罪案件法法衔接以及涉案企业合规改革等领域中公诉运行及其规则机制的前沿问题展开深入研究，取得了较为丰富的研究成果，为我国检察机关公诉模式转型提供有力的智识支持。

一、认罪认罚从宽制度深化适用中公诉运行的解读

认罪认罚从宽制度被誉为丰富刑事司法与犯罪治理的“中国方案”。近年来，认罪认罚从宽制度深化适用并产生深远影响，正在推动我国刑事诉讼模式趋于转型。在此过程中，检察机关公诉权的运行规律与实践形态产生变化，影响着司法职权配置关系以及控辩审诉讼构造新发展。例如，有观点指出，以刑事诉讼规范的完备化与体系化为目标，刑事诉讼法的法典化框架中有必要在“公诉程序”一章专门增加一节，即“控辩协商”。①

（一）认罪认罚案件中的量刑建议

在认罪认罚从宽制度推进过程中，检察机关的量刑建议工作是控辩具结活动的重要事项。2021年12月，最高人民检察院颁布了《人民检察院办理认罪认罚案件开展量刑建议工作的指导意见》，全面规范认罪认罚案件量刑建议工作。

---

* 赵恒，山东大学法学院副教授、博士生导师，山东大学检察理论研究中心秘书长；卢菲，中国政法大学证据科学研究院硕士生。

① 参见陈卫东：《论刑事诉讼法的法典化》，《中国法学》2021年第3期。

认罪认罚案件中的量刑建议权有别于传统刑事诉讼中的量刑建议权，如何认识此类量刑建议权影响控辩审三方主体关系，以及如何完善量刑建议制度，都是近年来的法学热点话题。法学理论界对此关注较多，部分学术期刊（如《政治与法律》《中国刑事法杂志》等）围绕认罪认罚从宽制度主题发表组稿文章多篇，进一步丰富了认罪认罚案件相关方面的学说成果。

关于认罪认罚案件量刑建议精准化的涵义。有观点认为，量刑建议的精准化是指量刑减让的精准化，而非最终量刑的精准化。[①] 有观点指出，量刑建议的精准化主要针对程序简约化层面的认罪答辩程序，而对于刑事实体法层面的认罪答辩，过度精准化反而容易导致检察权负担过重，而且与审判权之间的职能分立不明确。[②] 还有观点认为，应当按照认罪认罚案件的不同类型，根据量刑建议精准化程度与程序简化力度之间成正比、与案件重大程度成反比的关系，构建“分类精准”模式。[③]

关于认罪认罚案件量刑建议的法律效力。有观点认为，认罪认罚案件的量刑建议不能产生“约束力”，一是因为法院要对案件进行实质审查，二是量刑建议权是求刑权而不是裁判权。[④] 与之不同，有观点指出，量刑建议最初只是检察院改进公诉方式的一道工作程序，但在认罪认罚从宽制度中，量刑建议转变为对法院具有约束力的权力，对此有必要对“一般应当采纳”条款进行合宪性限缩，准确界定量刑建议对法院的约束力载体。[⑤] 此外，还有观点强调，法院认为量刑建议明显不当时应当告知检察院，只有检察院不调整量刑建议或调整量刑建议后仍然明显不当时，法院才能依法作出判决。[⑥]

关于认罪认罚案件量刑建议制度下的控辩审互动关系。一方面，就控审关系而言，随着量刑建议制度改革不断推进，检法关系产生变化。有论者指出，控审冲突的根源在于效率与公平的价值选择之争、“审判中心”与“检察主导”的地位之争。[⑦] 也有观点表示，司法机关在个案办理过程中就案件事实和法律适用等问题进行沟通，尤其是认罪认罚语境下对于确定刑量刑建议的沟通，并于审

---

① 参见陈实：《认罪认罚案件量刑建议的争议问题研究》，《法商研究》2021 年第 4 期。

② 参见施鹏鹏：《认罪认罚从宽的类型化与制度体系的再梳理》，《比较法研究》2021 年第 5 期。

③ 参见李勇：《认罪认罚案件量刑建议“分类精准”模式之提倡》，《河北法学》2021 年第 1 期。

④ 参见陕西省人民检察院课题组、杨春雷：《认罪认罚案件量刑建议精准化——内涵新解与采纳规则重构》，《法律科学（西北政法大学学报）》2021 年第 3 期。

⑤ 参见陈明辉：《认罪认罚从宽制度中法检权力的冲突与协调》，《法学》2021 年第 11 期。

⑥ 参见朱孝清：《认罪认罚从宽制度中的几个争议问题》，《法治研究》2021 年第 2 期。

⑦ 参见韩轶：《认罪认罚案件中的控审冲突及其调和》，《法商研究》2021 年第 2 期。

前达成检法共识,此举显然与控审分离原则相悖,也必然会对审判中立、庭审实质化等造成一定冲击,这是检察机关与法院之间存在的“沟通过剩”现象。① 此外,还有观点指出,当前司法实践中呈现的量刑建议高采纳率带有相当程度的欺骗性,本质上是控审主体之间相互迁就、忍让的结果,并不能真实反映认罪认罚从宽在个案中的合意属性。② 另一方面,就控辩关系而言,有观点认为,现有控辩双方之间的具结具有形式化特征,量刑协商机制未被充分激活,难以形成实质意义上的“量刑合意”。③ 还有观点指出,法院通过间接参与具结活动的方式,实质性地影响了检察机关向被追诉人提供的量刑建议的形成过程,由此,控辩双方之间的具结合意实际上还体现了法院的审判立场。④

(二)认罪认罚案件中上诉权与抗诉权之间的关系

实践中存在适用认罪认罚从宽制度的被告人于一审判决后选择“投机上诉”“留所上诉”等情形,与之相应,也存在检察机关以抗诉的方式“反制”上诉的情形。由于立法不明与实践纷争,尤其是我国未区分“不利于被告人的上诉”和“有利于被告人的上诉”等规则,法学界对认罪认罚案件中上诉权与抗诉权的问题讨论不断。

关于是否有必要对认罪认罚案件被告人的上诉权进行限制。有观点认为,对于程序简约化层面的认罪答辩和刑事和解,在这一类情节轻微的案件中,允许被告人上诉将导致司法资源的极大浪费,这与认罪认罚从宽制度的初衷相悖。⑤ 有论者持反对观点,认为我国不宜过早对上诉权加以限制,应从细化量刑标准、落实控辩协商、规范案卷流转、二审分流提速、改革留所服刑等多个方面逐步进行完善。⑥ 还有观点指出,治理被告人滥用上诉权,不建议直接限制被告人的上诉权,未来可以通过立法修改,加大上诉风险,促使被告人谨慎上诉。⑦

关于上诉不加刑原则的规范适用。一方面,着眼于防止认罪认罚案件被告

---

① 参见叶青:《程序正义视角下认罪认罚从宽制度中的检察机关沟通之维》,《政治与法律》2021 年第 12 期。

② 参见孙皓:《量刑建议的“高采纳率”误区》,《中外法学》2021 年第 6 期。

③ 参见周新:《论认罪认罚案件量刑建议精准化》,《政治与法律》2021 年第 1 期。

④ 参见赵恒:《法官参与认罪认罚案件具结活动的模式和法律制度前瞻》,《政治与法律》2021 年第 1 期。

⑤ 参见施鹏鹏:《认罪认罚从宽的类型化与制度体系的再梳理》,《比较法研究》2021 年第 5 期。

⑥ 参见李雪松:《从经验事实到规范研判:速裁上诉何去何从?》,《国家检察官学院学报》2021 年第 2 期。

⑦ 参见魏晓娜:《认罪认罚从宽制度中的诉辩关系》,《中国刑事法杂志》2021 年第 6 期。

人无理上诉，有观点认为，防止无理上诉，不应通过适用上诉加刑的途径，若被告人无理上诉而发回重审且不再按认罪认罚案件从宽程序处理，则只会增加诉讼成本，认罪认罚轻刑案件应当适用上诉不加刑原则。① 另一方面，着眼于抗诉客观上有利于被告人，有观点主张，在认罪认罚从宽案件中，控辩双方由对抗转为协商，认罪认罚具结与量刑建议具有“协议”色彩，检察机关的抗诉应作“为被告人利益”之推定，具有“当事人”或“准代理人”上诉的性质，不再是单纯的法律监督，故应适用上诉不加刑原则。② 此外，还有论者指出，在个案实体正义的需求下，可以突破禁止不利益变更原则，检察机关的二审抗诉权、再审抗诉权、审判机关的再审启动权等不受该原则的制约，强行套用英美法系国家中的禁止不利益变更原则，不符合中国国情。③

关于认罪认罚案件抗诉权。有论者表示，以列举方式对认罪案件中检察机关可以提出抗诉的情形加以明定，用以规范当下“以抗诉制约上诉”的一揽子做法，保障那些真正为己方诉讼不利益而提出上诉之人的救济权益。④ 有观点认为，针对有效控辩合意没有正当理由反悔而提出的上诉，分为三步进行判断：第一步，判断上诉是否是对于控辩合意的反悔；第二步，判断对于控辩合意的反悔是否具有正当理由；第三步，排除了以上两种情况后的上诉，就可以被认为是没有正当理由的上诉。⑤

关于上诉不加刑原则的立法变革之路。有观点表示，将上诉不加刑原则的适用扩展至抗诉，则意味着对我国传统诉讼理论的重大修正，意味着检察权的调整，意味着放弃实质真实诉讼观、二审全面审查原则、“实事求是、有错必究”的实体正义观，进而接受国家刑罚权的有限性及可让渡的观念。⑥

（三）认罪认罚案件中公诉运行的其他问题

关于认罪认罚案件的不起诉。有观点认为，认罪认罚不起诉应当有别于认罪认罚案件的不起诉，前者要求认罪认罚与不起诉决定之间有相对确定的联系，但目前实践中，认罪认罚情节对不起诉的实际影响有限，为此，有必要将认

---

① 参见肖沛权：《认罪认罚案件上诉问题探讨》，《政法论坛》2021 年第 2 期。

② 参见程龙：《抗诉何以加刑：上诉不加刑的规范解释——以“余金平案”为基础的讨论》，《甘肃政法大学学报》2021 年第 4 期。

③ 参见韩轶：《认罪认罚案件中的控审冲突及其调和》，《法商研究》2021 年第 2 期。

④ 参见步洋洋：《认罪认罚从宽制度下上诉权与抗诉权的关系论》，《法学杂志》2021 年第 4 期。

⑤ 参见石子友：《认罪认罚案件被告人上诉理由正当性与抗诉》，《人民检察》2021 年第 7 期。

⑥ 参见刘计划：《抗诉的效力与上诉不加刑原则的适用——基于余金平交通肇事案二审改判的分析》，《法学》2021 年第 6 期。

罪认罚不起诉塑造为一种相对独立的不起诉类型，以契合我国认罪认罚从宽的程序模式。[①] 此外，如何处理被追诉人在检察机关作出不起诉决定后行使反悔权的情形，有观点表示，因为被追诉人可能会基于不同的理由行使认罪认罚反悔权，所以对案件的程序转化应当根据被追诉人行使反悔权理由的不同而有所不同。[②]

关于共同犯罪案件认罪认罚从宽的审判程序。有观点指出，虽然共同犯罪案件是两人或者两人以上实施的，但犯罪事实具有同一性，公诉人和当事人等在同一庭审中进行法庭调查和法庭辩论，不仅大大节约了法院、检察院的人力、财力和物力等，而且也能够防止对证人、被害人等的重复询问，避免被害人遭受二次伤害。[③]

关于重罪案件认罪认罚从宽制度的适用。有观点表示，结合实证研究，在重罪案件中，检察机关在大多数情况下以提出幅度刑量刑建议为主，出现这一现象的原因主要包括重案案件的罪名认定可能存在争议、重罪案件的量刑考量因素较多等方面。[④]

二、职务犯罪案件法法衔接适用机制中的公诉运行审视

国家监察体制改革深化适用，推动了法法衔接领域的相关研究进展，其中，就职务犯罪案件公诉方面的研究状况而言，主要体现在以下三个方面。

关于职务犯罪认罪认罚案件问题。有论者认为，对于监察机关移送的职务犯罪案件适用认罪认罚从宽条件的，检察机关应当以刑事程序法为准则，以事后审查为主，而对于在审查起诉环节，职务犯罪嫌疑人提出认罪认罚的，检察机关应当将认罪认罚从宽的情形向承办案件的监察机关通报。[⑤]

关于监察管辖与刑事管辖的衔接。有观点表示，监察机关与司法机关在管辖衔接中主要存在的问题体现在职务犯罪案件从监察调查阶段到审查起诉阶段再到审判阶段的管辖衔接方面，对此，应以监察机关移送同级检察机关，由同级检察机关适用“检察体内循环方案”进行级别管辖的调整，并积极与监察机关

---

① 参见闫召华：《认罪认罚不起诉：检察环节从宽路径的反思与再造》，《国家检察官学院学报》2021年第1期。

② 参见肖沛权：《论被追诉人认罪认罚的反悔权》，《法商研究》2021年第4期。

③ 参见汪海燕：《共同犯罪案件认罪认罚从宽程序问题研究》，《法学》2021年第8期。

④ 参见周新：《重罪案件适用认罪认罚从宽制度研究》，《比较法研究》2021年第4期。

⑤ 参见徐汉明、赵清：《检察机关对职务犯罪案件依法审查的三个运行向度》，《中南民族大学学报》(人文社会科学版)2021年第1期。

沟通，与审判机关协商，确保级别管辖衔接顺畅。[①]

关于检察机关提前介入。首先，检察机关是否有权对监察机关的调查活动尤其是对监察机关移送起诉之前的立案以及采取留置措施的调查活动进行提前介入，有观点表示支持。依据基本法优于专门法的原则，加之职务犯罪案件导入刑事诉讼程序之后必然适用刑事诉讼程序的规则，检察机关依法享有对监察机关的特别调查活动，即对被监察对象决定立案后采取限制人身自由的留置强制措施之日起即具有溯及审查的资格及其权力。当然，在此过程中，检察机关应当注意对职务犯罪案件审查权启动的边界。[②] 但也有观点表示反对，即监察案件提前介入不宜承担留置审查职能，原因在于，如果检察机关对监察留置措施进行审查，则很可能影响监察权的独立运行，甚至出现监检机关及其人员互相监督的“权力对冲”状态。[③] 其次，提前介入启动程序方面，有观点认为，根据“监察独立说”这一检察提前介入监察的基本理论依据，检察机关的提前介入应当具有被动性。[④] 最后，提前介入的时间节点方面，有观点认为，案件进入审理阶段、调查终结移送审查起诉 15 日以前，由检察机关提前介入较为适宜。[⑤]

三、涉案企业合规改革中公诉运行的新发展

涉案企业合规改革工作对于促进企业治理和社会治理、促进经济高质量发展具有重要价值。关于涉案企业合规改革领域的刑事激励举措，除了通常提及的不起诉决定以外，还包括检察机关提起公诉后从轻减轻处罚等。关于涉案企业合规改革中公诉运行方面的讨论，法学界近两年来关注较多，部分学术期刊（如《法学论坛》《法学杂志》等）围绕“企业合规不起诉”等主题发表组稿文章多篇。

关于涉案企业合规改革中的激励规则。有观点指出，随着涉案企业合规改革探索发展，将企业合规激励机制引入公诉制度之中，使之成为对涉嫌犯罪的

---

① 参见董坤：《论监察机关与公安司法机关的管辖衔接——以深化监察体制改革为背景》，《法商研究》2021 年第 6 期。

② 参见徐汉明、赵清：《检察机关对职务犯罪案件依法审查的三个运行向度》，《中南民族大学学报》（人文社会科学版）2021 年第 1 期。

③ 参见左卫民、刘帅：《监察案件提前介入：基于 356 份调查问卷的实证研究》，《法学评论》2021 年第 5 期。

④ 参见董坤：《检察提前介入监察：历史流变中的法理探寻与机制构建》，《政治与法律》2021 年第 9 期。

⑤ 参见周新：《论检察机关提前介入职务犯罪案件调查活动》，《法学》2021 年第 9 期。

企业加以宽大刑事处理的主要依据。[1] 也有观点认为,认罪认罚视域下企业合规的程序激励体系应包括强制措施的轻缓化、不起诉、暂缓起诉的分流以及便利诉讼程序的选择。其中,便利诉讼程序的选择可以包括当企业有认罪认罚与刑事合规情节时,在简易程序、速裁程序等便利诉讼程序的选择方面应被赋予更大的主动权。[2] 还有观点指出,在判断是否对涉罪企业提起公诉和定罪时,提倡从涉案企业规模、员工数量、对行业和经济的影响等方面充分考虑办案的社会效果,对一些犯罪情节轻微、悔罪态度良好的企业从宽处理,并及早解除影响其合法财产的强制性措施。[3]

关于涉案企业合规改革中的不起诉或者起诉制度。一方面,在涉案企业合规案件的不起诉制度领域,有观点表示,作为法律监督机关的检察机关有权力也有义务在决定起诉和不起诉的过程中对被指控行贿等腐败案件企业进行起诉或者处罚、教育、挽救。[4] 另外,对于合规不起诉制度的适用对象,有观点认为,按照现有的改革方案,附条件不起诉的适用对象主要是中小微企业涉嫌的轻微单位犯罪案件,对这些涉案企业其实根本没有必要进行合规考察,只有对重大犯罪的涉案企业才需要耗费大量司法资源改变其经营模式和商业模式。因此,是否要将附条件不起诉和相对不起诉彻底分离,也成为各界争论的一大焦点问题。[5] 也有观点指出,当前不同试点地区的做法有别,为此,需要将合规不起诉制度的适用罪行不仅限于轻罪还应包括重罪,但对象应只针对企业而非个人。[6] 另一方面,在涉案企业合规案件的起诉制度领域,有观点提出,如果涉罪企业能够自愿认罪认罚,且有完善或建立合规管理体系的意愿,即使是对必须提起公诉的案件,检察机关也可以向其提出合规检察建议,并可以考虑提出更为轻缓的量刑建议。[7]

关于对涉案企业合规整改效果的审查。有论者主张,应当确立有效刑事合规的基本标准,考虑企业规模、企业领域、企业发展阶段等多种因素,包括预防机制、识别机制和应对机制三个方面十二项要素,为公安司法机关在对企业以

① 参见陈瑞华:《企业合规不起诉制度研究》,《中国刑事法杂志》2021 年第 1 期。

② 参见杨帆:《认罪认罚视域下企业合规的程序激励体系构建》,《江海学刊》2021 年第 5 期。

③ 参见陈学权、陶朗道:《企业犯罪司法轻缓化背景下我国刑事司法之应对》,《政法论丛》2021 年第 2 期。

④ 参见杨宇冠:《企业合规案件不起诉比较研究——以腐败案件为视角》,《法学杂志》2021 年第 1 期。

⑤ 参见陈瑞华:《企业合规不起诉改革的八大争议问题》,《中国法律评论》2021 年第 4 期。

⑥ 参见李玉华:《企业合规不起诉制度的适用对象》,《法学论坛》2021 年第 6 期。

⑦ 参见李奋飞:《论企业合规检察建议》,《中国刑事法杂志》2021 年第 1 期。

及员工进行立案、侦查、起诉、审判等刑事诉讼行为时，评估企业的合规管理体系能否发挥防范、监控和应对违规行为作用提供标准。[①] 针对“公司有效执行合规计划”的证明，有观点提出应遵循“谁主张、谁举证”的基本原则，并建议在初期选取审慎的途径，适当收紧量刑减轻的适用，采取弱抑制或者弱激励型。[②] 此外，还有观点提出了法官参与的问题，与英国暂缓起诉协议（DPA）程序中法庭审理举足轻重的作用相比，中国目前推行的企业合规改革尚看不到法院参与进来的迹象，立法上或将增设的企业附条件不起诉制度，最终很可能也不会引入司法审查，审判机关没有机会对合规考察的正当性、监管协议的恰当性、合规从宽的公正性进行审查。[③]

关于涉案企业合规改革中检察机关与其他国家机关之间的关系，以及刑事合规特别程序的问题。有观点主张要设置刑事合规特别程序，注意检察机关与行政监管机关、公安机关的程序衔接，尤其是在案件侦查终结时，公安机关应对涉案企业是否适合刑事合规提出意见，认为适合刑事合规的，应对案件作标记后及时移送检察机关审查起诉，由检察机关受理后及时审查，并作出决定。[④]

关于涉案企业合规改革的立法前瞻。有论者对企业合规诉讼案件的刑事诉讼特别程序拟定建议稿，认为侦查机关、检察机关和法院都有义务和权力参与到企业合规的司法治理之中，贯彻分工负责、互相配合、互相制约原则；制定企业合规单行法规；制定处理企业合规案件的规范性文件。[⑤] 也有观点认为，企业附条件不起诉在立法设计上需要重点规定适用条件和范围、合规考察、决策程序等。其中，在考验期内，遵守相关规定的，考验期满后由检察机关作出相对不起诉决定；考验期内违反相关规定，没有实现合规计划目标的，由检察机关撤销附条件不起诉决定，提起公诉。[⑥]

---

① 参见李玉华：《有效刑事合规的基本标准》，《中国刑事法杂志》2021 年第 1 期。

② 参见林静：《刑事合规的模式及合规计划之证明》，《法学家》2021 年第 3 期。

③ 参见李奋飞：《论企业合规考察的适用条件》，《法学论坛》2021 年第 6 期。

④ 参见朱孝清：《企业合规中的若干疑难问题》，《法治研究》2021 年第 5 期。

⑤ 参见杨宇冠：《企业合规与刑事诉讼法修改》，《中国刑事法杂志》2021 年第 6 期。

⑥ 参见李勇：《企业附条件不起诉的立法建议》，《中国刑事法杂志》2021 年第 2 期。

不起诉制度的发展研究综述

黄士元　满建超*

2021年,刑事诉讼法学研究以习近平法治思想为指导,持续关注刑事诉讼制度改革实施,积极跟进民营企业刑事司法保护,不起诉制度的研究热点主要围绕着合规制度展开,包括合规出罪的程序路径选择、适用对象、适用罪行轻重等。与此同时,公益服务换取醉驾不起诉模式的兴起也引发了学界对相对不起诉制度的热评。此外,对于附条件不起诉适用对象为未成年人这一限定性要件,学界也存在着不同的声音。

一、合规不起诉

合规不起诉制度,是指检察机关对于办理的涉企刑事案件,在依法作出不批准逮捕、不起诉决定或者根据认罪认罚从宽制度提出轻缓量刑建议等的同时,针对企业涉嫌具体犯罪,结合办案实际,督促涉案企业作出合规承诺并积极整改落实,促进企业合规守法经营,减少和预防企业犯罪,实现司法办案政治效果、法律效果和社会效果的有机统一。

当下学界有关合规不起诉的争论主要涉及程序路径、适用对象、适用罪行、考核机制等方面,其中关于适用对象的争议又分为"企业家还是个人"和"大型企业还是中小微企业"两个方面,关于适用罪行的争议主要集中于"轻罪还是重罪"(关于适用罪行的争议还存在着一个衍生的问题:"因实践中存在个人意志与企业意志的混同,个人犯罪能否合规出罪? 单位犯罪该不该合规出罪?"),而

---

* 黄士元,山东大学法学院诉讼法学研究所所长、教授、博士生导师,山东大学检察理论研究中心研究员;满建超,山东大学法学院诉讼法学博士生。

围绕着考核机制的讨论则集中于合规考察主体和合规考察期两方面。

(一)程序路径

合规不起诉的程序路径,是指合规不起诉制度以何种现行制度为蓝本进行改造或建构。路径的选择不仅会影响合规不起诉程序设计的科学性,更关系到合规不起诉实行的效果。

国际上存在着"暂缓起诉协议"和"不起诉协议"两种模型,其中美国采用暂缓起诉协议和不起诉协议并存的二元制模式,以英国为代表的大多数国家采用暂缓起诉协议一元制模式。美国的暂缓起诉制度源于其"审前转处协议"(Pre-trial Diversion Agreement),合规理念也是源于此协议。在"审前转处协议"中,检察官与被告方达成协议,检察官承诺设置一定的考验期,在考验期之内暂时不对被告方提起公诉,而被告方在此期间要履行一系列的义务,如自愿承认被指控的犯罪事实、赔偿被害方、承诺全力配合调查等。在考验期结束后,经审核,若是被告方履行协议义务合格,检察官会裁量放弃对被告方的追诉,案件以被告方受到无罪处理而告终。[①] 企业暂缓起诉需满足以下条件:一是被告企业需缴纳数额较大的罚款;二是必须与检察官达成企业合规重建或完善计划,同意检察机关选派的合规监督员进驻企业,接受检察机关的监督。美国的"不起诉协议"主要针对"未掌握的犯罪事实和证据不足的犯罪情节",在证据不足、达不到定罪量刑要求的证明标准时,通过合规不起诉制度的激励机制取得涉案企业主动认罪、主动交代的结果。而在英国等国家的一元制模式下,检察官只能就已经提起公诉的企业达成暂缓起诉协议,无法针对尚未掌握充分证据或不能排除合理怀疑的涉案企业。需要注意的是,美国式暂缓起诉协议的深度、广泛协商同中国诉讼协商文化差异较大,又因为认罪认罚从宽程序并没有在可适用罪名、诉讼阶段等方面加以限制,因此在使用时必须慎之又慎。[②]

关于合规不起诉的制度设计,我国实务部门在探索过程中形成了检察建议模式与附条件不起诉模式两种做法。[③] 检察建议模式(又称"相对不起诉模式")是指检察机关对犯罪情节轻微的单位犯罪案件,责令涉案企业在认罪认罚的基础上采取补救措施,最终作出相对不起诉的决定,并提出建立合规体系的检察建议,督促企业进行合规整改。试点机关办理的合规不起诉案件大多采用检察

---

① 参见陈瑞华:《企业合规视野下的暂缓起诉协议制度》,《比较法研究》2020 年第 1 期。

② 参见李本灿:《我国企业合规研究的阶段性梳理与反思》,《华东政法大学学报》2021 年第 4 期。

③ 参见陈瑞华:《企业合规不起诉制度研究》,《中国刑事法杂志》2021 年第 1 期。

建议模式。附条件不起诉模式是指检察机关在涉案企业认罪认罚，积极采取补缴税款、缴纳罚款、赔偿被害人损失、恢复原状等补救挽损措施的前提下，结合涉案企业提交的合规整改方案，经过审核和评估，设置六个月到一年的合规监管考察期，并在考察期内设置监督、指导、帮助涉案企业推进合规管理体系建设的合规监管人，在合规监管考察期届满之前，对涉案企业的合规整改情况进行考核验收，对于按照要求完成制度整改、建立合规管理体系的企业作出合规不起诉决定。合规建设应当包括两个方面：一是通过办理涉企案件发现特定企业刑事犯罪具体风险，通过检察建议等方式引导企业加强合规管理体系建设；二是加强跟踪服务，帮助涉案企业全面分析和预测企业运行过程中可能面临的刑事法律风险，适时提出建设性意见，事先预防风险。①

我国学界围绕着合规不起诉的制度构建主要有两种观点：第一，在认罪认罚从宽制度内，完善单位犯罪认罪认罚从宽的实体性和程序性规范；第二，扩大附条件不起诉的适用范围，将仅适用于未成年人犯罪的案件类型限定打破，延伸至企业合规犯罪。

1.认罪认罚“嵌入说”

有学者抛弃了“合规不起诉”的概念，主张适用认罪认罚从宽制度，将合规整改作为涉案企业认罪认罚的具体形式，以不起诉决定作为从宽的主要体现。②有学者建议，应当将合规不起诉纳入认罪认罚从宽制度、不起诉制度，企业合规不起诉的本土化可行性在很大程度上取决于认罪认罚从宽制度的全面适用和良好成效。③ 有学者认为企业刑事合规与认罪认罚从宽制度可以相容，应以不起诉作为突破口，将企业刑事合规内嵌于认罪认罚从宽制度，将企业合规情况作为责任人员从轻、减轻处罚的情节，而不起诉则是企业进行刑事合规建设的结果，属于对企业“从宽”处理的范畴。④ 有学者认为，企业合规不起诉完全可以在认罪认罚从宽制度框架内运行，作为认罪认罚从宽制度的特别章节，其理由为暂缓起诉的前提是犯罪嫌疑人、被告人认罪认罚，检察官在暂缓起诉制度的程序启动、实体认定等方面享有主动权，这均与认罪认罚制度契合。⑤

① 参见赵卿、李庆、张晨、刘晓茜：《不起诉后检察权运行研究》，《人民检察》2021年第8期。

② 参见赵恒：《涉罪企业认罪认罚从宽制度研究》，《法学》2020年第4期。

③ 参见薛阿敏：《检察视角下企业合规不起诉制度建构的可能和限度》，《上海公安学院学报》2021年第4期。

④ 参见吴澍农、黄美华、王德明：《企业刑事合规的检察维度(1)——以不起诉为视角》，《人民检察》2020年第23期。

⑤ 参见张琳：《建立企业合规不起诉制度的框架性建议》，《人民检察》2021年第9期。

也有学者认为，虽然认罪认罚从宽制度与合规考察制度都建立在涉案嫌疑人自愿认罪的前提之下，但这两种制度无论是在性质上还是在功能上都具有本质的区别。[①] 只要涉案企业自愿认罪，而又同时作出合规承诺、提交合规计划的，检察机关就可以对其作出附条件不起诉的决定，而不再适用认罪认罚从宽程序。[②]

2.附条件不起诉适用范围扩大说

有学者主张应进一步扩大我国附条件不起诉的适用范围，将企业合规措施以及整改评估结果具象化为附条件不起诉的主要依据。[③] 有学者认为，由于当前企业犯罪形势严峻，对犯罪的治理效果欠佳，仅凭相对不起诉的处理缺乏后续监督措施和手段，有必要在立法上增设企业附条件不起诉制度。[④]

有学者认为，从我国检察机关的定位与职能看，相较于美国暂缓起诉协议和不起诉协议并存的二元制模式，暂缓起诉协议一元制模式与我国的司法体制兼容性更强。一方面，面对已经触犯刑事实体法规范的企业，漠视其犯罪事实而作不起诉处理，会与我国刑事诉讼制度的基本价值取向相悖；另一方面，与英美法系和大陆法系国家检察机关的定位和职能均不同，我国检察机关的定位是法律监督机关，其要监督刑事实体法和程序法的法律实施和落实情况，不能不顾企业违法犯罪的事实和证据，让实质触犯刑法的企业借由合规不起诉制度逃脱法律制裁。[⑤] 换言之，其认为应将不起诉决定的作出押后，作出与否应视合规实施情况而定。

有学者在支持附条件不起诉模式的同时，认为还应当充分发挥检察建议的作用，检察机关可以结合涉罪企业对检察建议的履行情况来决定是否作出不起诉决定，保障合规监管检察建议的制度刚性。[⑥] 也有学者在支持附条件不起诉模式的同时，对实践中的检察建议模式表示反对，认为“合规检察建议＋相对不起诉”在启动上应依申请而非依职权，检察建议作出前，检方应要求企业风险自评并指出合规漏洞，检察建议作出后应及时监测并进行评估，对合规成果验收

---

① 参见陈瑞华：《企业合规不起诉改革的八大争议问题》，《中国法律评论》2021年第4期。

② 参见陈瑞华：《企业合规不起诉制度研究》，《中国刑事法杂志》2021年第1期。

③ 参见时延安：《单位刑事案件的附条件不起诉与企业治理理论探讨》，《中国刑事法杂志》2020年第3期。

④ 参见李勇：《企业附条件不起诉的立法建议》，《中国刑事法杂志》2021年第2期。

⑤ 参见刘少军：《企业合规不起诉制度本土化的可能及限度》，《法学杂志》2021年第1期。

⑥ 参见谢登科、张赫：《论刑事合规不起诉中的检察建议——以最高人民检察院第81号指导性案例为视角》，《青少年犯罪问题》2021年第3期。

后作出是否起诉的决定。① 还有学者直接提出应放弃检察建议的传统形式,继续秉承协商性司法理念,采用不起诉协议的形式设计企业犯罪附条件不起诉制度。②

有学者呼吁借鉴域外国家的可撤回起诉协议(Deferred Prosecution Agreement, DPA),即利用认罪认罚从宽程序进行认罪认罚协商,对涉案企业及其雇员适用附条件不起诉或者中止起诉的制度。③ 有学者则认为,在企业自愿认罪、同意完善自身合规体系的情况下,不涉及认罪真实性和自愿性的保障问题,这与认罪认罚从宽制度赋予被追诉人全流程的程序选择机会以充分保障人权和认罪认罚的自愿性和真实性的效果不同。其主张将企业合规纳入不起诉制度,将附条件不起诉制度的适用范围扩展至单位犯罪,再辅之以企业合规建设、缴纳罚款等方面的特殊性程序改造,更有利于该制度的本土化构建和科学性发展。④ 不过,也有学者认为,构建企业附条件不起诉制度不应引入刑事合规计划,而是应当以认罪认罚从宽制度为依托,改造我国现有的附条件不起诉制度,将现有附条件不起诉制度的适用范围扩大至企业犯罪治理领域,允许企业主动认罪并与检察机关签署相应的整改协议。⑤

(二)适用对象

1.企业家的合规适用之辩

2021 年 6 月 3 日,最高人民检察院联合司法部、财政部、生态环境部、国资委、国家税务总局以及国家市场监督管理总局等九部门发布的《关于建立涉案企业合规第三方监督评估机制的指导意见(试行)》的第三条指出,企业合规不仅限于公司、企业等单位犯罪,也包括公司和企业实际控制人、管理人员、关键技术人员等实施的与生产经营活动密切相关的犯罪。不过,学界对于合规是否也适用于企业家有不同看法。

第一种观点认为,合规可以适用于企业家。有学者认为,可将企业合规情况作为责任人员从轻处罚的情节,经过综合评估,决定是否将责任人员列入不

---

① 参见卫跃宁:《由“国家在场”到“社会在场”:合规不起诉实践中的法益结构研究》,《法学杂志》2021 年第 1 期。

② 参见欧阳本祺:《我国建立企业犯罪附条件不起诉制度的探讨》,《中国刑事法杂志》2020 年第 3 期。

③ 参见杨宇冠:《企业合规案件不起诉比较研究——以腐败案件为视角》,《法学杂志》2021 年第 1 期。

④ 参见刘少军:《企业合规不起诉制度本土化的可能及限度》,《法学杂志》2021 年第 1 期。

⑤ 参见赵恒:《企业附条件不起诉制度的理论前瞻》,《中国检察官》2020 年第 17 期。

起诉的适用对象。[①] 有学者建议，将《刑事诉讼法》第二百八十二条规定的附条件不起诉范围扩大到企业犯罪，具体对象既包含企业，又包含企业的负责人、管理者等自然人。[②] 有学者甚至认为，不仅仅是企业犯罪，与企业生产经营相关的个人犯罪也应当纳入合规范围，开展合规改革试点工作是为了保护民营企业家的合法权益，相较于自然人犯罪来说，企业单位犯罪的实发数量有限，如果仅仅限于单位犯罪，合规制度无异于名存实亡。[③]

第二种观点认为，合规不可适用于企业家。有学者指出，应将单位责任与责任人员责任加以分离，即对那些成功进行合规整改、建立合规管理体系的单位，检察机关可以作出无罪处理，而单独追究直接责任人员的刑事责任。[④] 有学者认为，不宜将合规的适用对象扩展至企业负责人、管理者等自然人，将适用对象扩展至企业负责人不仅违反罪刑法定原则，还会导致企业负责人为牟私利而把企业当作犯罪工具，这只会给社会带来负面效应，冲击我国经济发展。[⑤] 有学者认为，企业合规不宜直接适用于企业人员，我国目前实行的合规理念与企业合规的传统理念相冲突，也有违反罪刑法定原则之嫌；对涉案企业家可以适用认罪认罚从宽制度，促使其建立合规计划，加强管理，对没有中饱私囊的企业家可以作出相对不起诉决定。[⑥] 有学者认为，合规不起诉制度不应适用于自然人，创设合规不起诉制度的初衷是让企业用可持续的合规体系换取不起诉的程序后果，以维持企业生命，实现多方利益的兼得，而不是为了保护滥用职权的主管人员或牟取私利的其他直接责任人员。[⑦] 有学者主张，合规不起诉应当只针对企业而非个人，合规制度引入刑事法的初衷和动力是区分企业责任和个人责任，并将合规作为企业出罪或减轻处罚的抗辩理由。“放过企业、严惩个人”在大中型企业的合规中是一个需要秉承的理念。是否对涉案小微企业的相关责任人不起诉，应考虑涉案个人是否认罪认罚以及主动推动企业合规计划的制定

---

① 参见吴澍农、黄美华、王德明：《企业刑事合规的检察维度(1)——以不起诉为视角》，《人民检察》2020 年第 23 期。

② 参见杨帆：《企业合规中附条件不起诉立法研究》，《中国刑事法杂志》2020 年第 3 期。

③ 参见薛阿敏：《检察视角下企业合规不起诉制度建构的可能和限度》，《上海公安学院学报》2021 年第 4 期。

④ 参见陈瑞华：《企业合规不起诉改革的八大争议问题》，《中国法律评论》2021 年第 4 期。

⑤ 参见肖沛权：《企业合规不起诉制度的实践流变、价值及其构建》，《山西大学学报》(哲学社会科学版)2021 年第 5 期。

⑥ 参见黎宏：《企业合规不起诉：误解及纠正》，《中国法律评论》2021 年第 3 期。

⑦ 参见刘少军：《企业合规不起诉制度本土化的可能及限度》，《法学杂志》2021 年第 1 期。

和实施。[①] 对于小微企业特别是一些家族企业来说,企业的高管高度集中,现代化的企业管理体系没有建立起来,一旦企业涉案负责人被依法逮捕或起诉,企业就无法正常经营,通常也就垮掉了。

2.合规在大型企业和中小微企业间的适用之争

第一种观点认为,合规制度的构建应着重于大型企业。我国目前的合规改革主要集中于中小微企业的轻微单位犯罪。有学者认为,小企业基于经营资本、合规成本和合规利益等综合考量,缺乏制定合规计划或者落实合规方案的动力,不宜适用合规管理。[②] 有学者认为,中小微企业经营模式简单,管理方式原始,企业意志和高管意志高度重合,既没有成熟的现代公司治理结构,也无法实现企业责任与员工和高管责任的分离,合规整改往往流于形式,应慎用合规;而大型企业拥有完整的现代化公司治理结构,具有建立符合有效合规计划基本标准的合规制度、组织和程序体系的资源,能够完整搭建合规体系,并通过合规体系有效整改,堵塞漏洞,消除犯罪隐患,进而有效发挥预防犯罪的功能,实现"去犯罪化"。[③] 当然,对中小微企业,可以将企业赔偿被害人、补交税款、缴纳法定罚款、缴纳违法所得等作为对企业适用附条件不起诉的前提条件来调动积极性,设置一些最低限度的"有效合规因素",并根据企业推进合规管理体系的实际效果决定是否对企业和负责人提起公诉。[④]

第二种观点认为,合规应兼容并包所有类型企业。有学者认为,无论是大型企业还是中小微企业,均存在合规适用的必要性。大中型企业生产的商品或者提供的服务数量大、范围广,违法涉案水波效应明显、不良影响严重,并且能够满足合规机制需要的人财物投入;而小微企业有合规经营、健康发展的内在需求和外在期待,我国合规不起诉本土实践能够证明,小微企业有合规不起诉的热情,小微企业合规不起诉确实发挥了稳定社会的重要作用。[⑤] 有学者认为,如果要求所有企业遵照一个合规标准建构合规计划,对于中小型企业而言是极为不公的。合规计划的建构,应当遵从个别化原则,在一个基础合规框架上进行调整,只要适合自身情况,能够有效实现风险管理即可。[⑥]

---

① 参见李玉华:《企业合规不起诉制度的适用对象》,《法学论坛》2021年第6期。

② 参见赵运锋:《刑事合规附条件不起诉立法思考和内容构建》,《上海政法学院学报》2021年第6期。

③ 参见陈瑞华:《企业合规不起诉改革的八大争议问题》,《中国法律评论》2021年第4期。

④ 参见陈瑞华:《企业合规不起诉制度研究》,《中国刑事法杂志》2021年第1期。

⑤ 参见李玉华:《企业合规不起诉制度的适用对象》,《法学论坛》2021年第6期。

⑥ 参见李本灿:《企业视角下的合规计划建构方法》,《法学杂志》2020年第7期。

(三)适用罪行

1.轻罪与重罪的适用之辩

目前的司法实践中,合规主要适用于轻罪案件。根据辽宁省人民检察院等机关制定的《关于建立涉罪企业合规考察制度的意见》,适用合规的条件是“可能判处三年以下有期徒刑、拘役、管制或单处罚金”,以及“应当被判处三年以上十年以下有期徒刑”且具有自首情节或者在共同犯罪中系从犯,或具有立功表现的。深圳市龙华区人民检察院出台的《关于对涉民营经济刑事案件实行法益修复考察期的意见》规定,“十年以上”一般不适用合规制度。

第一种观点建议,当以三年为限,其下可适用合规出罪。有学者认为,单位犯罪附条件不起诉应当限定为可能判处三年以下有期徒刑的案件,其理由,一是附条件不起诉从某种意义上来说属于“附加条件的相对不起诉”,而相对不起诉只能针对轻罪案件;二是如此设置可以与刑事和解不起诉保持平衡。[①] 有学者认为,我国现行刑事诉讼法针对未成年人犯罪案件的附条件不起诉适用于“可能判处一年有期徒刑以下刑罚”的案件,这对于企业犯罪案件而言显然过于狭窄,不利于企业合规不起诉制度功能的发挥,可将合规不起诉的案件适用范围设置为直接责任人员可能判处三年有期徒刑以下刑罚的案件。[②] 有学者认为,刑事合规附条件不起诉是宽严相济刑事司法政策在企业犯罪上的反映,也是对实施轻罪企业的司法奖励;对那些实施重罪的企业以及严重危害安全法益的犯罪行为,不能适用刑事合规附条件不起诉制度;从刑事合规附条件不起诉的司法实践看,对应该判三年以下有期徒刑的,可以适用刑事合规附条件不起诉制度。[③]

第二种观点认为,通过从轻或是一定代价,使重罪案件也可适用合规(不再是合规出罪,而是合规从轻)。有学者认为,企业合规不仅适用于轻罪案件,也适用于重罪案件,其中轻罪案件可以在符合法律规定的前提下“不捕”“不诉”,重罪案件则可提出“宽缓量刑建议”或者“从宽行政处罚建议”。[④] 有学者认为,企业合规案件的适用范围不应当仅仅限于三年以下轻罪,理由如下:企业合规

---

① 参见李勇:《企业附条件不起诉的立法建议》,《中国刑事法杂志》2021 年第 2 期。

② 参见肖沛权:《企业合规不起诉制度的实践流变、价值及其构建》,《山西大学学报》(哲学社会科学版)2021 年第 5 期。

③ 参见赵运锋:《刑事合规附条件不起诉立法思考和内容构建》,《上海政法学院学报》2021 年第 6 期。

④ 参见薛阿敏:《检察视角下企业合规不起诉制度建构的可能和限度》,《上海公安学院学报》2021 年第 4 期。

不起诉是治理企业犯罪的一种新型方式,如果检察机关只是对犯轻罪的企业作出不起诉的话,与普通的不起诉没有什么两样;合规不起诉不是对企业重罪的放纵,通过“付出代价+强制改造”,企业付出合规代价后才得以重生;从域外经验来看,企业合规不起诉的适用并无犯罪轻重的限制。① 有学者认为,企业犯罪附条件不起诉应该适用于所有的企业犯罪。其理由为:我国单位犯罪的范围相对于英美两国来说要狭隘得多,限于“法律规定为单位犯罪”的情形,总数也就160多个,只占所有罪名的1/3;我国的单位犯罪,对单位只能判处罚金,对直接负责的主管人员和其他直接责任人员判处的自由刑也较轻。②

2.个人意志与企业意志的混同问题

企业合规是通过责令企业作出商业模式和经营模式的改造,或者建立一套自我监管的合规治理体系,以达到合规出罪的目的。对于具有实施犯罪行为主观意志、董事会及经理层几乎成为犯罪集团的企业,企业合规难以发挥出其应有的效果。

(1)从意志入手判断企业的拯救价值。有学者建议,以企业是否存在拯救的价值为基础,从意志入手分析企业的拯救价值,进而划分不同层次的合规适用标准。其主张借鉴西班牙刑法典的规定,将单位犯罪区分为“系统性单位犯罪”(单位内部经过集体决策或者经由企业负责人决定实施的危害社会行为)和“非系统性单位犯罪”(企业并没有作出实施犯罪的集体决策,而是企业内部关联人员以企业名义并为企业利益而实施犯罪行为),进而将非系统性单位犯罪案件确定为企业合规不起诉改革的适用对象,而对于系统性单位犯罪案件,只对那些可能被判处三年有期徒刑以下刑罚的轻微单位犯罪案件,检察机关才可以适用合规不起诉制度,并在采取合规考察措施时,附加一系列更为严格的条件,包括自愿认罪、积极配合、采取补救挽损措施,也包括及时处理责任人,撤换相关董事,改组管理团队,重建合规组织团队等。③

(2)对实质混同的不应适用合规。有学者认为,由于很多企业的单位意志实质上就是担任单位直接负责的主管人员和其他直接责任人员的自然人意志,二者混同,基于权责统一的基本原则,不应当将单位犯罪与自然人犯罪的入罪和出罪标准相分立。④ 有学者认为,对以实施犯罪为目的设立的企业,不能适用

① 参见李玉华:《企业合规不起诉制度的适用对象》,《法学论坛》2021年第6期。

② 参见欧阳本祺:《我国建立企业犯罪附条件不起诉制度的探讨》,《中国刑事法杂志》2020年第3期。

③ 参见陈瑞华:《企业合规不起诉改革的八大争议问题》,《中国法律评论》2021年第4期。

④ 参见刘少军:《企业合规不起诉制度本土化的可能及限度》,《法学杂志》2021年第1期。

合规不起诉制度，因为这些企业的设立就是为了实施犯罪，不能通过不起诉达到预防企业再次犯罪的目的。①

(四)考核机制

1.合规考察主体

合规监管人的选任共有三种模式。第一种是检察机关主导监管模式，即检察机关与符合条件的企业签订刑事合规监管协议，后者制定有效的合规计划并同意接受检察机关的监督和考察，检察机关设立刑事合规专员，企业指派高管人员或者聘请律师等专业人员，组建合规监管小组。第二种是独立合规监控人监管模式，即从律师事务所、会计师事务所、税务师事务所等第三方专业机构中遴选独立监管人。第三种是行政机关监管模式，即任命自然资源规划局、应急管理局、市场监督局、生态环境局、税务局等政府行政主管部门担任合规监管人。

学界绝大多数学者支持第二种模式。有学者认为，由于附条件不起诉决定是检察机关在与涉案企业沟通后作出的，检察机关作为附条件不起诉考核主体具有正当性，但应当建立独立监管人制度，由独立监管人协助检察机关对涉案企业制定或完善合规计划的过程进行考核监督。② 有学者认为，附条件不起诉属于诉前程序，理应由检察机关主导，但考虑到企业管理的专业性和技术性，可以由检察机关委托第三方专业机构进行考察评估。③ 也有学者认为，检察机关亲自对涉案企业实施合规监管并不是一种具有可持续性的制度安排④，而无论是行政监管部门、检察机关，还是工商联等行业协会，都无法保证合规监管所需要的专业知识、时间精力和基本的工作效率，应由资深律师、会计师、税务师、特定领域专家领衔担任合规监管人，组建专业的合规监管人团队。⑤

2.合规考察期

司法实践中，有试点单位将涉罪企业的合规考察期定为三个月至五个月，有的检察机关在审查起诉环节设置了少则六个月长则一年以上的合规考察期，有的检察机关则将合规考察期设置为一年至两年。

---

① 参见赵运锋：《刑事合规附条件不起诉立法思考和内容构建》，《上海政法学院学报》2021 年第 6 期。

② 参见肖沛权：《企业合规不起诉制度的实践流变、价值及其构建》，《山西大学学报》(哲学社会科学版)2021 年第 5 期。

③ 参见李勇：《企业附条件不起诉的立法建议》，《中国刑事法杂志》2021 年第 2 期。

④ 参见陈瑞华：《企业合规不起诉制度研究》，《中国刑事法杂志》2021 年第 1 期。

⑤ 参见陈瑞华：《企业合规不起诉改革的八大争议问题》，《中国法律评论》2021 年第 4 期。

有学者提出，应该根据企业规模设置不同的考察期，小微企业可以在六个月以下，中等规模的企业可以为六个月至十二个月，大规模的企业可以在一年至两年，超大规模大企业则可以是两年至三年。[①] 有学者认为，合规考察期应被设定为一年以上三年以下。不宜低于一年的原因是，企业建立合规计划涉及人、财、物的重大调整，属于企业内部治理结构的重大变革，短时间内根本无法完成；合规考察期的长短与涉案企业的大小成正比，与涉案企业本来的合规程度成反比，需要结合个案进行考量；为了促使涉案企业积极行动，也不宜将合规考察期设置得过长，一般以三年以内为宜。[②] 有学者认为，应将合规考察期设置在一年至三年之间，检察机关可据案件性质和涉案企业的实际情况设置合理的考察期；同时，对于那些责任人被判处三年有期徒刑以下刑罚的轻微单位犯罪案件，只要企业作出合规整改承诺、提交合规整改计划，检察机关经过审查认为符合条件的，作出相对不起诉决定的同时无须设置合规考察期。[③]

二、相对不起诉

相对不起诉，又可称为“酌定不起诉”，适用于检察机关认为犯罪情节轻微、依照刑法规定不需要判处刑罚或者免除刑罚的犯罪嫌疑人。值得注意的是，当事人的行为确确实实达到了犯罪构成要件的标准，才有可能适用相对不起诉制度，对无罪之人适用的是绝对不起诉制度。近年来，理论界和实务界围绕相对不起诉的讨论主要围绕两大方面：一是随着认罪认罚从宽制度的引入，相对不起诉制度如何与之在制度设计上实现衔接架构；二是随着认罪认罚从宽制度的引入和公益服务换取醉驾不起诉模式的兴起，具有社会多发性的醉驾违法案件，醉驾不起诉出罪将会产生怎样的改变。

(一)认罪认罚相对不起诉的适用条件存在争议

《刑事诉讼法》第一百七十七条第二款规定：“对于犯罪情节轻微，依照刑法规定不需要判处刑罚或者免除刑罚的，人民检察院可以作出不起诉决定。”不少学者认为，当前的法律规定对相对不起诉的限制过大，但对于应如何具体设定相对不起诉的适用条件，学界有着诸多争议。

1.以“三年以下”或“轻罪”作为标准

此种观点采取彻底更改现有法律的方式，扩大相对不起诉的适用范围。有

---

① 参见赵运锋：《刑事合规附条件不起诉立法思考和内容构建》，《上海政法学院学报》2021年第6期。

② 参见李勇：《企业附条件不起诉的立法建议》，《中国刑事法杂志》2021年第2期。

③ 参见陈瑞华：《企业合规不起诉改革的八大争议问题》，《中国法律评论》2021年第4期。

学者认为，可以将现有相对不起诉的适用范围直接扩大至所有轻罪案件。犯罪嫌疑人自愿认罪认罚，检察官认为犯罪嫌疑人通过其他方式已经得到矫治，或者通过犯罪嫌疑人及其家属自身努力，已经修复被破坏的社会关系的，可以使用裁量不起诉。对法定刑在三年有期徒刑以下的犯罪，人民检察院可以综合犯罪嫌疑人的社会危险性、再犯可能性、认罪认罚态度以及起诉是否符合公共利益需要，依法裁量决定不起诉。[①]

2.以“情节轻微”为标准

此类观点建议在现有法律基础上，将“情节轻微”和“依照刑法规定不需要判处刑罚或者免除刑罚”的逻辑关系，由“且”变为“或”，将“情节轻微”独立出来作为相对不起诉的判定依据。

有学者认为，一些轻微的认罪认罚的案件，本身就说明主观恶性不大，具备不起诉的基本条件，综合之下可以将其纳入相对不起诉的范畴。[②] 有学者认为，宜对“犯罪情节轻微”进行弹性解读，放宽刑期和罪名的限制。“犯罪情节轻微”只是免刑的条件之一，犯罪情节是否轻微应主要依据犯罪情节进行认定，没有必要考虑罪前和罪后情节。[③] 有学者认为，不应将犯罪情节轻微限制在轻罪案件中，只要情节轻微，不论罪名轻重，均可以结合其他条件适用相对不起诉。过往基于重刑主义和打击犯罪的需要，相对不起诉权行使较为谨慎，对于“犯罪情节轻微”的认定主要局限于轻罪案件，但在认罪认罚从宽制度全面推行的当下，应对相对不起诉中的“犯罪情节轻微”作更宽缓化的理解。[④] 有学者提出，犯罪情节轻微可以单独作为酌定不起诉的适用条件。犯罪情节轻微不仅能从犯罪行为及其后果上去静态考量，还能对犯罪行为实施之后嫌疑人的认罪、悔罪表现进行考量。[⑤]

（二）认罪认罚相对不起诉适用率偏低的讨论

2019 年 10 月 24 日“两高三部”下发的《关于适用认罪认罚从宽制度的指导意见》第三十条指出：“对认罪认罚后没有争议，不需要判处刑罚的轻微刑事案

① 参见贺江华、龚卓：《裁量不起诉权激活路径研究——基于 H 省 Y 市调研数据》，《三峡大学学报》（人文社会科学版）2021 年第 6 期。

② 参见常洁琨：《检察机关不起诉权的适用与完善》，《甘肃政法大学学报》2021 年第 5 期。

③ 参见秦雪娜、王铭东：《如何构建认罪认罚案件相对不起诉适用标准》，《检察日报》2021 年 11 月 11 日。

④ 参见王新建：《认罪认罚从宽制度下相对不起诉的司法适用》，《国家检察官学院学报》2021 年第 1 期。

⑤ 参见宋志军、毛泽金：《论认罪认罚从宽场域内不起诉的适用》，《政法学刊》2020 年第 4 期。

件,人民检察院可以依法作出不起诉决定。”2020 年 5 月 11 日最高人民检察院发布的《人民检察院办理认罪认罚案件监督管理办法》第九条明确了认罪认罚轻微刑事案件适用不起诉的审批制度及检察官联席会制度,第十条规定了不起诉认罪认罚案件可以进行公开听证的五种案件情形,以公开促监督。该意见的出台促进了相对不起诉制度和认罪认罚从宽制度的有效衔接,为认罪认罚轻微刑事案件适用相对不起诉奠定了制度基础。有学者认为,可将认罪认罚不起诉塑造为一种相对独立的不起诉类型。具体而言,就是将附条件不起诉的适用对象扩大到成年人,并将认罪认罚作为适用附条件不起诉的必要条件,将附条件不起诉改造为专门的认罪认罚不起诉。这种做法不仅可以增强不起诉的审前分流效果,充实被追诉人的认罪认罚利益,也契合我国认罪认罚从宽的程序模式。认罪认罚不起诉与认罪认罚案件的不起诉有一定区别,认罪认罚案件的不起诉不一定考虑到了认罪认罚情节,案件的其他情节可能已经完全具备了不起诉的法定条件;而认罪认罚不起诉中的不起诉结果一定是有着“认罪认罚”这一主导因素。①

2019 年 4 月 15 日,在政法领导干部专题研讨班上,中共中央政治局委员、中央政法委员会书记郭声琨要求,严禁下达批捕率、起诉率等不合理、不必要的考核指标,确保检察官裁量权能够顺应司法规律,不再受起诉率指标限制。从统计数据看,2014 年至 2018 年检察机关决定不起诉的人数和比率逐年上升,2014 年到 2018 年不起诉人数分别是 80020 人、81087 人、90694 人、114994 人、140650 人,不起诉率从 2014 年到 2018 年分别是 5.3%、5.3%、5.9%、6.3%、7.7%,其中酌定不起诉人数的占比分别是 69.4%、66.6%、69%、72.9%、74.9%。② 有学者提出,自认罪认罚从宽制度试点尤其是立法确认以来,相对不起诉的总体适用率虽然有所提高,但整体比例仍然偏低,认罪认罚情节的存在虽然推动了相对不起诉适用率的提升,但其作用较为有限;适用率低的主要原因是顾虑过多“不敢用”,怕担责任引发矛盾、上访或舆情,影响关系,质疑考核;程序烦琐、工作量大“不愿用”、重打击轻保护、重定罪轻量刑的理念仍然存在,可诉可不诉的倾向于诉、可宽可严的倾向于严。③ 目前,“可诉可不诉的不诉”理

① 参见闫召华:《认罪认罚不起诉:检察环节从宽路径的反思与再造》,《国家检察官学院学报》2021 年第 1 期。

② 参见童建明:《论不起诉权的合理适用》,《中国刑事法杂志》2019 年第 4 期。

③ 参见王新建:《认罪认罚从宽制度下相对不起诉的司法适用》,《国家检察官学院学报》2021 年第 1 期。

念还没有真正入脑入心，检察官依旧习惯性地诉至法院。在当前适用酌定不起诉制度存在较大风险、增加工作量的情况下，检察机关更倾向于将案件起诉至法院。在“捕诉一体”改革之后，捕后不诉率仍然作为重要指标之一用以考核案件质量，检察官在面对考核时，会在考虑对已批捕案件拟作出相对不起诉决定时充分“警觉”，从而存在“退而求此次”，提出徒刑并适用缓刑的量刑建议情况。①

1.完善司法审查机制

有学者提出，应构建认罪认罚案件中起诉必要性的司法审查机制，法院对检察机关起诉权必要性的审查，不仅可以提前过滤掉大量不应起诉的案件，还可以加强对起诉的外部制约。② 有学者提出，起诉必要性的审查应把握好两个标准：一是有证据证明有犯罪事实，二是符合公共利益。就启动方式而言，宜采取依职权启动与依申请启动相结合的方式。就案件审查内容而言，需对案件情况、社会公共利益、被害人的意见以及犯罪嫌疑人的认罪认罚情况、悔罪态度等方面着重进行考察，综合考量全部内容后作出起诉与否的决定。③ 有学者认为，酌定不起诉存在适用虚置的现象，为化解司法信任危机，应出台科学的酌定不起诉适用工作指南，构建不服酌定不起诉的司法审查程序，以化解利害相关人员对酌定不起诉决定的疑问或不满。④ 有学者建议强化不起诉后的正、负激励。一是进行案件评查，深化细化相对不起诉数据在业务考核评价指标体系中的位次权重，加强对起诉后法院依法作出有罪判决并免予刑事处罚案件的评查和研判，分析承办检察官未适用相对不起诉的原因，并以问题为导向，破解适用困境，促进该类案件依法适用相对不起诉，进一步缩减办案流程，节约司法资源。二是进行监督巡查，对相对不起诉案件的受理、审查、作出决定、结案实行全流程监管，借助网上监管，实现对案件办理主要流程、关键节点的动态管控。三是进行能力考查，以讲政治的高度提升承办检察官敢用善用相对不起诉裁量权的

---

① 参见李德文：《认罪认罚从宽制度背景下检察机关不起诉权相关问题研究》，《中国检察官》2020年第23期。

② 参见郭沙沙、郝世坤：《认罪认罚背景下检察机关适当扩大酌定不起诉之再考查》，《南华大学学报》（社会科学版）2021年第5期。

③ 参见王新建：《认罪认罚从宽制度下相对不起诉的司法适用》，《国家检察官学院学报》2021年第1期。

④ 参见刘甜甜：《解构与重建：论酌定不起诉从宽的困境消解》，《中国刑事法杂志》2020年第5期。

能力,并与检察官晋级晋升、干部选任关联起来。[①]

2.优化工作考核体系

控制不起诉案件数量、强行设置不起诉标准以及考核中的"隐形指标"饱受诟病,想要在办案中保障案件的法律效果,需要做的是适度放宽检察官起诉裁量权。有学者提出,应优化考核体系,检察官作出的裁量不起诉即使被第三方评定为不当,只要检察官没有违法乱纪的行为,也不应当追究检察官的责任。[②]有学者建议,应通过健全检察官办案的追责容错免责工作制度,探索完善不诉替代处罚多元体系,弱化对不起诉案件的事前审批,推动认罪认罚从宽制度背景下检察机关对不起诉权的适用。[③]

(三)醉驾相对不起诉的程序路径

醉驾入刑在保护人民生命和财产安全、预防恶性交通事故的发生等方面发挥着重要作用,但当前醉驾的案件数量已经超过了传统的盗窃罪,对醉驾案件一律判处刑罚会导致打击范围和力度过大,有违刑法的谦抑性。通过不起诉实现酒驾轻罪的出罪,可以避免相关社会矛盾的激增与激化,实现正面的社会治理效果。醉驾案件适用不起诉出罪,通常是在符合"情节轻微"的要求下适用相对不起诉出罪,但近年来随着公益服务换取醉驾不起诉模式在理论界和实务界的悄然兴起,与之有关的学术交流与经验讨论也在不断进行。

1.酌定不起诉出罪说

有学者提出,对醉驾行为宜适用酌定不起诉,应统一醉驾行为适用酌定不起诉制度予以出罪的具体幅度标准,并推动酌定不起诉制度与认罪认罚从宽制度相衔接。酌定不起诉以犯罪事实已具备但犯罪危害程度轻微为适用条件,显然这一适用条件直接契合于醉驾犯罪的社会危害程度或法益侵害程度轻微的罪质特点。[④]

2.附条件相对不起诉出罪说

有学者提出,对醉驾行为宜适用附条件相对不起诉。从经济角度考虑,提

① 参见侯登华、赵莹雪:《相对不起诉制度的监督制约机制研究》,《北京科技大学学报》(社会科学版)2021年第2期。

② 参见贺江华、龚卓:《裁量不起诉权激活路径研究——基于H省Y市调研数据》,《三峡大学学报》(人文社会科学版)2021年第6期。

③ 参见李德文:《认罪认罚从宽制度背景下检察机关不起诉权相关问题研究》,《中国检察官》2020年第23期。

④ 参见王志祥、融昊:《对醉驾行为适用不起诉制度的思考》,《人民检察》2020年第20期。

供公益劳动作为不起诉的前置条件，有利于节约司法资源，降低司法成本；从刑罚目的角度考虑，该制度通过公益活动警醒潜在行为人或者法律意识淡薄的行为人，促进群众的习惯性守法。相对不起诉并非不能附加条件，附加条件也不会造成相对不起诉与附条件不起诉之间法条上的冲突。[①]

3.附条件不起诉说

有学者提出，对醉驾行为宜适用附条件不起诉制度。2017 年浙江瑞安的“公益服务换取醉驾不起诉”为醉驾案件附条件不起诉提供了制度化样板，而附条件不起诉所具有的威慑性、风险性以及考验期促使犯罪嫌疑人真诚悔过、赔偿损失，为构建轻微醉驾案件附条件不起诉制度奠定了良好的制度基础。[②]

三、未成年人附条件不起诉的论争

附条件不起诉，是指检察机关对确属触犯刑律而又有悔罪表现的犯罪嫌疑人，依据其在规定考验期内的良好表现，作出不起诉决定。值得注意的是，附条件不起诉有着适用主体的限制，只对未成年人适用，这也是认罪认罚从宽制度引入后广受争议的一点。

（一）适用范围过窄

根据《刑事诉讼法》第二百八十二、二百八十三、二百八十四条：对于未成年人涉嫌《刑法》分则第四章、第五章、第六章规定的犯罪，可能判处一年有期徒刑以下刑罚，符合起诉条件，但有悔罪表现的，人民检察院可以作出附条件不起诉的决定；被附条件不起诉的未成年犯罪嫌疑人，在考验期内没有违反相关规定，考验期满的，人民检察院应当作出不起诉的决定。附条件不起诉的适用范围一直广受诟病。应当说，“给予一个考验期，考验期满视情况决定是否不起诉”这样一种模式是附条件不起诉的实质。在实践中，无论是企业合规还是认罪认罚制度的铺开，都需要这样一种“考察—不起诉”的模式，然而现实却是这样一种模式只适用于可能判处一年有期徒刑以下刑罚的未成年人。

1.建立成年人的附条件不起诉制度

有学者提出，应进一步扩大附条件不起诉制度的适用范围，将其扩展到包括成年人案件在内的所有刑事案件。在当前立法已确定认罪认罚从宽的情况

---

① 参见浙江省瑞安市人民检察院课题组：《醉驾附条件相对不起诉之探讨——以“瑞安模式”为蓝本的分析》，《犯罪研究》2020 年第 5 期。

② 参见程慧聪：《轻微醉驾案件附条件不起诉问题探析》，《上海法学研究》集刊 2020 年第 17 卷。

下,更有必要探讨附条件不起诉制度的适用范围,从而全面推动认罪认罚从宽制度改革的发展。[①] 有学者认为,应当将附条件不起诉扩展至认罪认罚的成年人犯罪案件。对于认罪认罚从宽案件中的那些情节较为轻微的犯罪嫌疑人而言,对其作出不起诉的决定显然更为符合多方的利益需求。但是,如果全然对其适用酌定不起诉制度,可能会产生一些事与愿违的作用。[②] 有学者认为,应将附条件不起诉程序的适用范围扩展至成年人案件,所附条件主要包括赔偿被害人损失、赔礼道歉、带有一定惩罚性并弥补行为对公共利益造成损害的条件、特殊预防与避免再犯的条件(如心理辅导、戒瘾治疗)。[③] 有学者建议,可以构建独立的成年人附条件不起诉制度,以轻微刑事案件为界线。[④] 有学者认为,应以认罪认罚从宽制度为基石,重新探讨附条件不起诉的适用范围,将之推进到成年人身上。对成年人适用附条件不起诉更多考虑的是诉讼经济原则和诉讼效率原则,但对未成年人适用附条件不起诉则本着教育目的。[⑤]

2.将可能判处缓刑的案件纳入附条件不起诉范围

有学者建议,应将所有可能判处缓刑的案件纳入附条件不起诉范围。附条件不起诉与缓刑制度在许多方面具有高度的一致性。从名称上来说,附条件不起诉或缓起诉甚至可以被视为广义缓刑的一种。附条件不起诉与缓刑制度背后的价值取向或理论基础(改造、教育刑理论)也趋于一致。从制度的核心要素来看,适用案件的选择性、推迟刑罚的适用、个别化的监督考察、引导与矫治处遇,附条件不起诉与缓刑几乎是完全吻合的。[⑥]

(二)未成年人的后期帮教问题

就未成年人附条件不起诉这一主题,近几年学界研究的重点主要集中于如何改进及完善未成年人附条件不起诉中的帮教方式。监禁机构虽然承担着教化改造罪犯之重要功能,但监狱人格、交叉感染、惯犯、累犯作为刑罚的后续效应必然会对未成年人产生消极作用。帮教是指对未成年人附条件不起诉考察期间的帮扶教育,帮教机制之建构及健全程度,直接关系到未成年人附条件不

---

① 参见陈卫东:《检察机关适用不起诉权的问题与对策研究》,《中国刑事法杂志》2019年第4期。

② 参见宋志军、毛泽金:《论认罪认罚从宽场域内不起诉的适用》,《政法学刊》2020年第4期。

③ 参见王新建:《认罪认罚从宽制度下相对不起诉的司法适用》,《国家检察官学院学报》2021年第1期。

④ 参见刘甜甜:《解构与重建:论酌定不起诉从宽的困境消解》,《中国刑事法杂志》2020年第5期。

⑤ 参见常洁琨:《检察机关不起诉权的适用与完善》,《甘肃政法大学学报》2021年第5期。

⑥ 参见何挺:《附条件不起诉适用对象的争议问题:基于观察发现的理论反思》,《当代法学》2019年第1期。

起诉制度的适用率、适用成效等诸多方面。目前国内未成年人附条件不起诉社会帮教机制存在体系建设不健全、社会力量主动参与的意识不强、社会支持的专业化程度不高、社会转介机构的数量不足等问题。

1.构建“新孝道”帮教模式

有学者提出了“新孝道”帮教模式，帮教内容主要是传统经典，帮教形式有读抄经典、讲师宣讲、座谈交流、视频播放、警示教育、构建线上线下矫治预防同步模式等，帮教课程的设计采用“充分了解情况后，专案专办，个案个办”的实际个体原则。①

2.建设转介机构

有学者提出，除了“现有模式应进一步强化、现有机构应更加专业化、现有社会力量应更加多元化”，还应加强帮教体系中转介机构的建设；加强帮教体系中转介机构的建设，通过将零散的社会资源进行先集中再分配，可有效地缓解检察机关寻求社会支持建构的压力，从而节省司法资源，可适度提高未成年人附条件不起诉的适用率，可显著提高未成年人附条件不起诉社会支持的专业性。②

3.构建数字化监督考察模式

有学者提出，数字化监督考察，如移动数据定位、人脸识别打卡、利用大数据和数字建模技术划定预警区域（电子围栏）等做法，有助于解决监督考察规定过于原则化、执行能力弱、专业化不足、社会参与度低且缺乏人力物力保障，以及常会出现的“重帮教保护，轻教育管束”困境。③

4.完善社会组织参与未成年人附条件不起诉帮教考察路径

有学者认为，需要借助政府力量积极发展社会组织，从群团组织、企业法人、基金会等渠道获取更多的社会帮教资源；要发挥政府主导作用，构建组织协作网络；要制定规范性法律文件，明确社会组织的资质认定机制，明确社会组织资质；要对接少年司法需求，提供专业的帮教服务。④ 另有学者认为，为充分发

① 参见夏纪森、吴名驰：《附条件不起诉帮教新理念研究——对江苏省C市附条件不起诉帮教模式的实证研究》，《预防青少年犯罪研究》2020年第4期。

② 参见江勇：《我国未成年人刑事司法制度的社会支持机制研究——以附条件不起诉制度为例》，《青年探索》2020年第2期。

③ 参见陈龙震、陈敏：《未成年人附条件不起诉数字化监督考察模式新探索——利用非羁押人员数字化监管系统进行监督考察》，《预防青少年犯罪研究》2021年第5期。

④ 参见江勇、杨希、肖劼：《社会组织参与附条件不起诉帮教考察的完善机制》，《预防青少年犯罪研究》2021年第4期。

挥社会帮教力量,调动社会主体对未成年人实施帮教的积极性,立法只能作原则性规定,赋予相应主体一定的自由裁量权,以满足社会的复杂变化形式,对被不起诉人的帮教力量原则上应以中立的社会机构为佳。[①]

5.完善未成年犯罪嫌疑人及其法定代理人的异议权

有学者认为,当前未成年犯罪嫌疑人及其法定代理人是有异议权的,但该异议权仅存在于作出附条件不起诉决定时,这使得未成年犯罪嫌疑人及其法定代理人行使异议权的范围过窄,无法充分保障未成年犯罪嫌疑人的合法权益,特别是未成年犯罪嫌疑人被检察机关撤销附条件不起诉、提起公诉之时。在实践中,应当为未成年犯罪嫌疑人提供一定的权利保障,赋予其与监护人或法定代理人对监督考察事项及执行情况的异议权。若因违反监督考察规定,检察机关撤销未成年犯罪嫌疑人附条件不起诉的决定,提起公诉,未成年犯罪嫌疑人及其法定代理人可以向决定机关或上级检察机关申请复议复核,并由作出撤销决定的检察机关承担举证责任。这不仅能够保障未成年犯罪嫌疑人的合法权益,更可以监督检察机关是否依法履职,正确行使权力,以维护司法的公平正义。[②]

① 参见庄乾龙:《未成年人附条件不起诉制度功能论》,《预防青少年犯罪研究》2021 年第 4 期。

② 参见陈龙震、陈敏:《未成年人附条件不起诉数字化监督考察模式新探索——利用非羁押人员数字化监管系统进行监督考察》,《预防青少年犯罪研究》2021 年第 5 期。

“捕诉一体”改革研究综述

冯俊伟　张金丽*

2021年，在检察改革不断深入的背景下，理论界和实务界对于“捕诉一体”的讨论已经从“捕诉一体”正当性转移到“捕诉一体”调整后的制度运行，包括刑事检察权运行、侦查监督工作、补充侦查工作和辩护权保障等具体方面。为了更好地理解“捕诉一体”改革及其在本年度的研究进展，本文将简要回顾和综述“捕诉一体”的历史发展、“捕诉一体”改革的相关论争，并在此背景下，更好地理解本年度“捕诉一体”改革后的制度运行及其相关的讨论。

一、“捕诉一体”的历史发展

在检察权行使和检察工作改革过程中，审查批捕和审查起诉两项权能备受关注。根据我国《宪法》《刑事诉讼法》等的规定，人民检察院有权对公安机关、监察机关移送的案件和自侦案件中的犯罪嫌疑人是否符合逮捕条件进行审查，作出是否批准逮捕的决定。同时，检察机关有权对案件是否符合起诉条件进行审查，并依法作出提起公诉或不起诉的决定。从性质上分析，审查批捕权和审查起诉权的性质并不相同，前者是对应否采取逮捕强制措施的审批，后者是对案件是否符合起诉条件、是否存在起诉必要的审查判断，围绕两种职能应否由检察机关统一内设机构行使，近年来理论界和实务界都给予了广泛关注。

“捕诉合一”，是指审查批捕权和审查起诉权由检察机关同一内设机构或部门行使，两种职能的决定主体是合一的；“对于本院管辖的同一刑事案件的适时

* 冯俊伟，山东大学法学院副院长、教授、博士生导师，山东大学检察理论研究中心副主任；张金丽，山东大学法学院硕士生。

介入、审查逮捕、延长侦查羁押期限审查、审查起诉、出庭公诉、诉讼监督等办案工作,原则上由检察机关同一办案部门的同一承办检察官办理”①。“捕诉分离”,是指审查批捕权和审查起诉权由检察机关不同内设机构或部门行使,两种职能的决定主体是分离的。从制度发展史的角度观察,审查批捕权和审查起诉权的行使经历了不同的发展阶段,这在一定程度上是与检察机关内设机构职能调整紧密结合在一起的。1978 年检察机关复建,后根据 1980 年《人民检察院刑事检察工作试行细则》和 1991 年《人民检察院刑事检察工作细则(试行)》等法律文件的规定,审查逮捕和审查起诉由最高人民检察院的刑事检察机构行使,形成了“捕诉一体”的工作机制。到了 1996 年,最高人民检察院在全国检察机关第二次刑事检察工作会议中提出设立审查逮捕部门和审查起诉部门,分别负责审查逮捕和审查起诉工作。在此之后,实现了从“捕诉一体”到“捕诉分离”的再一次发展。2018 年,最高人民检察院主要领导在“大检察官研讨班”开幕讲话中指出,“突出专业化建设,坚持‘一类事项原则上由一个部门统筹、一件事情原则上由一个部门负责’”,“重新组建专业化刑事办案机构,统一履行审查逮捕、审查起诉、补充侦查、出庭支持公诉、刑事诉讼监督等职能”,显示了实施“捕诉一体”的改革趋势。2018 年 12 月,《最高人民检察院职能配置、内设机构和人员编制规定》正式出台。根据上述规定,最高人民检察院内设办公厅、第一到第十检察厅、法律政策研究室等部门。其中,第一到第四检察厅负责具体案件的承办工作,既负责对案件进行审查逮捕,也负责审查起诉、出庭支持公诉、抗诉等工作。这一规定的出台标志着我国检察机关对于审查批捕权和审查起诉权的行使又采取了“捕诉一体”的模式。

上述关于“捕诉一体”相关改革构成了学界开展相关理论研究的重要制度背景。2021 年学者关于“捕诉一体”的关注和研究也是在这一背景下展开的。

二、“捕诉一体”改革的相关论争

2018 年前后,围绕“捕诉一体”改革,理论界和实务界进行了相关研究。对于这一改革,学者从支持和反对的立场提出了不同理由。

(一)“捕诉一体”支持论及其理由

在支持“捕诉一体”的论述中,学者阐释了具体的理由。有文章提出“捕诉合一”有重要的制度功能,并从七个方面阐述了“捕诉合一”的理由,包括捕诉职

---

① 叶青:《“捕诉一体”与刑事检察权运行机制改革再思考》,《法学》2020 年第 7 期。

能的分工属于检察机关内部职能分工，对诉讼法效力并无影响；“捕诉合一”可以避免对于同一案件的重复审查；“捕诉合一”既减少了内部环节，也有利于激活刑事诉讼机制内的制约机制；“捕诉合一”更有利于检察官对于侦查活动的引导等。①

有文章总结指出，“捕诉分离”模式之下，审查逮捕部门与公诉部门之间的互相监督制约也是有限的；在案多人少的现实情形下，“捕诉合一”相较于“捕诉分离”更有助于增强办案人员的责任心，有助于保障案件质量；在实践中，起诉权和批捕权由同一部门行使的做法也同样运作良好。②

有文章赞同从中国特定制度背景之下的操作实践来看，捕诉合一利大于弊。从部分试点检察院的制度运行来看，“捕诉合一”的制度优势包括避免重复劳动，促进审案效率的提升；避免监督空窗，促进大控方格局构建；诉监适度分离，促进监督发力；理念更新，促进少捕慎押；增大刑辩律师辩护空间，促进人权保障。该文章还指出，“捕诉合一”后，刑事检察工作也遇到了时间管理、证明标准、资源分配方面的难题。③

有文章指出，应当对“捕诉合一”改革持开放性态度，这也契合了当前司法改革的要求：其一，提高工作效率；其二，防止捕诉工作脱节；其三，有利于引导侦查方向和监督。④

有文章指出，“捕诉合一”具有三大实践价值：一是有利于少捕慎捕和保障人权，二是有利于解决实践中案多人少的矛盾和提高司法效率，三是有利于增强检察官的办案责任心和提高检察官素质。并在文中作了细致论证。⑤

有文章指出，“只有解决好与捕诉一体相关的问题，才能使捕诉一体的正当性问题得到相应的解决”，应当关注“捕诉合一”运行中的权利保障和权力制约。就权利保障而言，改革者更应有责任证明捕诉一体有利于保障权利，健全审查批准逮捕“听证”程序，重视对辩护权行使的保障；就权力制约而言，应当进一步重视和加强侦查监督、立案监督工作。⑥

有文章从实务与理论两个维度归纳出时代语境下捕诉调整的内在逻辑。

---

① 参见张建伟：《“捕诉合一”的改革是一项危险的抉择？——检察机关“捕诉合一”之利弊分析》，《中国刑事法杂志》2018 年第 4 期。

② 参见张和林、严然：《检察机关内设机构改革若干问题探究》，《人民检察》2014 年第 6 期。

③ 参见叶青：《“捕诉一体”与刑事检察权运行机制改革再思考》，《法学》2020 年第 7 期。

④ 参见郭烁：《捕诉调整：“世易时移”的检察机制再选择》，《东方法学》2018 年第 4 期。

⑤ 参见邓思清：《捕诉一体的实践与发展》，《环球法律评论》2019 年第 5 期。

⑥ 参见王敏远：《透视“捕诉一体”》，《环球法律评论》2019 年第 5 期。

从实践角度来看,“捕诉合一”契合了检察权配置调整的时代语境,并具有良好的试点实践运行效果。从理论角度来看,第一,“捕诉合一”符合检察机关内部职权配置的基本原理。第二,在具体运行中,审查批捕程序并未被审查起诉程序吸收,其在本质上依然是一个独立的程序或是独立的环节。第三,“捕诉合一”并不应然或实然弱化检察机关的内部监督制约,带来办案质量下降的客观结果。第四,在“捕诉合一”的运作模式下,承办检察官的权能范围扩大,客观上有助于落实宽严相济的刑事政策,实现审前程序于“入罪出刑”层面的分流作用。①

有文章通过分析实证数据表明了“捕诉合一”改革的以下优势:首先,在诉讼经济效率方面,“捕诉合一”能够提高办案效率;其次,在保证案件质量方面,“‘捕诉合一’办案机制中的检察官从受案开始就能够站在起诉高度对侦查部门进行全程引导和监督,注重检警关系优化,同时还促使侦查监督力度实现提升,有利于保障案件质量,实现司法公平公正”;最后,在培养专业人才方面,“从长远和全局的角度来讲,‘捕诉合一’更有利于培养出真正了解检察工作的专家型人才”。②

有文章指出“捕诉合一”模式具有如下正当性:第一,“捕诉合一”模式有助于提高诉讼效率,降低司法成本;第二,“捕诉合一”模式有助于整合资源,强化诉讼监督;第三,“捕诉合一”模式有助于保障人权,防范冤假错案;第四,“捕诉合一”模式有助于推进两法衔接,助力监察体制改革。③

有文章提出,“捕诉合一”究竟是否可行应当关注这一做法的功利性价值和法理正当性。在功利性价值方面,“捕诉合一”有助于检察官认真研究和把握案件,以更全面的视角、更高的要求办理刑事案件,避免同质化重复劳动,提高司法效率;“捕诉合一”还可以通过扩大检察官权能,促使与犯罪嫌疑人进行认罪协商。在法理正当性方面,则可以通过合理的制度设计来完成。④

(二)“捕诉一体”质疑论及其理由

针对 2018 年以来检察机关推进的“捕诉一体”改革,也有学者质疑这一改革,分析了“捕诉一体”或“捕诉合一”可能带来的相关问题。

有文章总结到,“从法理上分析,‘捕诉合一’,实质上是将裁判权与追诉权交由同一主体行使,这种职能冲突与角色冲突,就是‘捕诉合一’受到学界批评

① 参见步洋洋:《除魅与重构:“捕诉合一”的辩证思考》,《东方法学》2018 年第 6 期。

② 参见郭华、李红霞:《司法改革背景下的捕诉关系路径选择》,《河北法学》2019 年第 7 期。

③ 参见洪浩:《我国“捕诉合一”模式的正当性及其限度》,《中国刑事法杂志》2018 年第 4 期。

④ 参见沈海平:《捕诉关系的辩证思考》,《国家检察官学院学报》2018 年第 4 期。

的主要原因”。进而指出，“捕诉分离”的机构设置模式使批捕相对独立，有利于维系目前批捕程序的“相对正当性”，有利于满足机构设置和业务配置平衡性的要求，有利于对批捕程序实施适度诉讼化改造。[①]

有文章通过比较研究指出，由缺乏必要的独立性和中立性的检察官行使批准逮捕的权力，“捕诉合一”既不符合刑事诉讼制度的发展规律，也违反了《公民权利和政治权利国际公约》《欧洲人权公约》等国际性、区域性人权公约的相关规定，检察机关应当及时终止这一改革。[②]

有文章从十个方面对“捕诉合一”改革进行了检视，包括“捕诉合一”在实质上违反了宪法；“捕诉合一”的相关工作机制与正当程序原则的要求不符；“捕诉合一”可能会削弱检察机关的法律监督功能；批捕权与公诉权的性质不同，不宜“捕诉合一”；“捕诉合一”容易导致批捕权滥用；“捕诉合一”违反刑事诉讼法上回避的要求；“捕诉合一”与贯彻程序正义优先的价值理念存在紧张关系等。[③]有文章总结了“捕诉合一”存在的三个问题：第一，“捕诉合一”可能导致侦捕合一，弱化审查批捕的中立性；第二，“捕诉合一”会弱化审查起诉对已批捕案件的制约，导致内部监督机制虚置；第三，“捕诉合一”将进一步促使逮捕实体化，使得“够罪即捕、一捕到底”顺势燎原。[④] 有学者针对“捕诉合一”机制下的权力行使提出了四点担忧：非法证据排除更为罕见，证明标准区分更为困难，侦查权力与辩方权利更为失衡，批捕追诉化现象更为明显。[⑤]

除了对“捕诉一体”改革的支持与反对的讨论，很多学者都在“捕诉调整”的背景下对逮捕的诉讼化改造作了分析。有文章提出，“捕诉分立”抑或“捕诉合一”之争的重点关注应当是批捕权究竟应该以何种方式来行使，应当强化“逮捕的诉讼化改造”。[⑥] 也有文章指出，在“捕诉调整”的背景下，构建科学合理的审查逮捕证明机制是推进“捕诉一体”的重要保障，应当参照司法证明的方法建立层次化的“准司法证明”机制，逮捕的证据与刑罚要件采用“准严格证明”模式，逮捕必要性要件应当采取“自由证明”模式。[⑦] 也有文章指出，在“捕诉一体”改

① 参见龙宗智：《检察机关内部机构及功能设置研究》，《法学家》2018 年第 1 期。

② 参见孙长永：《“捕诉合一”的域外实践及其启示》，《环球法律评论》2019 年第 5 期。

③ 参见童伟华：《谨慎对待“捕诉合一”》，《东方法学》2018 年第 6 期。

④ 参见谢小剑：《检察机关“捕诉合一”改革质疑》，《东方法学》2018 年第 6 期。

⑤ 参见唐益亮：《隐忧与出路：检察院“捕诉合一”模式的思考》，《西部法学评论》2018 第 6 期。

⑥ 参见郭烁：《捕诉调整：“世易时移”的检察机制再选择》，《东方法学》2018 年第 4 期。

⑦ 参见杨依：《我国审查逮捕程序中的“准司法证明”——兼论“捕诉合一”的改革保障》，《东方法学》2018 年第 6 期。

革的背景下,审查逮捕诉讼化是克服改革弊端的有效路径,应当"完善听取意见程序,需实现讯问犯罪嫌疑人全面化与实质化、听取辩护律师意见主动化、审查逮捕证明机制化;建构听证程序,应彰显审查范围适度、审查主体与决定主体同一、侦辩双方对庭论辩、权利救济与制度保障完备的设计合理性"①。

还有学者对"捕诉一体"改革背景下检察权内部监督制约机制作了研究。有文章提出了完善检察权内部监督的三重机制:一是构建检察官办案组内监督机制,二是健全检察机关内部监督考核机制,三是创新特殊情况下的更换检察官制度。② 也有文章提出了促进"捕诉合一"改革的相关配套机制:第一,建章立制,强化规则的约束力;第二,引导检察官树立正确的捕诉理念;第三,把司法民主基因引入检察官决定权中;第四,完善检察院内部绩效考评体系。③

2021 年,学者对于"捕诉一体"改革的正当性问题讨论较少,有学者在文章中总结了赞成和质疑"捕诉一体"的理由,并论证指出:"逮捕权与公诉权由同一个主体行使,并没有改变诉讼程序,没有减少诉讼环节,因而也没有违背这两种权力应当分别行使的原理,反而更有利于加强对侦查活动的监督制约,更有利于对人权的保障,更有利于整合检察资源,提高诉讼效率。"④

三、"捕诉一体"改革后的制度运行

随着检察机关内设机构及其职能调整工作的推进,"捕诉一体"工作机制已经成为重要的制度现实。2021 年以来,学界对于"捕诉一体"的研究,已经从改革的正当性转移到了"捕诉一体"后的制度运行,包括"捕诉一体"背景下的刑事检察权的运行以及"捕诉一体"对侦查监督工作、辩护工作、业绩考核工作等的影响。具体言之,包括如下几个方面。

(一)"捕诉一体"运行机制下的刑事检察权

有文章指出,"捕诉一体"对我国刑事检察权的运行和刑事检察的发展产生了重要影响,主要体现在:"捕诉一体"强化了检察机关在刑事诉讼中的主导责任,"捕诉一体"增强了检察机关刑事法律监督的系统性,"捕诉一体"改革促进

① 参见张云鹏:《"捕诉合一"背景下诉讼化审查逮捕程序的完善与建构》,《辽宁师范大学学报》(社会科学版)2020 年第 3 期。

② 参见闵丰锦:《左右手何以制约:捕诉一体模式下检察权内部监督机制研究》,《新疆社会科学》2019 年第 3 期。

③ 参见侯银萍、卓凯:《刑事检察权内部监督新论》,《辽宁大学学报》(哲学社会科学版)2020 年第 5 期。

④ 张智辉:《论捕诉一体》,《法学杂志》2021 年第 9 期。

刑事法律监督体系更加“严密化”，“捕诉一体”开启了刑事检察队伍建设的新阶段。①

有文章指出，“捕诉一体”运行机制需要处理好四对关系：一是打击犯罪与保障人权的关系，二是司法公正与司法效率的关系，三是权力与责任的关系，四是办案与监督的关系。②

有文章总结到，“捕诉一体”办案机制在实践中取得了积极成效，但在立案监督和侦查监督方面也存在弱化等问题，应当从检察监督观念改变、监督能力提升、检察监督中侦查权适时启动、考评体系指标科学设置及智能监督平台建立等方面进一步强化监督。③

有文章对“捕诉一体”运行机制的实证研究显示：“捕诉一体运行机制下，检察机关办案效率整体提升，诉讼监督成效基本持平，审查逮捕质量明显提升，审前引导能力显著增强。”该文还对“捕诉一体”制度运行中存在的对办案主业的保障力度不足、检察官的“经济人”属性导致其过度追求办案效率、案件办理质效不足、案件审查思维“先入为主”、捕诉审查标准有待厘清等作了阐述。④

有文章研究发现，“捕诉一体”办案模式运行中存在配套标准不完善、办案理念与模式有待适应、检察监督有待加强等问题，并具体分析了捕诉证明标准未完善、分案机制和管辖机制不合理、绩效管理办法不适用、降低“案-件比”难、办案时长和办案节奏无法完全适应、办案人员自我监督难、控辩协商的提前弱化了监督意识等具体方面，提出应当从完善配套制度、提升检察队伍素质能力和强化内部监督方面作出改进。⑤

有文章分析了智慧检务下的“捕诉一体”建设，在分析了“捕诉一体”办案机制实践中存在的问题及成因后，作者提出智慧检务下“捕诉一体”办案机制的完善应当从提高检察官综合素质、创新监督方式、强化监督力度、规范检察行为和建立科学的考评机制等方面进行。⑥

---

① 参见印仕柏：《“捕诉一体”与刑事检察的发展》，《检察日报》2021年10月12日。

② 参见彭胜坤：《“捕诉一体”运行机制的三维思考》，《人民检察》2019年第24期。

③ 参见朱静、杜国伟：《“捕诉一体”视野下检察监督的实践偏离与理性回归》，《中国检察官》2021年第7期。

④ 参见李军：《捕诉一体运行机制实证研究》，《法治现代化研究》2021年第5期。

⑤ 参见杨杰辉、朱浩辅、金碧莹：《捕诉一体办案模式初探——基于L市J县检察院的实证研究》，《江西警察学院学报》2021年第6期。

⑥ 参见王洪宇：《智慧检务下的捕诉一体建设》，《吉首大学学报》（社会科学版）2021年第5期。

(二)“捕诉一体”运行机制下的侦查监督

有文章指出,“捕诉一体”对提高侦查监督工作的作用有限,相反还会带来一系列负效应,应当实现从“捕诉一体”到“侦诉一体化”的转变,具体包括强化检察机关对侦查的入口控制、加强对侦查过程的控制、强化对侦查出口的管控、完善报告制度和权利告知制度,以此来畅通常态化监督渠道、强化侦查人员在刑事诉讼中接受检察机关监督的法定义务等。[①]

有文章结合广西三级检察机关“捕诉一体”改革,分析了“捕诉一体”改革中侦查监督情况及其存在的问题,并提出了“捕诉一体”背景下强化侦查监督的路径,具体包括:构建新型诉侦关系,加强引导侦查;完善运行机制,优化资源配置;加强“两项监督”,优化检察职能行使;强化各项举措,提高侦查监督质效。[②]

有文章总结了“捕诉合一”下侦查监督面临的问题,并主张从以下几方面进行改进:科学平衡新模式下检察机关办案节奏,提高侦查监督质量;推广智能化监督方式,实现全流程动态监督;落实司法责任制度,保证依法履行监督职责;探索适应新形势的侦查活动监督“案件化”办理模式。[③]

(三)“捕诉一体”运行机制下的退回补充侦查

有文章总结了“捕诉一体”对完善退回补充侦查的积极意义,并提出了“捕诉一体”背景下退回补充侦查的完善方向:逐步促使检警对证据问题的把握标准趋同;畅通检察机关与公安机关的个案沟通渠道;通过理念革新与制度完善压缩技术性退查等。[④]

有文章从“捕诉一体”的角度对改进补充侦查工作提出了以下五点具体构想。第一,发挥“捕诉一体”机制优势,重心前移,夯实证据;第二,分析审查起诉阶段退回补充侦查的原因,改进侦监工作;第三,在退回补充侦查文书质量上下功夫;第四,尽快建立退回补充侦查工作跟踪监督反馈机制;第五,加大自行补充侦查力度,履行法律监督职责。[⑤]

---

① 参见魏晓娜:《从“捕诉一体”到“侦诉一体”:中国侦查控制路径之转型》,《政治与法律》2021年第10期。

② 参见广西壮族自治区人民检察院课题组:《“捕诉一体”背景下加强侦查监督路径探索》,《中国检察官》2021年第17期。

③ 参见匡旭东:《“捕诉合一”视域下侦查监督的路径偏差与改革回归》,《四川警察学院学报》2020年第1期。

④ 参见贺红强、骆思慧、多倩文:《“捕诉一体”机制下完善退回补充侦查制度的思考》,《中国检察官》2021年第23期。

⑤ 参见石峰:《发挥“捕诉一体”优势补强补充侦查工作》,《人民检察》2021年第11期。

(四)“捕诉一体”运行机制下的辩护权保障

有文章分析了“捕诉一体”对辩护权的影响，并提出应当从赋予审查逮捕阶段辩护律师的阅卷权、建立审查逮捕阶段听证制度等方面保障辩护权的有效行使。[①]

有文章对“捕诉一体”工作机制下的审前辩护表示担忧，指出当前审前辩护存在以下困境：一是捕前辩护权利保障不足，二是逮捕中立性弱化，三是起诉阶段辩护流于形式。文章还进一步提出了“捕诉一体”模式下保障审前阶段辩护律师权利、强化检察官在逮捕程序的中立性等辩护权保障的完善路径。[②]

---

① 参见王晶：《“捕诉合一”办案模式对辩护权的影响与出路》，《哈尔滨学院学报》2021年第2期。

② 参见周莹莹：《权力与权利的相对平衡：捕诉一体模式下审前辩护权保障研究》，《青海民族大学学报》(社会科学版)2021年第4期。

少捕慎诉慎押刑事司法政策研究综述

段君尚*

2021年4月16日，中央全面依法治国委员会把坚持“少捕慎诉慎押”列入年度工作要点，“少捕慎诉慎押”从刑事司法理念正式上升为一项具体的刑事司法政策。这一政策是对长期以来刑事诉讼过度依赖逮捕羁押、强制措施功能异化的适时纠偏，开启了我国加强刑事司法人权保障的新篇章。落实少捕慎诉慎押的刑事司法政策，是司法机关坚持以人民为中心的根本立场、践行全面依法治国、回应经济社会发展需要的重大举措，也是司法履职助推国家治理能力现代化的具体体现。

一、少捕慎诉慎押刑事司法政策概述

正确贯彻少捕慎诉慎押刑事司法政策，首先要准确把握这一政策的内涵。从目前的学界和实务界的共识来看，少捕慎诉慎押的本质是严格、准确、规范地把握逮捕、起诉、羁押的法定条件，将刑事强制措施、刑事追诉控制在合理且必要的限度内，实现惩罚犯罪与保障人权的最佳平衡。这一政策在转变司法观念、加强人权保障、促进社会治理、降低司法成本等方面都具有重要的功能。

（一）少捕慎诉慎押刑事司法政策的概念

少捕慎诉慎押，是指对绝大多数的轻罪案件应当体现当宽则宽，慎重逮捕、羁押、追诉。有文章指出，少捕，是指要依法加强对逮捕社会危险性的审查，依法能不捕的不捕，尽可能适用非羁押强制措施，减少犯罪嫌疑人、被告人在羁押状态下候审。慎诉，就是依法行使起诉裁量权，对符合法定条件的案件通过适

* 段君尚，山东大学法学院助理研究员、法学博士，山东大学检察理论研究中心研究员。

用不起诉，发挥审查起诉的把关、分流作用。慎押，则要求通过羁押必要性审查等方式，对被羁押的犯罪嫌疑人、被告人是否具有继续羁押的必要性进行审查，对没有继续羁押必要的犯罪嫌疑人应当及时变更强制措施。对危害国家安全、严重暴力、涉黑涉恶等重罪案件以及犯罪情节虽较轻但情节恶劣、拒不认罪的案件体现当严则严，该捕即捕，依法追诉，从重打击。这一政策还要求在惩罚犯罪的前提下，加强人权司法保障，减少社会对抗，促进社会和谐。①

也有学者对少捕慎诉慎押的内涵提出了类似观点。所谓“少捕”，是指在刑事诉讼中应当尽量少逮捕人，并且严格将逮捕限定为确保刑事诉讼顺利进行的一种预防性措施，使非羁押诉讼成为刑事诉讼的常态。所谓“慎诉”，是指从严掌握刑事案件进入审判程序的实体条件和证据标准；对于符合起诉条件的案件，如果检察机关根据案件事实、情节以及犯罪嫌疑人的具体情况和认罪认罚态度，认为不起诉更加有利于维护公共利益和犯罪嫌疑人、被害人的合法权益，有利于促进经济社会发展和修复社会关系的，尽量适用不起诉手段终止诉讼。所谓“慎押”，是指在少捕的基础上，通过落实捕后羁押必要性审查制度等，保障被逮捕人及其法定代理人、近亲属和辩护人申请变更或者解除强制措施的诉讼权利，尽量缩短审前羁押期限，减少审前羁押人数。②

实务界对这一刑事司法政策也逐渐达成共识。有文章指出，少捕慎诉慎押，是指对绝大多数的轻罪案件体现当宽则宽，慎重羁押、追诉，加强对逮捕社会危险性的审查，依法能不捕的不捕，尽可能适用非羁押强制措施，尽可能减少犯罪嫌疑人羁押候审；依法行使起诉裁量权，对符合法定条件的充分适用相对不起诉，发挥审查起诉的审前把关、分流作用；加强对羁押必要性的审查，及时变更、撤销不必要的羁押；对危害国家安全、严重暴力、涉黑涉恶等重罪案件以及犯罪情节虽较轻，但情节恶劣、拒不认罪的案件体现当严则严，该捕即捕，依法追诉，从重打击。这一政策还要求在惩罚犯罪的前提下，加强人权司法保障，减少社会对抗，促进社会和谐。③

（二）少捕慎诉慎押刑事司法政策的提出

“欲知大道，必先为史。”有观点认为，少捕慎诉慎押刑事司法政策不仅是中

---

①　参见庄永廉、孙长永、苗生明、彭胜坤、常锋：《少捕慎诉慎押刑事司法政策的内涵功能及其落实》，《人民检察》2021年第15期。

②　参见庄永廉、孙长永、苗生明、彭胜坤、常锋：《少捕慎诉慎押刑事司法政策的内涵功能及其落实》，《人民检察》2021年第15期。

③　参见邱春艳、史兆琨：《少捕慎诉慎押的检察实践》，《检察日报》2021年12月15日。

国共产党的优良传统和历史经验,也是中华优秀传统法律文化的重要内容。改革开放之后,少捕慎押的理念逐步细化并进入立法程序之中。[①] 也有文章指出,“少捕慎诉慎押”理念可追溯到2012年10月《最高人民检察院关于进一步加强未成年人刑事检察工作的决定》中关于坚持依法少捕、慎诉、少监禁的规定。[②]

2019年,最高人民检察院提出对涉案民营企业负责人“依法能不捕的不捕、能不诉的不诉、能不判实刑的就提出适用缓刑的量刑建议”。2020年1月,全国检察长会议正式提出“少捕慎诉慎押”要求,逐步形成检察司法理念并努力践行,中央政法委对少捕慎诉慎押予以肯定,并在中央政法工作会议上明确要求:既要依法严厉打击严重刑事犯罪,又要把握少捕慎诉慎押原则。

2021年4月16日,最高人民检察院发布《“十四五”时期检察工作发展规划》,强调全面贯彻宽严相济刑事政策,落实少捕慎诉慎押司法理念。当月,中央全面依法治国委员会正式将“少捕慎诉慎押”确立为党和国家的刑事司法政策,并提出要“依法推进非羁押强制措施适用”。

为了贯彻落实少捕慎诉慎押刑事司法政策,更直观、更有效地指导检察办案,凝聚司法共识,2021年11月,最高人民检察院发布了《检察机关贯彻少捕慎诉慎押刑事司法政策典型案例(第一批)》。有文章指出,这批典型案例彰显了检察机关坚持以习近平新时代中国特色社会主义思想为指导,全面贯彻习近平法治思想,不断提高依法适用少捕慎诉慎押刑事司法政策的政治自觉、法治自觉和检察自觉。[③]

(三)少捕慎诉慎押刑事司法政策的意义

少捕慎诉慎押刑事司法政策在转变司法观念、加强人权保障、促进社会治理、降低司法成本等方面都具有重要的功能。有文章认为,首先,该政策有利于引导广大司法人员进一步摒弃“重打击轻保护”“重实体轻程序”的陈旧司法观念,牢固树立“惩治犯罪与保障人权并重”“实体公正和程序公正并重”等现代司法观念。其次,有利于促进不捕不诉和羁押必要性审查工作机制以及相关业务考核机制的不断完善,减少逮捕人数和捕后适用轻缓刑的人数,缩短审前羁押

---

① 参见王勇:《从党的光辉历史看“少捕慎诉慎押”刑事司法政策》,2022年4月18日,https://www.spp.gov.cn/spp/zdgz/202204/t20220418_554441.shtml。

② 参见李翔、刘杰:《“轻罪体系构建与少捕慎诉理念的贯彻”研讨会综述》,《上海法治报》2021年12月1日。

③ 参见《以宽严相济为指导 依法充分准确适用少捕慎诉慎押刑事司法政策——最高人民检察院第一检察厅负责人就〈检察机关贯彻少捕慎诉慎押刑事司法政策典型案例(第一批)〉答记者问》,2021年12月3日,https://www.spp.gov.cn/xwfbh/wsfbt/202112/t20211203_537605.shtml#3。

期限，从而在刑事诉讼中进一步贯彻落实尊重和保障人权的宪法原则。再次，有利于检察机关行使不捕、不诉裁量权，并通过不捕、不诉与涉罪企业合规、当事人和解、认罪认罚从宽等制度的有机融合，有效化解社会矛盾，促进社会治理体系不断完善。最后，有利于把“非羁押诉讼”变成司法人员的自觉行动，大幅度降低因逮捕、羁押而产生的司法成本（包括因错误批准逮捕和羁押导致的国家赔偿），落实联合国刑事司法准则关于“审前羁押不应当作为一般规则，而应当作为例外”的理念。①

此外，有文章从社会治理的角度对少捕慎诉慎押刑事政策的积极意义进行了分析，提出“少捕慎诉慎押”有利于推动刑事司法制度优势转化为治理效能。一是促进了社会和谐。对轻罪案件在依法追究的同时，采取非羁押强制措施或作相对不起诉处理，既能体现对犯罪行为的否定评价，彰显正义立场，又能减少司法对抗，促进行为人更有意愿也有更多空间去减轻犯罪后果，赔偿经济损失，有助于化解社会矛盾，修复被破坏的社会关系。二是强化了人权保障。尽可能减少审前对行为人人身自由的剥夺，避免羁押强制措施的滥用，是刑事司法程序中人权保障原则的具体体现。同时，把被追诉人赔礼道歉、赔偿损失、达成和解等情况作为不捕不诉的重要考量依据，也有利于维护被害人的权益。三是节约了司法资源。将大量的轻罪案件行为人都投进看守所和监狱，耗费公共财力，而“一押到底”“久押不决”更会占用有限的司法资源。少捕慎诉慎押刑事司法政策的落实，进一步推动了案件繁简分流、轻重分离、快慢分道，执法司法机关可以把更多精力和资源用来追诉严重、复杂的犯罪。②

另有文章分别从人权保障、社会和谐、司法资源方面分析了落实少捕慎诉慎押刑事司法政策的功能。一是有利于强化人权司法保障。尽可能减少审前对人身自由的剥夺，避免羁押强制措施的滥用、误用，是强制措施适用中保障人权原则的具体体现。未被羁押的犯罪嫌疑人所承受的精神压力和身体压力较小，能够更加充分地行使诉讼权利，同时能够确保司法人员公正裁决，防止出现因规避“刑期倒挂”而加重处罚的情况。二是有利于促进社会和谐。逮捕羁押的泛化，容易激化对抗情绪，影响对犯罪嫌疑人、被告人的教育、改造，未被采取羁押性强制措施或者可能被不起诉的犯罪嫌疑人，往往更有意愿也有更多空间减轻犯罪后果，赔偿经济损失。少捕慎诉慎押刑事司法政策在促进当事人达成

---

① 参见邱春艳、史兆琨：《少捕慎诉慎押的检察实践》，《检察日报》2021 年 12 月 15 日。

② 参见王守安：《落实“少捕慎诉慎押”刑事司法政策 助推社会治理现代化》，《人民检察》2021 年第 Z1 期。

谅解、提升社会治理效果方面能够发挥更加积极的作用,体现司法宽和、谦抑,释放司法善意,有助于修复被犯罪破坏的社会关系,帮助犯罪嫌疑人、被告人复归社会。三是有利于节约司法资源。对于没有羁押必要性的人员,在诉讼程序上赋予其一定的自由,使其能够在一定程度上从事正常的生产生活。同时,对于情节轻微的犯罪嫌疑人作出不起诉决定,同样能够起到教育警示作用,预防其再次犯罪,降低涉罪人员回归社会的成本,减少逮捕羁押就是节约司法资源、减轻社会负担。[①]

二、少捕慎诉慎押刑事司法政策的依据

少捕慎诉慎押刑事司法政策的确立有着深刻的时代背景和理论基础。犯罪结构的变化、刑事诉讼模式的转型、科学技术的发展以及依法治国理念的推进,为少捕慎诉慎押刑事司法政策的提出提供了客观依据。

(一)少捕慎诉慎押刑事司法政策的时代背景

1.刑事犯罪结构的重大变化

改革开放以来,特别是近20年来,我国社会进入了新时代,犯罪结构发生了重大变化。有学者认为,刑事犯罪生态的变化为实施少捕慎诉慎押刑事司法政策提供了客观依据。[②] 另有学者指出,重罪比例下降、轻罪迅速增加、社会危险性较小的行政犯占多数,犯罪结构和刑罚结构的逐渐轻缓化迫切需要裁量主义的刑事司法与之相匹配,逮捕羁押作为最严厉的强制措施受到更加严格的限制是势所必然。[③] 根据2020年最高人民检察院工作报告,重罪案件从1999年的16.2万人下降到2019年的6万人,占比从19.6%下降至2.7%。与之相对应,判处三年有期徒刑以下刑罚的人数占比从1999年的54.6%上升至78.7%,特别是最高刑只有拘役的醉驾案件,占比近20%。2021年1月至9月,全国检察机关共批准和决定逮捕各类犯罪嫌疑人670755人,同比上升20.6%;不捕279050人,同比上升77%,不捕率29.6%,同比增加7.4个百分点。共决定起诉1273051人,同比上升15%;决定不起诉229815人,同比上升

---

① 参见庄永廉、孙长永、苗生明、彭胜坤、常锋:《少捕慎诉慎押刑事司法政策的内涵功能及其落实》,《人民检察》2021年第15期。

② 参见樊崇义:《适应犯罪生态变化,推进少捕慎诉慎押》,《检察日报》2021年12月30日。

③ 参见庄永廉、孙长永、苗生明、彭胜坤、常锋:《少捕慎诉慎押刑事司法政策的内涵功能及其落实》,《人民检察》2021年第15期。

32.6%,不起诉率15.3%,同比增加1.8个百分点。[①]

另有学者指出,尽管轻罪比例迅速增加,但仍要注意罚当其罪,否则不利于社会的长治久安。有学者指出,在打击犯罪上应轻重有度,避免实践中按不适当的罪名处理,造成惩罚过重、罪不当罚。如果把过多罪行较轻的人都送上法庭、送进监狱,短时间看确实起到了有力打击犯罪的作用,但同时也会导致打击面扩大,从长远看不利于社会和谐稳定、长治久安。[②]

2.刑事诉讼模式的深刻转型

刑事诉讼模式的深刻转型对强制措施选择运用变革提出了要求。有学者指出,刑事诉讼中以认罪认罚从宽制度为代表的一系列新的刑事司法制度出台,推动刑事诉讼结构、控诉方式的深刻转变。认罪认罚从宽制度要求公安司法机关对自愿认罪认罚的犯罪嫌疑人、被告人依法给予从宽处理,以便及时有效地惩罚犯罪,加强人权司法保障,提高刑事司法效率,在更高程度上实现司法公正和司法效率的有机统一。绝大多数案件特别是轻罪案件,因行为人自愿认罪认罚,其主观恶性和危险性大大降低,证据稳定性明显增强,反悔上诉率低,因此相当一部分行为人没有逮捕羁押的必要。同时,对于其中犯罪情节轻微的,由于矛盾已经化解,行为人真诚悔罪,刑事追究目的已经实现,也应当尽量作相对不起诉处理。[③] 有学者认为,目前认罪认罚从宽制度适用率已稳定保持在80%以上,上诉率不足4%,远远低于不认罪认罚案件,已经成为刑事案件的主要诉讼模式。认罪认罚的犯罪嫌疑人、被告人,大多无逮捕羁押的必要,这也对强制措施体系变革提出了要求。[④]

总体而言,虽然当前审前羁押率有大幅下降,但总体占比仍较高,这显然与新的社会形势和法治建设目标不相适应。有文章指出,近年来,我国司法机关越来越重视强制措施适用的规范化,通过严格控制逮捕、推动羁押必要性审查等方式减少不必要羁押,审前羁押率从2000年的96.8%下降到2019年的63.3%。2019年以来,重庆市检察机关办理刑事案件呈现出“两升一降”的良好

---

① 参见《2020年最高人民检察院工作报告》以及最高人民检察院发布的2021年1月至9月全国检察机关主要办案数据。

② 参见王守安:《落实“少捕慎诉慎押”刑事司法政策 助推社会治理现代化》,《人民检察》2021年第Z1期。

③ 参见庄永廉、孙长永、苗生明、彭胜坤、常锋:《少捕慎诉慎押刑事司法政策的内涵功能及其落实》,《人民检察》2021年第15期。

④ 参见《最高检:检察机关适用认罪认罚从宽稳定保持在80%以上》,2021年2月2日,https://www.spp.gov.cn/zdgz/202102/t20210202_508277.shtml。

态势,即不捕率、不诉率总体呈上升趋势,诉前羁押率呈下降趋势。其中,不捕率从2019年的24.7%上升为2021年的25.9%;不诉率从2019年的11.1%上升为2021年的19%,诉前羁押率从2019年的58.8%下降为2021年的54.6%,捕后轻刑率、公安机关对不捕不诉案件复议复核率等指标持续向好。①

在这一背景下,有学者提出,确立少捕慎诉慎押刑事司法政策正当其时,是司法机关践行以人民为中心、全面依法治国、回应经济社会发展需要的重大举措,是司法履职助推国家治理能力现代化的具体体现,也是对长期以来刑事诉讼过度依赖逮捕羁押、强制措施功能异化的适时纠偏。②

3.现代科学技术的迅速发展

现代科学技术的应用在一定程度上加强了对非羁押措施的监管,解除了办案人员的"后顾之忧"。有文章指出,即使对犯罪嫌疑人、被告人不予逮捕羁押,仍然可以较为便利地保证其随传随到,保障刑事诉讼的顺利进行。③ 另有文章指出,信息化手段在办案中广泛应用,有效降低了对口供的依赖度和对逮捕措施的需求。同时,路面监控、手机定位、移动支付等现代科技的广泛应用,提升了社会管控水平,为取保候审等非羁押强制措施的适用提供了广阔空间。随着"天网监控""大数据筛查""非羁码""非押码"和手机定位等技术的进步,公安司法机关对未被羁押的犯罪嫌疑人、被告人的监控能力大幅度提升,我国以前取保候审和监视居住实践中存在的"监督难"等问题现在基本可以解决,这就给公安司法机关减少逮捕、羁押措施的适用提供了技术支撑。④

各地检察机关在积极探索如何融合运用数字技术提升对非羁押人员的监管效能,山东省、浙江省在数字监管方面有很多值得各地学习参考的经验。有文章指出,东营市人民检察院以"电子手铐"这一智能化应用为抓手,强化对未羁押人员的监督管理,辅以"七位一体"的刑事执行人权保障中心的支撑,打出电子监控、羁押必要性动态评估、诉讼权利保障、羁押表现纳入量刑、支持恢复性司法等组合拳,建立起政法委统一协调、法律监督主导、公检法司密切合作、

① 参见蒋安杰:《贯彻落实少捕慎诉慎押刑事司法政策,最高检在重庆研讨会上释放强烈信号》,《法治日报》2021年10月18日。

② 参见庄永廉、孙长永、苗生明、彭胜坤、常锋:《少捕慎诉慎押刑事司法政策的内涵功能及其落实》,《人民检察》2021年第15期。

③ 参见庄永廉、孙长永、苗生明、彭胜坤、常锋:《少捕慎诉慎押刑事司法政策的内涵功能及其落实》,《人民检察》2021年第15期。

④ 参见王守安:《落实"少捕慎诉慎押"刑事司法政策 助推社会治理现代化》,《人民检察》2021年第Z1期。

多单位协作、社会力量参与非羁押诉讼的新模式。[①] 也有文章介绍了杭州检察和杭州公安研发的“非羁码”App,对不需要羁押和非羁押的犯罪嫌疑人进行全方位的监控。对此,法学专家们评价很高,称赞其为破解世界性非羁押人员管理难题提供了中国方案、浙江方案,效果非常好。此外,绍兴市检察机关开发了非羁押审查系统,检察办案人员借助这一系统逐一分析与犯罪嫌疑人相关的各种因素,从内心更加确信可不可以采取非羁押措施,有力地促进羁押率大幅度下降。[②]

4.依法治国理念的深化推进

以习近平同志为核心的党中央高度重视法治和政法工作在推进国家治理体系和治理能力现代化中的作用。有文章指出,“少捕慎诉慎押”上升为党和国家的刑事司法政策,必将对我国的刑事司法产生深刻影响。新征程上,检察机关要坚决承担起贯彻落实少捕慎诉慎押刑事司法政策的政治责任、法治责任、检察责任,在推进全面依法治国和社会治理现代化中展现新担当、实现新作为。[③] 也有观点认为,以往公众只关注被羁押人员有罪还是无罪,“构成犯罪即捕”被视为理所应当,但随着法治理念与权利意识的明显增强,公众普遍希望刑事案件以更文明、更有利于人权保障的方式办理,羁押是否合理、必要,愈加受到关注。[④]

(二)少捕慎诉慎押刑事政策的理论基础

1.宽严相济刑事政策

少捕慎诉慎押刑事司法政策体现了宽严相济刑事政策的要求。有学者认为,现在特别强调刑事一体化,一方面,少捕慎诉慎押是以宽严相济的刑事政策为基本前提的;另一方面,宽严相济的刑事政策或刑法谦抑,需要通过少捕慎诉慎押等理念措施的有效落实,才能得以实现。[⑤]

关于宽严相济的刑事政策,早年间已有学者指出,其要求刑事立法、司法中要该宽则宽、当严则严、宽严相济、罚当其罪,是惩办与宽大相结合政策在新时期的继承和发展。有学者指出,宽严相济刑事政策的提出是对正视社会稳定与

---

① 参见陈星亮、张春燕:《非羁押诉讼的智能化监督》,黄河主编:《深化依法治国实践背景下的检察权运行——第十四届国家高级检察官论坛论文集》,中国检察出版社 2018 年版,第 619~628 页。

② 参见贾宇、王敏远、韩哲、徐静:《少捕慎诉慎押“三人谈”》,《检察日报》2021 年 6 月 7 日。

③ 参见王守安:《落实“少捕慎诉慎押”刑事司法政策 助推社会治理现代化》,《人民检察》2021 年第 Z1 期。

④ 参见蒋安杰:《贯彻落实“少捕慎诉慎押”,逮捕绝不能一捕了之》,《法治日报》2021 年 9 月 7 日。

⑤ 参见贾宇、王敏远、韩哲、徐静:《少捕慎诉慎押“三人谈”》,《检察日报》2021 年 6 月 7 日。

犯罪增长关系的理性回应。[①] 也有学者提到,刑罚的宽严必须与当时的社会情况相结合,切实做到宽以济严、严以济宽,切忌只适用某一方面,而忽视另一方面。[②]

有文章提出类似观点,应当以辩证思维全面理解,确保准确运用少捕慎诉慎押刑事司法政策,不能搞"一刀切",避免认识的片面化、简单化。通过发布典型案例,一方面表明对轻微犯罪、过失犯罪,以及未成年人、老年人、在校学生犯罪等,符合不捕不诉条件的,要依法作出不捕不诉;另一方面,对虽然犯罪较轻,但情节恶劣、不认罪不认罚、社会危害性大的,要依法批捕起诉,体现从严惩治政策取向。要强调的是,对于恐怖活动、涉黑涉恶等严重危害国家安全、公共安全的犯罪,故意杀人、强奸、绑架等严重暴力犯罪等,应依法从严羁押、从严追诉、从重打击。[③]

2.刑事实体法的谦抑性

从我国法治发展历史来看,慎刑思想一直处于主流地位,这反映了中华传统以人为本的价值理念。有学者指出,少捕慎诉慎押在价值追求上与慎刑思想是一致的。在我国刑事法治发展史上,慎刑思想一直起着指引发展方向的作用,现在的"慎刑"是把刑法作为社会治理的最后方法手段。有文章提到,"少捕慎诉慎押"说明刑法参与社会治理的范围和程度要尽量最小化。在刑事责任承担上,尽量选择较轻的。"少捕慎诉慎押"要求在面对侵害经济秩序、管理秩序、社会风尚法益时,动用刑罚需要特别小心谨慎。[④]

"少捕慎诉慎押"具有程序法和实体法的双重意义。虽然捕、诉、押是程序法概念,对被追诉人决定逮捕并实施羁押并非实体处罚,但二者之间的逻辑是相通的,并不矛盾。有学者指出,实体法和程序法有着共同的精神。当实体法(刑法)强调谦抑的时候,程序法也要有与之相对应的程序设置和价值追求,少捕慎诉慎押就是其中特别重要的方面。少捕慎诉慎押与刑法谦抑是既息息相关又环环相扣的整体,少捕慎诉慎押是实现刑法谦抑的程序前提。检察机关落实少捕慎诉慎押,为实现刑法的谦抑判决奠定了特别好的程序基础。[⑤]

---

① 参见黄京平:《宽严相济刑事政策的时代含义及实现方式》,《法学杂志》2006 年第 4 期。

② 参见马克昌:《宽严相济刑事政策刍议》,《人民检察》2006 年第 19 期。

③ 参见苗生明、纪丙学:《贯彻宽严相济依法充分准确适用少捕慎诉慎押刑事司法政策——"检察机关首批贯彻少捕慎诉慎押刑事司法政策典型案例"解读》,《中国检察官》2022 年第 2 期。

④ 参见王亚林:《"少捕慎诉慎押"刑事司法政策下的理念更新》,2022 年 11 月 9 日,http://www.legaldaily.com.cn/zt/content/2022-11/09/content_8798003.htm。

⑤ 参见贾宇、王敏远、韩哲、徐静:《少捕慎诉慎押"三人谈"》,《检察日报》2021 年 6 月 7 日。

三、少捕慎诉慎押刑事司法政策的落实

完善“少捕慎诉慎押”司法实践，是落实习近平法治思想、助推国家治理体系和治理能力现代化的重要举措。少捕慎诉慎押刑事司法政策在实践过程中存在司法理念尚未转变、司法程序制度尚不完善、非羁押强制措施尚不完备以及监管和评估效果不佳等问题。下一步，需要理论界和实务界共同努力、同向推进，进一步更新理念、廓清理论、深化协作、破解难题，共同贯彻落实好少捕慎诉慎押刑事司法政策。①

（一）落实少捕慎诉慎押刑事司法政策中存在的问题

1.司法理念尚未转变

学者们普遍认为，目前部分办案人员的司法理念尚未转变是阻碍少捕慎诉慎押政策落实的重要原因。有学者认为，在传统认知中，高捕诉率被认为是打击犯罪有力的表现，是检察机关对自身追诉机关性质的高度认同，以及维护社会稳定的有力表现，这些都为高捕诉率的现状提供了合理性支撑。② 有学者指出，司法机关、司法人员尚未形成统一认识。公安司法人员轻视甚至忽视逮捕羁押作为诉讼强制措施的基本功能，而更加看重逮捕羁押在震慑犯罪、维护稳定以及确保追诉成功等方面的作用。“重实体轻程序”“重打击轻保护”的传统观念仍有市场，长期形成的羁押办案的路径依赖仍未破除。需要注意的是，部分办案人员的司法理念转变还不充分。由于司法办案思维的惯性影响，对于一些有证据证明有犯罪事实的犯罪嫌疑人，有的办案人员担心不批捕可能会出现当事人毁灭、伪造证据以及后期当事人不到案等影响诉讼程序正常推进的情况，还有可能打击侦查机关的积极性，影响取证质量。对于因民间纠纷引起的故意伤害等案件，有的办案人员担心不批捕会导致被害人上访，引发舆情风险。③ 也有学者认为，社会公众误解形成的舆论压力也对逮捕造成了一定影响。由于政策宣传不足，有些老百姓认为取保候审等于“无罪释放”，还有些被害人及其家属认为不捕就是放纵犯罪、司法不公，导致申诉上访，给执法司法机关带

---

① 参见蒋安杰：《贯彻落实少捕慎诉慎押刑事司法政策　最高检在重庆研讨会上释放强烈信号》，《法治日报》2021年10月18日。

② 参见唐海东：《少捕慎诉原则化构建研究》，《重庆理工大学学报》（社会科学）2020年第12期。

③ 参见庄永廉、孙长永、苗生明、彭胜坤、常锋：《少捕慎诉慎押刑事司法政策的内涵功能及其落实》，《人民检察》2021年第15期。

来了无形压力。[①]

2.逮捕措施过度适用

有学者总结了目前落实少捕慎诉慎押刑事司法政策面临多种制约因素,其中包括逮捕的社会危险性条件、羁押必要性审查主观性太强、缺乏客观公正的判断标准;提请逮捕、审查逮捕、延长羁押期限、羁押必要性审查的程序存在浓厚的“行政化”色彩,缺乏司法程序应有的“告知”“听审”“说理”等要素。长期以来,我国刑事犯罪的逮捕羁押普遍化、常态化等问题比较突出。一是强制措施适用不平衡,过度依赖羁押强制措施。本应优先适用的取保候审、监视居住等非羁押强制措施,适用比例不高,大量案件在羁押状态下推动,羁押候审仍是刑事诉讼的常态。二是逮捕羁押案件中轻罪案件占比高,羁押后判轻刑率高。对可能判处较轻刑罚、没有社会危险性的犯罪嫌疑人、被告人适用羁押强制措施,背离了强制措施制度的初衷,也不符合宽严相济刑事政策的要求。三是羁押时间缺少节制,“一押到底”“关多久判多久”等不合理现象仍不同程度地存在,甚至羁押“绑架”起诉、定罪、量刑,影响司法公正。[②] 还有学者提出,羁押办案的路径依赖没有完全破除。逮捕措施以诉讼保障为基本功能,但实践中逐渐异化为侦查办案的重要手段,“以捕代侦”的现象比较普遍,导致降低审前羁押率存在重重困难。[③]

关于逮捕的适用,有学者指出,尽管《人民检察院刑事诉讼规则》详细列举了具体逮捕的情形,但是在实践中,不少检察办案人员在审查逮捕时还是更关注案件是否“有证据证明有犯罪事实”,而对社会危险性条件的把握较为宽松。检察机关一旦作出逮捕决定,后期侦查机关如果提请批准延长羁押期限,检察机关一般也会予以批准,对已逮捕犯罪嫌疑人“一押到底”的情况相当普遍。轻罪案件审前羁押比例较高主要体现在捕后轻刑率偏高,不少被逮捕的犯罪嫌疑人最后被判处一年以下有期徒刑、拘役等较轻的刑罚。当然,这也与部分犯罪嫌疑人被逮捕后认罪认罚从而获得较大从宽量刑幅度有关。[④]

---

① 参见王守安:《落实“少捕慎诉慎押”刑事司法政策 助推社会治理现代化》,《人民检察》2021年第Z1期。

② 参见庄永廉、孙长永、苗生明、彭胜坤、常锋:《少捕慎诉慎押刑事司法政策的内涵功能及其落实》,《人民检察》2021年第15期。

③ 参见王守安:《落实“少捕慎诉慎押”刑事司法政策 助推社会治理现代化》,《人民检察》2021年第Z1期。

④ 参见庄永廉、孙长永、苗生明、彭胜坤、常锋:《少捕慎诉慎押刑事司法政策的内涵功能及其落实》,《人民检察》2021年第15期。

3.非羁押措施不完备

取保候审保证方式约束力不强、对被取保候审人有效监管措施不足、违反取保候审规定惩戒力度不够等问题，使得非羁押强制措施难以满足保障诉讼的需要。对此，有观点指出，取保候审等羁押替代措施适用率过低，强制措施制度设计不够完善。社会危险性判断缺乏客观确定标准，取保候审、监视居住适用标准模糊等因素造成实践中逮捕羁押大量适用。非羁押措施适用中实现对犯罪嫌疑人的有效管制还存在一定难度。部分地区实行的"非羁码"对于确保犯罪嫌疑人遵守刑事诉讼法规定等方面有着较好的效果，但是由于不同地区的硬件、软件条件存在较大差别，该类措施未能在较大范围内实行。在不同阶段，检察机关对于羁押必要性审查的权力内容亦有所不同。对于经审查不需要继续羁押的犯罪嫌疑人、被告人，在侦查、审判阶段，检察机关只能向侦查机关、法院建议释放或者变更强制措施，仅在审查起诉阶段，才能够直接决定释放或者变更强制措施。① 另有文章提出了相同的观点，即非羁押强制措施运行状况不佳。目前取保候审保证方式约束力不强、对被取保人有效监管不足、违反取保候审规定、惩戒力度不够等问题还比较突出，导致有些办案人员不愿意采取非羁押强制措施。②

4.配套机制效果不佳

对于社会危险性的不当审查是导致该政策实践效果不佳的重要原因。有观点指出，现有的逮捕、起诉考核机制，特别是错捕的认定和责任追究机制的不完善，导致检察官在认定犯罪嫌疑人构成犯罪的情况下不愿意进一步认真审查逮捕的刑罚条件和社会危险性条件；捕后羁押必要性审查过程形式化，以至于捕后"一押到底"的问题长期以来没有得到根本解决。从总体上看，检察机关纳入羁押必要性审查的人数总量还是太少。③

有文章提出，少捕在认罪认罚案件中最直接的体现是将认罪认罚作为是否具有社会危险性的参考因素。2018 年《刑事诉讼法》第八十一条新增第二款："批准或者决定逮捕，应当将犯罪嫌疑人、被告人涉嫌犯罪的性质、情节，认罪认罚等情况，作为是否可能发生社会危险性的考虑因素。"该款构成对第一款社会

---

① 参见庄永廉、孙长永、苗生明、彭胜坤、常锋：《少捕慎诉慎押刑事司法政策的内涵功能及其落实》，《人民检察》2021 年第 15 期。

② 参见王守安：《落实"少捕慎诉慎押"刑事司法政策　助推社会治理现代化》，《人民检察》2021 年第 Z1 期。

③ 参见庄永廉、孙长永、苗生明、彭胜坤、常锋：《少捕慎诉慎押刑事司法政策的内涵功能及其落实》，《人民检察》2021 年第 15 期。

危险性规定的补充,不过形式意义大于实质意义,实践价值极其有限。在司法实践中,认罪认罚因素对适用逮捕措施的影响也非常有限。慎诉的境遇与少捕基本一致,根据相关数据统计,2019 年 1～9 月认罪认罚案件不起诉率仅为 9.1%。[①]

考核、容错、衔接机制不健全也是阻碍政策落实的重要原因。有文章提出,在考核机制方面,执法司法机关之间在逮捕羁押等指标的考核导向上有待相互协调。在容错机制方面,"不捕不诉"案件的错案认定和追究标准不明确,抑制了执法司法人员落实政策的积极性。在衔接机制方面,部分司法机关在接收案件时,将法律规定的"被告人在案"片面理解为必须在押候审,导致有的办案人员为方便将案件移送出去,不得不采取逮捕措施。[②]

(二)落实少捕慎诉慎押刑事司法政策的方向

1.转变传统司法理念

转变传统司法理念,坚持恢复性司法理念是落实少捕慎诉慎押的首要措施。有文章提出,随着社会法治文化发展、权利意识觉醒、诉讼经济理论引入以及国际趋势影响,过高的捕诉率被认为是不符合人权保障、不经济以及不符合国际法治发展趋势的。[③] 有学者提出,要构建"人在现场、心在法庭"的思维模式。公、检、法三机关要结合各自业务职能和司法实践,共同研学少捕慎诉慎押刑事司法政策,牢固树立以审判为中心的执法办案理念,按照以审判为中心的诉讼制度改革要求,摒弃"疑罪从有""疑罪从轻"的旧有观念,严格按照裁判的要求和标准,全面、规范地搜集、固定、审查、运用证据,绝不能有案件移送审查起诉就"万事大吉"的思想,从侦查到审查起诉,要有"人在现场、心在法庭"的思维模式,围绕法庭审判进行,确保案件审查、裁判的公平正义。[④]

2.完善审查逮捕制度

第一,严格把握逮捕的标准。有学者提出,要适应以庭审为中心的诉讼制度改革,严格把握入罪门槛,细化证据标准,对不符合逮捕、起诉条件的,坚决不予批捕、起诉,把好逮捕入口关。刑事诉讼法规定的逮捕和起诉标准不同,但是

---

① 参见唐海东:《少捕慎诉原则化构建研究》,《重庆理工大学学报》(社会科学)2020 年第 12 期。

② 参见王守安:《落实"少捕慎诉慎押"刑事司法政策　助推社会治理现代化》,《人民检察》2021 年第 Z1 期。

③ 参见唐海东:《少捕慎诉原则化构建研究》,《重庆理工大学学报(社会科学)》2020 年第 12 期。

④ 参见姚晓滨:《"少捕慎诉慎押"刑事案件办理的几点设想》,《第二届新时代优秀检察成果·智慧检务建设论文集(二)》,北京正义网络传媒有限公司,2021 年,第 198～203 页。

在“捕诉一体”办案机制下，由同一位检察官办理审查逮捕和审查起诉案件，犯罪嫌疑人一旦被逮捕，有可能会被起诉，因而检察机关在审查逮捕时就应严格把握逮捕的标准。[①]

第二，正确理解和适用“少捕慎捕”刑事政策。要立足审查批捕职能，坚持执法办案与化解社会矛盾并重，严格贯彻“宽严相济”的刑事政策，将刑事和解贯穿于审查逮捕阶段和执法办案的全过程。侦监部门对于符合和解条件的提请逮捕案件，应及时启动和解程序，把刑事和解作为无逮捕必要的重要因素，作出不批准逮捕的决定。[②]

第三，建立捕诉衔接机制。一是建立信息互通和会商制度。侦监、公诉部门应建立经常性工作联系。二是建立捕诉和解对接制度。如前所述，对于逮捕阶段已有和解意愿的案件，公诉部门要充分借助和延续侦监部门所做的工作，对符合和解条件的案件继续进行引导，把逮捕和解深化到起诉和解中，形成捕诉合力促成和解的工作机制。三是建立捕诉风险预警联动机制。执法办案风险评估预警是化解社会矛盾、促进社会和谐、稳控社会风险的一项工作。侦监部门和公诉部门承接办理同一案件，均应沟通风险变化情况，做到早预警、早疏导，妥善处理风险，实现预警联动。[③]

第四，启动专题评估研判机制。组织业务骨干开展退回补充侦查、不起诉评估核查专项调研，查找公检对案件处理产生认识分歧的原因，对检察机关作出不起诉决定的案件中，补充侦查效果不明显、认识分歧争议较大的，特别是公安机关提出复议复核的案件进行认真梳理，逐案核查，深入剖析，分析成因，提出解决问题的对策，争取对事实、证据、法律适用审查判断达成一致，避免同样的问题再次重复，提升执法办案能力和水平。[④]

第五，针对未成年人等特殊人群适用强制措施更要慎重。有文章指出，《刑事诉讼法》第二百八十条第一款规定，“对未成年犯罪嫌疑人、被告人应当严格限制适用逮捕措施”，要求检察机关严格把握逮捕必要性条件和适用逮捕措施，

① 参见王渊、王小飞：《从“少捕慎诉慎押”刑事司法政策看刑事检察理念的转变——专访中国政法大学终身教授陈光中》，《人民检察》2021 年第 Z1 期。

② 参见董喜善、陶朝华、陈艳雪：《“少捕慎捕”刑事政策研究——以基层检察机关侦查监督实务为视角》，《中国检察官》2018 年第 1 期。

③ 参见董喜善、陶朝华、陈艳雪：《“少捕慎捕”刑事政策研究——以基层检察机关侦查监督实务为视角》，《中国检察官》2018 年第 1 期。

④ 参见姚晓滨：《“少捕慎诉慎押”刑事案件办理的几点设想》，《第二届新时代优秀检察成果 · 智慧检务建设论文集(二)》，北京正义网络传媒有限公司，2021 年，第 198～203 页。

降低未成年人的未决羁押率,从案件性质、犯罪形态、涉案未成年人的一贯表现、保障诉讼、监护帮教等多方面进行审查,细化逮捕必要性条件。同时,强化公安机关对未成年人逮捕必要性的证据搜集,要求公安机关不仅要提供犯罪事实、情节等方面的证据材料,还需提供社会调查报告、家庭监护、社会帮教等有关未成年人逮捕必要性的证明材料。加强未成年人逮捕必要性的说理,及时向公安机关说明不捕理由,向被害人开展释法说理工作,争取对未成年人进行感化、挽救的理解和支持。①

此外,还有文章认为,最高人民检察院这几年连续出台了很多新的创新措施,企业合规在本质上与少捕慎诉慎押的精神是完全一致的。“少捕慎诉慎押要求能不捕的不捕,能不诉的不诉,把人尽量放出来,对象必然包含企业合规中的老板、高管们,同时,合规试点也是以少捕慎诉慎押为主要激励措施之一。另外,认罪认罚从宽制度等也与其一脉相承,都将实现有机结合。”②

3.科技助力非羁押监管

科学技术的发展对于提高非羁押措施的监管水平具有重要意义。有文章指出,要提高数字监控手段。通过数字技术提高监控能力,非羁押性强制措施一样可以满足诉讼程序的需要。一方面,监控技术可以给犯罪嫌疑人造成心理压力,使其配合司法机关的工作;另一方面,侦查机关也可以实时掌握犯罪嫌疑人的活动情况,为非羁押性强制措施提供技术保证。③

论者普遍认同运用科技手段进行电子监管,有观点提出要进一步扩大非羁押电子监管系统试点范围,充分利用科技手段,积极探索适用非羁押强制措施保障机制。④ 实现少捕慎诉慎押应当以保障人权、规制职权机关为两个基本点来贯彻落实刑事诉讼法,应充分利用现有的制度和程序空间来实现该政策,比如完善羁押要件审查程序等,应充分听取辩护律师的意见,充分发挥现代科学技术的作用,如“非羁码”。⑤

---

① 参见董喜善、陶朝华、陈艳雪:《“少捕慎捕”刑事政策研究——以基层检察机关侦查监督实务为视角》,《中国检察官》2018年第1期。

② 蒋安杰:《“少捕慎诉慎押的刑事司法政策与企业刑事合规新发展”研讨会精彩观点荟萃》,《法治日报》2021年12月15日。

③ 参见段晓红:《论未成年人刑事案件适用“少捕慎诉慎押”的原则》,《广西教育》2021年第35期。

④ 参见庄永廉、孙长永、苗生明、彭胜坤、常锋:《少捕慎诉慎押刑事司法政策的内涵功能及其落实》,《人民检察》2021年第15期。

⑤ 参见蒋安杰:《“少捕慎诉慎押的刑事司法政策与企业刑事合规新发展”研讨会精彩观点荟萃》,《法治日报》2021年12月15日。

4.完善相关配套机制

完善的配套机制是落实少捕慎诉慎押刑事司法政策的有力途径。有文章指出，要做好羁押过程中的法律监督工作。严格落实羁押必要性审查，对于错捕、审前羁押期限可能超过判处刑期以及逮捕后情况发生变化不再符合逮捕条件的犯罪嫌疑人，要及时变更强制措施。此外，派驻看守所检察室还要及时跟进逮捕的执行，加强监督，充分保障犯罪嫌疑人在押期间的合法权益。[①]

也有文章提出要认真落实检察听证制度。最高人民检察院 2020 年 9 月印发的《人民检察院审查案件听证工作规定》指出，刑事领域的羁押必要性审查案件、拟不起诉案件、刑事申诉案件等，符合条件的都可以召开听证会。这项制度有利于充分听取各方意见，实现司法办案“三个效果”有机统一，应当充分发挥其功能价值。 是充分听取犯罪嫌疑人的意见，二是积极听取律师的意见，二是重视听取被害人的意见。[②]

① 参见王渊、王小飞:《从“少捕慎诉慎押”刑事司法政策看刑事检察理念的转变——专访中国政法大学终身教授陈光中》,《人民检察》2021 年第 Z1 期。

② 参见王渊、王小飞:《从“少捕慎诉慎押”刑事司法政策看刑事检察理念的转变——专访中国政法大学终身教授陈光中》,《人民检察》2021 年第 Z1 期。

“案-件比”考评指标研究综述

周长军　韩　晗*

2020 年 1 月，最高人民检察院印发《检察机关案件质量主要评价指标》，确立了以“案-件比”为核心指标的案件质量评价指标体系。由此，以“案-件比”为核心指标的案件质量评价指标体系成为学界关注的热点。2020 年，各地检察机关开展了优化“案-件比”评价指标的尝试，“较好地实现了司法资源投入最少、当事人感受最好、‘三个效果’最优的办案目标”[①]，而围绕着“案-件比”评价指标的理论基础、必要性、实现路径等展开了初步的探索。[②] 2021 年，理论界与实务界围绕着“案-件比”考评指标展开了深入的讨论。相关研究主要集中在以下几方面：“案-件比”考评指标的现实意义，“案-件比”考评指标在具体工作中的应用，影响“案-件比”的因素及其优化方案，“案-件比”考评指标对其他诉讼机关的影响，案件质量评价考核与检察官绩效考核的结合，等等。

根据最高人民检察院的解释，“案-件比”是指发生在人民群众身边的“案”，与案进入司法程序后所经历的有关诉讼环节统计出来的“件”相比，形成的一组对比关系。“案”是指发生的具体案件，“件”是指这些具体的“案”进入司法程序后所经历的有关诉讼环节统计出来的“件”。“案-件比”中，“件”数越低，说明“案”经历的诉讼环节越少，办案时间越短，案结事了，当事人对办案活动的评价

---

* 周长军，山东大学法学院院长、法学院（威海）院长，山东大学检察理论研究中心主任；韩晗，山东师范大学法学院讲师，法学博士。

① 贾宇：《他们以求极致的态度优化“案-件比”》，《检察日报》2020 年 9 月 23 日。

② 参见张建伟：《发挥“案-件比”的指引作用》，《人民检察》2020 年第 15 期；熊秋红：《“案-件比”质量评价指标体系的学理观察》，《人民检察》2020 年第 9 期；樊崇义、李思远：《由理念走向制度——评检察机关以“案-件比”为核心的案件质量评价指标体系》，《人民检察》2020 年第 9 期。

相对越高,办案的社会效果越好。[①] 在指标体系中,"案-件比"将 16 项非必要诉讼程序纳入"件"的范畴,这 16 项程序大致可分为两类:第一类为检察机关外部诉讼参与人提起的救济类程序,如批捕(不批捕)申诉、不捕复议、不捕复核、被告人上诉;第二类为检察机关内部自行启动的倒流和延期类程序,如"三延两退"(指"一次延长审查起诉期限、二次延长审查起诉期限、三次延长审查起诉期限、一次退回补充侦查、二次退回补充侦查"程序)、撤回起诉。[②] 2020 年业务数据显示,部分存在"水分"的业务活动数量应声而降。全年刑事检察"案-件比"为 1∶1.43,受疫情影响,在办案工作一度延迟的情况下,"件"同比下降 0.44,相当于减少了 41.2 万个程序环节和统计中的"案件"。[③]

一、"案-件比"考评指标的现实意义

关于"案-件比"考评指标的意义,学界研究主要聚焦于两个方面:一是对检察业务本身的正向促进作用,二是对国家治理与社会公平正义的意义。

(一)对提升检察业务的意义

有文章阐释了"案-件比"考评指标对检察业务发展的影响,认为"案-件比"管理指标的提出和落实,宏观上能够使整个检察监督、司法办案质效一目了然,微观上能够引领检察官追求办案的最佳质效,最大限度地减少因工作粗疏导致的办案环节增加、办案时间延长等问题。"案-件比"的高低,与各项质量指标统筹起来,就能够比较准确地判断一个地区、一个检察院、一项业务工作的品质是好还是差。其实质是"跳出检察看检察",站在国家治理的高度,立足管理机制创新,科学评判检察办案质效,为检察机关高质量办案提供了重要标尺,对于检察机关提升为大局服务、为人民司法的效能至关重要。[④] 另有文章分析了"案-件比"考评指标对检察业务的正向促进作用,认为"案-件比"考评指标的运用,使得检察官适用认罪认罚从宽制度办理案件的积极性提高,检察引导侦查的力度加大,检察文书释法说理的力度加大,退回补充侦查数量减少,更加重视程序

---

① 参见《最高检首次针对案件质量研制评价指标:"案-件比"为核心,51 组 87 项评价指标可综合灵活运用》,2020 年 4 月 26 日,https://www.spp.gov.cn/xwfbh/wsfbt/202004/t20200426_459753.shtml#1。

② 参见林喜芬、周晨:《论检察机关的"案-件比"改革》,《国家检察官学院学报》2021 年第 3 期。需要指出的是,2021 年 10 月最高检对"案-件比"指标进行了完善,"件"由原来的 16 项业务活动变为 15 项,去掉了"被告人上诉"。

③ 参见蒋安杰:《司法改革:"案-件比"——检察抓住了纲》,《法治日报》2021 年 3 月 6 日。

④ 参见童建明:《科学运用案件质量主要评价指标体系 推动新时代检察工作高质量发展》,《检察日报》2021 年 3 月 18 日。

公正所具有的“吸纳不满”功能，审查起诉效率提高。[①] 也有文章认为，计算“案-件比”的意义就在于引导检察机关通过提高办案质效将工作做到极致，减少不必要的诉讼环节，从而节约司法资源。同时，把释法说理、检察建议等工作纳入检察官办案考核体系，有助于将办案过程转化为生动的法治教育课，促使犯罪嫌疑人真诚悔罪改过，让被害人感受到法律的温暖和力量，尽可能修复被犯罪损害的社会关系。[②] 还有学者从新旧质量评价逻辑转换的角度分析“案-件比”考评指标的积极意义，认为“案-件比”考核指标聚焦于非常态化程序(衍生或关联程序)的产生数量，相较于以往“以结果为导向”的质量评价方式，“案-件比”指标更加关注办案过程的优化程度；“案-件比”还转变了办案效率的评价思路，从“办案量控制”转向“非必要程序控制”；在效果评价的方式上，则从“单一内部视角”转向“当事人视角”。[③]

(二)对国家治理与社会公平正义的意义

有文章从国家治理的角度分析“案-件比”考评指标的意义，认为“案-件比”成为衡量司法办案质效的绿色“GDP”，它倒逼司法机关必须站在国家治理层面，以人民为中心，有效提高办案质效。如果实际发生的“案”子增加了，就要促进“案源”治理；如果统计的案“件”增多了，就要通过有效的司法管理，挤掉“水分”。[④] 另有文章指出，“案-件比”的管理改革看起来是一个技术性的问题，是一个统计学的问题，但其核心价值是以人为本、司法文明、检察为民。通过这样一种管理改革，倒逼检察人员转变司法理念，体现了把人民群众的利益放在首位的要求，反映出新时代检察理念的一个重大转变。此外，检察机关通过研判“案”与“件”，为完善司法管理和社会治理提供了“晴雨表”。[⑤] 亦有文章认为，“案-件比”指标与以人民为中心的发展思想紧密契合，是落实司法责任制的有力保障，体现了办案质量与效率的有机统一，是检察机关推进国家治理体系和治理能力现代化的重要举措。[⑥] 还有文章认为，“案-件比”的目标是实现实体正义与程序正义的有机统一，确保检察机关在追求实体公正的过程中，更加注重

---

① 参见韩旭：《“案-件比”：最大限度提升办案质效》，《检察日报》2021年3月15日。

② 参见马楠：《以求极致的标准提升检察办案质量》，《求知》2021年第3期。

③ 参见林喜芬、周晨：《论检察机关的“案-件比”改革》，《国家检察官学院学报》2021年第3期。

④ 参见孙宪忠：《“案-件比”是衡量司法办案质效的绿色“GDP”》，《人民检察》2021年第6期。

⑤ 参见蒋安杰：《司法改革：“案-件比”——检察抓住了纲》，《法治日报》2021年3月6日。

⑥ 参见曾厚强、李文涛、何苏桦：《降低“案-件比”与保证案件质量的关系》，《中国检察官》2021年第3期。

办案与程序之间的动态关系，追求案件质量、效率和效果的双赢。“案-件比”中的“案”是检察工作的核心，“件”是保证程序正义的关键，“比”是从人民群众、案件当事人的视角对检察办案活动的具体审视，是检验能否“让人民群众在每一个司法案件中都感受都公平正义”的重要标尺。[①]

二、“案-件比”考评指标在具体工作中的应用

作为检察机关案件质量评价的核心指标，“案-件比”在实践中如何合理运用是关键所在。相关研究分别从补充侦查、捕诉一体、信访治理等领域就如何引入“案-件比”考评指标，如何在补充侦查、捕诉一体等工作中优化“案-件比”考评指标进行了探讨。

有文章认为退回补充侦查是影响“案-件比”指标的最大因素，在“案-件比”评价机制下，退回补充侦查仍然存在一些问题。比如，检察机关部分退查法律文书制作质量差；警检人员利用补充侦查规避法定办案时限；退回补充侦查率高，检察机关自行补充侦查案件少；侦查机关与检察机关的证据认识存在分歧；公安机关与检察机关沟通不畅。为此主张遵循必要性原则，退回补充侦查和案件庭审阶段延期审理并启动补充侦查必须具有法定重要情由；把握有效性和可行性原则，规范退回补充侦查程序；以机制建设推进补充侦查实效；扩大自行补充侦查的适用，减少不必要的退回补充侦查和延期审理建议。[②]

另有文章从降低“案-件比”的角度研究了办理延长侦查羁押期限案件工作的优化问题，提出了四项主张：一是对延押案件进行实质性审查。二是发挥下级院审查过滤作用。三是加强对延押案件的跟踪指导。对批准延押的案件，除了让公安机关说明下一步侦查工作计划，还应当从庭审指控举证角度列出详细侦查提纲，对侦查方向、内容、重点以及时间等提出要求。对重大疑难复杂案件或者事实证据存在较大争议的案件，作出逮捕决定的检察机关要提前介入侦查、引导侦查。对于未作出批准延押决定的案件，检察机关应当建议侦查机关及时改变强制措施或者移送审查起诉。四是加强对延押案件的法律监督。[③]

也有文章探讨了如何利用捕诉一体机制有效优化刑事检察“案-件比”，主

① 参见王倩倩、王洋洋：《构建“案-件比”案件质量评价体系的影响因素与突破进路》，《北京政法职业学院学报》2021年第1期。

② 参见任建华、解永照：《“案-件比”规制下补充侦查的展开》，《铁道警察学院学报》2021年第5期。

③ 参见白春安：《以“案-件比”为指引优化办理延长侦查羁押期限案件工作》，《检察日报》2021年3月23日。

张：一是做实提前介入和侦检衔接。加强逮捕后跟踪监督，构建整体化侦查案件质量评价体系，严格控制案件退查。二是加强条线指导和类罪分析。针对办理普通刑事犯罪案件、毒品类案件和诈骗类案件、职务犯罪案件、涉众型刑事案件等，进行类案问题研究。三是改进办案效能和专业团队。四是优化检务管理和科学考评。实行效率计分，重点考量办案强度、案件类型和个人精力投入等，进行平均加权计算得分；细化办案质量计分规则；在检察业务工作效果方面，要将服务大局、落实中央政策等作为标准。①

还有文章从控申"案-件比"设置的角度分析信访治理。最高检十厅建议设置控申"案-件比"，其中的"案"是指不服检察机关对法院生效裁判作出处理决定的申诉，而"件"重点是指原本可以避免或者减少发生，但因前一个环节未将工作做到极致，引起当事人负面感受产生的环节。同时，有必要在控申"案-件比"的基础上设立信访"案-件比"。一个信访案件就是一个"案"，重复信访的次数就是"件"，信访"案-件比"就是信访案件的"案"与重复信访次数产生的"件"的比值。两个"案-件比"考察的对象明显不同，但求极致、减少办案环节、提升当事人司法感受的目的是一致的。②

此外，有文章探讨了案件质量评价指标体系的综合运用，认为包括"案-件比"在内的各个案件质量评价指标都不是孤立的，而是与其他指标一起，相互照应、相互平衡，共同反映办案活动的质量、效率和效果。各级检察机关要重视"案-件比"与其他案件质量主要评价指标的综合协同作用。比如，办理刑事案件要同步考虑认罪认罚适用率、捕后不起诉率、撤回起诉率、无罪判决率等评价指标，不能单纯地追求"案-件比"。又如，一些涉及对犯罪深挖细掘、对诉讼监督线索核实确需退补的案件，该退补的必须退补，不能为了追求考核指标而牺牲案件质量。③

三、影响"案-件比"的因素及其优化方案

作为新生事物，"案-件比"考核指标需要在实践中不断调适和完善。对于"案-件比"的影响因素及其优化方案，理论界与实务界发表了不少相关的研究成果。

---

① 参见曾娜、张雷：《"捕诉一体"优化"案-件比"的探索与完善——以重庆市检察机关司法实践为例》，《北京政法职业学院学报》2021年第3期。

② 参见谢文英：《信访"案-件比"，源头治理重复信访的有力抓手——专访最高检第十检察厅厅长徐向春》，《检察日报》2021年10月22日。

③ 参见童建明：《科学运用案件质量主要评价指标体系　推动新时代检察工作高质量发展》，《检察日报》2021年3月18日。

(一)理论探讨

有文章研究了检察机关以“案-件比”为核心的评价体系发生的逻辑转变以及需要厘清与平衡的关系,认为与既往的案件质量评价指标相比,以“案-件比”为核心的评价体系发生了以下逻辑转变:质量评价模式上,从“结果导向”到“过程导向”;效率评价模式上,从“办案量控制”到“非必要程序控制”;效果评价模式上,从“单一内部视角”到“当事人视角”。为避免“案-件比”指标评价体系在运行过程中出现异化,需要厘清与平衡四个方面的关系:平衡单个指标与指标体系的关系,发挥“案-件比”指标的协同作用;平衡指标统一化与标准差异化的关系,确立差异化的评价基准;平衡整体质效与个体责任的关系,完善指标评价与个案评查的衔接;平衡指标数据与办案实效的关系,实现从数据管理到实质管理的进阶。为实现“实质管理”的目标,质量评价机制须遵循“案件—数据—案件”的运行逻辑。[①]

有文章探讨了“案-件比”制度存在的现实问题与动态改进,认为“案-件比”制度在实践中存在以下问题:认识含混不清,产生管理方式过度行政化的忧虑,“件”的设定范围不科学。为此,应当进行完善。一是应当纠正错误认识,将提高“案-件比”而非降低“案-件比”确立为着力实现的目标。二是将“案-件比”的性质由评价标准转变为工作评价参考因素,平衡办案质量与效率的关系。三是合理调整“件”的业务范围。对“件”现有集合内的业务范围加以限定,削减掉非因检察工作人员办案中的过失或故意导致“案-件比”降低的无关联的业务;增加“件”现有集合以外的其他业务内容,同时也要排除与检察业务无关的环节。四是提升检察机关多层次的业务能力。[②]

另有文章分析了制约“案-件比”案件质量评价体系的因素及完善对策,认为从表面上看,基准“案”的数量、类型、性质等被动因素能够对“案-件比”产生直接影响,但从根本上看,司法理念、管理方式、办案能力等主动因素才是影响“案-件比”的深层次原因。为此,检察机关应当完善以“案-件比”为核心指标的案件质量评价体系:一是从制度保障角度,突出案件管理的内部监督职能,加大认罪认罚适用比例,加强与公安机关、法院的沟通协作。二是从技术保障角度,控制办案时限;以科学轮案为前提,健全专业化分工和检察官配置动态调整机

---

① 参见林喜芬、周晨:《论检察机关的“案-件比”改革》,《国家检察官学院学报》2021年第3期。

② 参见赵佳晖、李影、高广勤:《“案-件比”的现实理解与动态改进》,《四川警察学院学报》2021年第5期。

制;结合工作实际,调整岗位配比,同时采取“定期检查+不定期抽查”的方式,对退回补充侦查案件、延长审查起诉期限案件进行专项评查,把退回补充侦查情况纳入案管部门流程监控的重点,强化内部审核与监督。①

也有文章基于实证研究分析了“案-件比”的影响因素及优化建议,认为影响“案-件比”的非常态化诉讼程序主要有两项:程序拖沓和程序回流。在一定时期内,刑事“案-件比”受以下要素影响:案件类型、犯罪结构、提前介入引导侦查、适用认罪认罚制度。为优化“案-件比”,应当以派驻检察官办公室为平台,强化案件诉前主导作用;强化案件管理,加大对检察官办案活动的监管;建立以业务工作质量、效率和效果为核心的检察官考核体系,可将认罪认罚程序的适用、继续侦查通知书和补充侦查提纲的制作、检察法律文书的释法说理、自行补充侦查情况等纳入今后检察机关案件质量评查工作考察的重点。②

亦有文章专门分析了检警关系对“案-件比”的影响,认为影响“案-件比”的因素不仅存在于检察机关内部,还与检警关系息息相关。侦查工作做得好,检察机关自然不必进行补充侦查或者延长审查起诉期限,相应地,“案-件比”就下降了。检察办案质量的优化需要强调检察机关的主导责任,以此进一步整合优秀的司法资源;相应地,检察机关的主导作用需要得到侦查机关更广泛、更深入的支持。③

有文章提出了优化“案-件比”的三重保障建议。其一,优化“案-件比”的制度保障。要突出案件管理的内部监督职能,运用好认罪认罚从宽制度,进一步加强与公安机关、法院的沟通协作。其二,优化“案-件比”的技术保障。控制办案时限,优化管理方式,科学设定指标体系。其三,优化“案-件比”的能力保障。转变办案理念,树立“求极致”的办案思维;提高引导侦查取证能力,把好“补侦引导关”“主动介入关”和“捕后跟进关”,充分发挥“捕诉一体”办案机制的优势。④

还有文章从检察工作实践角度出发探讨了降低“件”的方式。一是通过捕前介入,捕后引导,以新机制减“件”数。二是建立延期、退补报检察长、检委会审批机制,以高效率减“件”数。三是积极推进释法说理工作,以高质量减“件”

① 参见王倩倩、王洋洋:《构建“案-件比”案件质量评价体系的影响因素与突破进路》,《北京政法职业学院学报》2021年第1期。

② 参见吴雅莉、陈艺娜:《以“案-件比”为核心提升办案质效路径探微——以Z市X区检察院业务数据为参考》,《中国检察官》2021年第19期。

③ 参见邵俊:《案件质量评价指标体系重在多元督导》,《检察日报》2021年1月18日。

④ 参见周泽春、郑稳、李彬彬:《优化“案-件比”的三重保障》,《人民检察》2021年第24期。

数。四是细化规定，明确公检法司等相关单位和办案人员的责任，确保认罪认罚从宽制度稳步规范推进，以新程序减“件”数。五是通过电话访、见面访、书信访和网络访四种形式，访问案件双方当事人或其近亲属、其他诉讼参与人、发案单位，并对被反映存在问题的检察人员进行约谈，以满意率减“件”数。①

此外，有文章分析了实践中刑事“案-件比”指标在准确性方面存在的问题及解决思路，认为刑事“案-件比”指标目前存在两大问题。其一，基准数“案”统计难度大、不够精确。采取逮捕强制措施的数据以人计算，因此审查起诉案件采取逮捕措施的件数无从得知；没有采取逮捕强制措施的审查起诉案件不一定没有经过审查逮捕程序，证据不足不捕和无逮捕必要性不捕的犯罪嫌疑人通常会被采取非逮捕强制措施，进入审查起诉环节，数据上会出现重合；改变管辖后的案件“案”数归属方面存在问题。其二，“件”的选择标准不尽相同。为此，建议将“案”的基准数定为扣除改变管辖的审查起诉案件数与不构成犯罪不捕的审查逮捕案件数之和，主动性来源的“件”除个别情况外均应纳入统计，被动性来源的“件”要根据情况予以区分，检察机关自行侦查案件在审查起诉时纳入“案”的基准数。②

（二）经验总结

实践中，各地检察机关采取积极措施优化“案-件比”，形成了一些有特色的地方性经验。

湖北省枣阳市检察院在优化“案-件比”方面的有益探索：一是对重大疑难复杂案件，做到提前介入全覆盖。二是积极使用自行补充侦查权，坚决杜绝为了“借用时间”而“假性退补”“假性延期”等情况。三是强化综合施策，让案件没有“翻转”。对于交通肇事、醉酒驾驶等轻罪刑事案件，积极与公安、法院、司法部门沟通协调，在犯罪嫌疑人认罪认罚的基础上，采用“轻刑快办”的办案模式，统一受理、打包起诉、集中开庭、快速判决；充分运用公开听证工作机制，降低公安机关复议复核、当事人信访等情况的发生率。③

重庆市綦江区检察院在优化“案-件比”方面的做法：一是以工作理念变革为引领，深植“案-件比”意识。二是以强化诉前主导为关键，夯实案数源头。三

① 参见曾厚强、李文涛、何苏桦：《降低“案-件比”与保证案件质量的关系》，《中国检察官》2021年第3期。

② 参见徐蔚敏等：《刑事“案-件比”指标的完善与科学运用》，《人民检察》2021年第9期。

③ 参见戴小巍、王晨曦：《湖北枣阳：优化“案-件比”推动检察工作提质增效》，《检察日报》2021年6月22日。

是以规范退补延期为重心,压缩件数增幅。明确退查标准,对构成犯罪但证据上有瑕疵的普通刑事案件,杜绝延长审查起诉期限和退回补充侦查,通过制发建议补充侦查意见书,实现退查与补侦同步进行,并在审查起诉期限内完成;规范退补和延期程序。四是以加强督导考核为抓手,完善"案-件比"评价体系。①

湖南省长沙市雨花区检察院优化"案-件比"的做法:一是将补充证据的关口前移。在审查逮捕过程中,收到案卷材料后立即翻阅;如果重要证据材料没有到位,立即通知侦查人员补充到位;建立员额检察官联席会议制度,规定重大、复杂、疑难、新型案件应提交联席会议集体讨论;与公安机关形成"双向反馈"机制;延长办案期限和退回补充侦查应向部门领导、分管领导报告。二是以"捕诉一体"为契机,在逮捕阶段充分发挥检察引导侦查功能,缓解审查起诉阶段退回补充侦查的压力。②

重庆市璧山区检察院优化"案-件比"的做法:一是切实加强"提前介入",严控退查案件。与侦查机关建立检侦联席会议制度;发挥检察官的主导作用,出台《关于检察官定点联系公安办案机构的暂行办法》。二是全面推进"捕诉一体",减少重复案件。三是提档升级"认罪认罚",降低上诉率。四是充分开展"释法说理",减少申诉案件。③

四、"案-件比"考评指标对其他诉讼机关的影响

"案-件比"尽管是检察机关内部针对案件质量研制的评价指标,但由于检察机关是国家法律监督机关,而且公诉在刑事诉讼流程中居于承前启后的地位,因而"案-件比"考评指标对检察机关以外的其他诉讼机关办案活动也会产生一定的影响。

有文章认为,"案-件比"指标不仅有力推动检察工作持续向好转变,同时在侦查、审判机关中也产生反响,影响侦查、审判机关的办案方式和工作习惯。对于公安机关,"案-件比"指标的运用,有效促使其自觉主动地提升证据意识、程序意识,使侦查办案质量明显提高。对于法院,"案-件比"指标的运用,有效促使其加快办案节奏,提高审判效率,使程序倒流现象明显减少。更明显的是,"案-件比"指标的运用,有效改善了监察、公安、检察、审判之间的衔接关系,促

① 参见钟晓云:《重庆綦江区:质量为重四招优化"案-件比"》,《检察日报》2021年5月12日。

② 参见史兆琨、张吟丰:《降低"案-件比"的秘籍何在——来自湖南省长沙市雨花区检察院的实践探索》,《检察日报》2021年5月7日。

③ 参见孟卫红:《重庆璧山区:精准发力促"案-件比"持续优化》,《检察日报》2021年4月14日。

使彼此之间良性互动。①

也有文章专门分析了"案-件比"评价指标对公安侦查产生的影响。一是检察环节对公安侦查的引导性增强。二是对侦查卷宗及证据材料的要求进一步提升,在一定程度上可引导公安侦查人员正视办案压力,提升侦查效率。三是认罪案件诉讼程序适用力度增大,促进侦查效率的提高。四是程序环节更加规范,推动侦查人员的专业素质建设。应当从"案-件比"视角探索优化公安侦查的进路:一是推动侦诉部门会商机制建设;二是完善案件审核与管理制度;三是完善警力配置和绩效考核机制;四是关注司法实践动向,革新侦查思维与方法。②

五、案件质量评价考核与检察官绩效考核的关系

以"案-件比"指标为核心的案件质量评价考核与检察官的绩效考核是不同的考核体系,但两者之间具有千丝万缕的联系。在案件质量评价考核与检察官绩效考核之间寻求最佳的结合点,对于检察工作实践具有重要意义。

有研究者在调研基础上提出了推进、优化检察人员考核的建议。一是进一步统一思想,凝聚共识。二是进一步实现业绩考核和公务员考核融合。三是进一步完善考核机制和办法。完善考核指标、权重和分值设置,及时根据上级的新精神和考核机制运行中反映出的问题加以动态调整,同时在统一核心指标的前提下强调因地、因院制宜,积极构建具有本地、本院特色的考核体系;完善监督类业务计分办法。四是进一步加强领导和指导,分层分类推动考核落实。五是进一步重视考核结果运用,强化奖优罚劣导向。六是进一步完善考核系统,提高智能化水平。③

也有研究者探讨了检察机关办案绩效考核机制的科学性和优化方案,认为当前检察机关办案绩效考核机制的科学性有待增强,即考核指标设定需进一步探索,考核实施中的行政主导性影响办案人员的主体地位,办案绩效考核对象、过程及结果应用等有待改进。对此,应当优化检察官办案绩效考核监督管理机制。一是改进办案绩效考核实施方式。可先保持行政主导的办案绩效考核模

---

① 参见牛旭东、高景宜:《申国君:推进案件管理现代化办案数据公开常态化》,《检察日报》2021年2月27日。

② 参见贾昕阳:《检察机关"案-件比"质量评价指标对公安侦查的影响及应对》,《北京警察学院学报》2021年第4期。

③ 参见朱孝清:《检察人员考核的推进与优化》,《人民检察》2021年第23期。

式,但应增加检察官代表人数;待时机成熟时,再适当引入外部评价方式;尽量采取客观考核方式,采取同岗同位横向动态比较模式;对办案绩效考核的最后评定应严格执行民主集中制,实行票决制。二是明确办案绩效考核结果运用,发挥考核的“指挥棒”作用。三是以大数据为核心,优化检察官办案绩效考核监督管理机制。①

① 参见林贻影等:《“放权”背景下检察办案监督管理问题探析》,《人民检察》2021年第6期。

第二编

实践进展

职务犯罪检察工作的改革与发展

程明*

党的十八大以来，以习近平同志为核心的党中央把全面从严治党纳入四个全面战略布局，持续推进反腐败斗争。随着全面从严治党不断深入，反腐败斗争取得压倒性胜利并全面巩固，但形势依然严峻复杂。随着国家监察体制改革趋于深化，检察机关主动提高政治站位，统一思想认识，与监察机关、审判机关互相配合、互相制约，已经逐步形成惩治职务犯罪的新机制。在反腐败统一格局下，检察机关作为国家公诉机关，是一支不可或缺的重要反腐力量，在深入推进反腐败斗争的伟大进程中贡献着检察智慧。

职务犯罪检察工作，是指检察机关根据监察法律规范和刑事法律规范，办理职务犯罪案件及相关业务的各种职能活动总称。相较于办理普通刑事案件，其具有很多鲜明特点。加之，职务犯罪案件大多具有重大敏感的特征且在当地具有较高的社会关注度，因此职务犯罪检察工作更加注重政治效果、社会效果和法律效果的有机统一。首先，在职务犯罪案件办理中，检察机关面对的沟通衔接对象主要是监察机关。根据《中华人民共和国监察法》（以下简称《监察法》）规定，各级监察委员会是行使国家监察职能的专责机关。我国监察机关具有较强的政治属性，依据《监察法》收集案件相关证据材料，因此检察机关在职务犯罪案件的办理中，需要重点关注监察程序与司法程序之间的衔接适用，保障监检衔接机制高效顺畅，这是职务犯罪检察工作面临的新课题。其次，职务犯罪案件的重大敏感性特征决定了其社会关注度较高的特点，此类案件的办理效果反映了我国反腐败工作的成果，会极大地影响人民群众对司法公正的满意

* 程明，山东大学法学院博士生，青岛市人民检察院二级检察官助理。

度，所以检察机关应当更加注重案件办理的质量和效果。检察机关如何在确保与监察机关互相配合的基础上，充分发挥出检察机关的制约作用，从而保证职务犯罪案件的办理质量，是需要着重研究的问题。最后，随着职务犯罪检察工作的不断发展，监检衔接机制日趋完善，案件办理质效不断得到提高，检察机关在反腐败斗争中的重要作用日益凸显。在当前已初步形成的监检衔接高效顺畅的基础上，如何在公诉环节实现惩治职务犯罪与深化腐败治理并重，是检察机关发挥能动履职的重要路径，其决定了今后一段时间内检察机关在反腐败工作中发挥作用的实际成效。

在当前司法实践中，各地检察机关不断强化与监察机关的衔接沟通，围绕提升案件办理效果的目标来完善各项工作，取得了丰硕成果。同时，如前文所述，基于职务犯罪检察工作的特点，仍有许多实践问题亟待解决。对此类问题的研究，需要结合我国当前反腐败机制和遇到的新挑战进行细致梳理，以明确我国职务犯罪检察工作的发展方向。但目前的相关研究多集中于制度理论的探讨，与实践结合不足，且大多针对某一具体问题进行纵向分析，缺少对职务犯罪检察工作的整体把握，这是本文将重点予以努力加强的方面。

检察机关在职务犯罪案件办理中的重要性，还体现在其处于刑事诉讼的"中段位置"。按照我国《监察法》规定，在办理职务犯罪案件中，监察机关与检察机关、审判机关应当互相配合、互相制约。基于检察机关的职能定位，本文的研究对象集中于职务犯罪公诉制度的相关司法实践问题，主要包括检察机关在职务犯罪案件办理中的提前介入、审查起诉和出庭公诉等方面。本文将以我国反腐败新机制为背景，以公诉制度改革为主线，结合职务犯罪检察工作的司法实践现状，展现检察工作成果，分析当前面对的问题并尝试提出解决方案。

一、新形势下职务犯罪检察工作发展现状

近年来，检察机关持续加大与反腐败相关工作的力度。最高人民检察院工作报告显示：2021 年，检察机关全年共受理各级监察机关移送职务犯罪 20754 人，起诉 16693 人，较 2020 年分别同比上升 5％和 8.8％，对王某某等 23 名原省部级干部提起公诉①，这些数据反映了检察机关受理职务犯罪案件数量增多，依

① 参见《最高人民检察院工作报告——2022 年 3 月 8 日在第十三届全国人民代表大会第五次会议上》，2022 年 3 月 15 日，https://www.spp.gov.cn/spp/gzbg/202203/t20220315_549267.shtml。

法办理了一系列重大职务犯罪案件。同时,犯罪数额特别巨大的职务犯罪案件数量也有所增加。在 2021 年最高人民检察院受理的中管干部及其他重大职务犯罪案件中,董某某、王某某、童某某等一批案件的犯罪数额均过亿元。在不断加大反腐力度的同时,检察机关对腐败惩治也更加精准全面,办理了诸如为亲友非法牟利罪、内幕交易罪等非常见罪名,顺利办结一批涉外逃人员的没收违法所得案件,为国际追逃追赃工作贡献了检察力量。从这些成绩中可以看出,国家监察体制改革后,检察机关主动融入反腐大局,构建发展了良性的监检关系,不断提升案件办理质效和专业体系建设水平,推动职务犯罪检察工作取得了高质量发展。

(一)监检衔接机制成为保障案件质量的关键

国家监察体制改革后,检察机关在办理职务犯罪案件中,面对的首要变化就是如何使检察权与监察权衔接顺畅,尤其是使职务犯罪案件调查程序规则与刑事诉讼相洽,这成为职务犯罪案件办理中的焦点问题。从改革后的情况来看,相关法律法规不断细化完善,各地检察机关积极深化与监察机关的衔接机制,使得案件办理整体处于高效顺畅阶段且办案质效不断提升。深化监检衔接机制,既要依据当前法律法规继续加强规范建设,又要结合司法实践中的经验做法将制度优势转化为治理效能。

2018 年《刑事诉讼法》对涉及反腐败和与监察法衔接的条款进行了增加或者修改,为健全监察调查与审查起诉工作衔接机制提供了充分的法律制度保障。同时,中央纪委办公厅、国家监察委员会和最高人民检察院印发了《国家监察委员会与最高人民检察院办理职务犯罪案件工作衔接办法》等规范性文件,构建双方沟通衔接的工作机制。全国各地检察机关也结合本地实际,制定出台相关工作实施细则,对监检衔接中的指定管辖、提前介入、退回补充调查等衔接问题作出明确规定。这些规范性文件明确了监检衔接在具体程序层面的解决方案,构建起了全面有效的制度机制。例如,对于职务犯罪案件办理中的提前介入工作,相关文件明确了监察机关办理的重大、疑难、复杂案件在进入案件审理阶段后,可书面商请检察机关派员介入。① 检察机关应在 15 日内对案件材料进行审查,并就事实认定、案件定性等提出书面意见。

在法律制度和工作机制的规范指引下,各地检察机关在实践中始终严格执

---

① 参见陈国庆主编:《职务犯罪监察调查与审查起诉衔接工作指引》,中国检察出版社 2019 年版,第 8 页。

行法定要求,与监察机关互相配合、互相制约,严把证据裁判原则,不断磨合深化双方衔接机制,提高职务犯罪案件办理质量。例如,山东省青岛市人民检察院与监察机关建立同堂培训制度,强化双方沟通协商,共同研究解决实践中遇到的困难,及时有效化解争议,巩固发展了良性积极的监检关系;在把握配合要求的基础上,充分发挥制约的法定职责,始终严把审查起诉关口,坚守法律底线,严格遵循证据裁判规则审查案件,确保办理的每一起案件都经得起法律和历史的检验。

(二)检察机关主动融入反腐败工作大局

反腐败工作不仅针对职务犯罪案件的办理,而且包含通过案件办理来服务保障经济社会发展大局。随着反腐败斗争的不断深入推进,检察机关积极主动融入社会治理,进一步延伸司法办案效果,更加主动地服从服务于国家反腐败工作大局。

服务和保障发展大局,要从依法严惩侵害群众切身利益的腐败犯罪入手。在扫黑除恶斗争中,检察机关对涉黑恶势力"保护伞"案件,不降格认定,也不人为拔高,依法准确认定案件事实和犯罪情节,为人民群众营造和谐安定有序的生活环境。在涉民营企业职务犯罪案件中,检察机关落实"少捕慎诉慎押"的刑事司法政策,对符合从宽处理的案件依法从宽,最大限度地降低对民营企业正常生产经营活动的影响。在涉扶贫领域案件中,检察机关依法惩处虚报冒领、套取侵吞等犯罪行为,推进涉扶贫领域案款快速返还工作,最大限度地保护弱势群体利益。

在 2012 年《刑事诉讼法》增加犯罪嫌疑人、被告人逃匿、死亡案件违法所得没收程序之后,2018 年《刑事诉讼法》又增设缺席审判,明确了对贪污贿赂犯罪案件,犯罪嫌疑人逃匿至境外,检察机关认为犯罪事实清楚、证据确实充分,可以向法院提起公诉,实现对犯罪嫌疑人定罪量刑和赃款赃物的依法追缴。自 2020 年我国对潜逃境外的犯罪嫌疑人程某某提起公诉并首次适用缺席审判程序以来,检察机关持续深化与监察机关的沟通协作,先后办理了一批涉外追逃追赃案件,探索总结了相关程序规范和案件证据标准,为国家挽回巨额经济损失。以 2021 年山东省青岛市人民检察院办理的张某某贪污违法所得没收案件为例,该案系我国第一起向境外申请诉前保全的违法所得没收案件,法院最终对检察机关申请没收的财产全部予以认定,裁定没收高度可能属于张某某贪污违法所得的股权及其转移至妻女在澳大利亚名下相关的银行存款、房产、地块及其孳息,发挥了极强的警示作用。办案过程中恰逢国家监察体制改革,检察机关始终同其他办案部门加强配合,积极主动与监察机关进行沟通协调,最终确定由监察机关继续完成补充证据工作,后与监察机关发挥各自职能优势,扎实抓好取证质量,为此类案件办理中的双方衔接起到示范作用。检察机关在精准把握违法所得"高度可能性"证明标准的基础上,在庭审中重点示证质证,案件办理取得圆满效果。这起涉外追逃追赃案件的圆满办理,不仅有力震慑了心存避罪幻想的外逃人员,彰显了我国坚定不移惩治腐败的信心与决心,也体现了检察机关在反腐败工作大局中对自身职能的充分发挥。

(三)充分重视和发挥提前介入机制的作用

不同于普通刑事案件,在职务犯罪案件办理中,提前介入工作是监检衔接中的第一个环节,体现着双方工作衔接的顺畅度。加之职务犯罪案件政治性强、重大敏感的特点,如果检察机关在此环节未充分发挥自身职能,便会影响办案质效。为此,检察机关正逐步强化此项工作,从制度机制的构建、配合与制约原则的落实等方面,不断提高提前介入工作的质量。

首先,从机制建设方面进行规范。2018 年《国家监察委员会与最高人民检察院办理职务犯罪案件工作衔接办法》,对提前介入监察机关办理的职务犯罪案件作出规定,明确提前介入的工作流程与工作要求。2019 年新修订的《人民检察院刑事诉讼规则》明确检察机关可以提前介入监察机关办理的职务犯罪案件[①],自此在规范层面确立了检察机关具有提前介入监察机关办理案件之权力的依据。各地检察机关以此为指导,会同监察机关出台衔接办法,进一步细化和明确提前介入机制的原则性指导意见,有效保证了提前介入工作的依法规范开展。

其次,检察机关秉持"配合是政治要求,制约是法定责任"的原则,不断提高提前介入率,增强工作规范度,以提升案件办理质效为目标,与监察机关加强沟通交流,强化此阶段证据审查标准,在事实认定、案件定性等方面充分发表意见,从而保障提前介入工作的效果。检察机关对调查期间认定的事实和证据进行全面审查,为移送审查的案件质量打下坚实基础。

(四)推进职务犯罪案件认罪认罚从宽制度适用

2019 年 10 月 24 日,"两高三部"共同发布《关于适用认罪认罚从宽制度的

---

① 《最高人民检察院刑事诉讼法适用规则》第二百五十六条第二款规定:"经监察机关商请,人民检察院可以派员介入监察机关办理的职务犯罪案件。"

指导意见》,规定了认罪认罚从宽制度的适用案件范围,进一步明确了所有刑事案件均可适用认罪认罚从宽制度。随着国家监察体制改革的推进和《刑事诉讼法》的修改,认罪认罚从宽制度已经在职务犯罪案件办理中广泛适用。

从当前司法现状来看,与普通刑事案件相比,在职务犯罪案件中适用认罪认罚从宽制度,除了具有优化司法资源配置、推进案件繁简分流、提升诉讼质效等功效外,还具有其独特优势。例如,认罪认罚从宽制度的适用可以促使犯罪嫌疑人自愿认罪,降低其翻供风险,保障审查起诉、庭审审判效果。但与普通刑事案件相比,职务犯罪案件适用认罪认罚从宽制度又存在社会关注度高、提出确定刑量刑建议难度大等特殊性。因此,检察机关在职务犯罪案件办理中,相较于其他类型案件应更加注重认罪认罚从宽制度的适用尺度,高度重视与监察机关之间的沟通衔接,更加审慎把握量刑建议的提出工作,以更加准确的判断来推动提升职务犯罪案件的整体办理效果。

(五)职务犯罪检察工作迈向专业化、规范化道路

负责职务犯罪案件办理的队伍应当具备更强的政治素质和业务能力。一方面,职务犯罪案件办理中应注重与监察机关的沟通衔接,办案人员需要由熟悉和专长于此项工作的检察官负责。另一方面,随着社会经济的发展,职务犯罪案件的犯罪类型、作案手段不断增多,涉及的社会领域越来越广,需要办案人员具备更强的专业知识。这些特点决定了职务犯罪检察工作的专业性,只有不断提高专业化建设水平,才能有效保证此项工作的规范化和长远发展。

为提升专业化建设,各地检察机关采用业务培训、听庭评议等多种形式,提升办案人员证据审查、法律政策适用和出庭公诉等业务素能。同时,充分发挥检察一体化的优势,组建职务犯罪办案团队,强化队伍办案水平。例如,山东省青岛市人民检察院在工作中建立职务犯罪检察人才选拔机制,在办理上级交办的重大案件时,从全市抽调优秀办案人员参与办理,以此培养职务犯罪办案骨干。充分发挥业务骨干的引领带动作用,突出实战导向,以“检察官教检察官”的形式提高办案人员的业务能力,经常性开展案件庭审观摩、理论课题研究等活动,全面提高队伍理论水平和实战能力,使案件办理质量和人才素质均得到提升。

二、当前职务犯罪检察工作面临的问题

国家监察体制改革以来，检察机关与监察机关在案件办理中互相配合、互相制约，建立了权威高效、衔接顺畅的工作机制，推动职务犯罪案件办理工作得到高质量发展。随着相关制度的不断完善，检察机关在办理职务犯罪案件中已初步建立起较为明确的办案程序，促使监检衔接逐渐走向规范化和制度化。检察机关办理的一系列重大职务犯罪案件，均取得了良好的办案效果。虽然当前监检衔接机制已经完成主体框架的构建，但相关机制在司法实践中还存在配套机制规则未能及时跟上的情况。因此在职务犯罪检察工作中，还有很多问题亟待解决。

（一）监检衔接机制需进一步完善与落实

1.部分监检衔接工作仍缺乏明确性规定

在深化监检衔接机制的过程中，监察机关与检察机关就职务犯罪案件办理过程中的各类实体与程序问题制定出台相关规定，提升了案件办理的衔接顺畅。但实践中难免出现一些新的问题与障碍，目前仍缺少明确规定。例如，在案件审理过程中，被告人提出新的立功线索，检察机关可以自行补充侦查，也可以书面商请监察机关补充提供证据，如果在开庭审理前尚无查证结果的，应当出具相关说明，法院根据查明的案件事实依法作出裁判。在司法实践中，考虑职能划分、前期调查工作基础等因素，检察机关一般均将新的立功线索转给监察机关查证，但若监察机关在开庭前仍未反馈，应要求其出具何种详略程度的说明性材料仍存模糊之处，最终传递到法院的查证结果则可能会不被采用，易造成法院无法认定立功情节的结果，一定程度上会影响被告人的认罪态度及办案效果。

2.监察管辖与刑事管辖的衔接配合需加强重视

除了缺少明确规定的情况外，部分监检衔接工作虽然已经有明确规范要求，但目前在实践中出现执行规定不到位、衔接工作不够顺畅的情况。例如，监察管辖与刑事管辖的原则不同，监察机关按照管辖规定查办的案件，其本地同级司法机关可能并无法定管辖权。因此，检察机关应与监察机关及时沟通协商，办理指定管辖事宜，才能保证审查起诉工作正常开展。但在当前职务犯罪案件指定管辖办理中，存在监察机关在发出商请指定管辖函时预留时间不够充足的情况。

3.案件线索移送反馈等工作执行标准不一

除了缺少明确规范与执行规定不到位的情况外,目前监检衔接中部分工作存在标准不一致的情况。例如,在当前司法实践中,职务犯罪案件线索的移送、监察机关反馈形式等仍存在不统一的情况。对于在提前介入或审查起诉过程中发现的漏罪、漏犯等线索,检察机关一般通过提前介入报告的形式向监察机关反馈,但对于相关案件线索的查证,监察机关的反馈方式并不统一,有些在移送司法机关时单独出具处理意见材料,但有些仅以口头方式反馈,影响了案件线索移送工作的严肃性。

(二)对案件办理的质量与效果把握仍不够全面

1.案件办理质量仍待提高

随着监检衔接机制的不断深化,职务犯罪案件办理质量逐步得到提高,但部分案件仍存在办理质量不高的情况,突出问题表现为:在提前介入工作中,未能充分发挥对证据的审查作用,导致案件证据存在的问题不能及时在移送审查起诉前得到解决,影响了后期案件证据质量。在审查起诉过程中,对证据标准的把握不到位,导致案件证据存在瑕疵缺陷,或对犯罪事实定性把握不够准确,造成案件办理质量不高的结果。在案件起诉后,检察机关未能及时了解跟进案件进度,与法院和辩护人沟通不足,没有充分开展庭前准备工作,导致出庭公诉效果欠佳,影响了案件整体办理质量。

2.部分案件办理效果还存在差距

职务犯罪案件办理不仅要关注质量,也要关注其办理的各方面效果。这就要求公诉人不能仅从法律事实认定和证据标准上来把握案件,也要从刑事政策上来看待职务犯罪案件的办理工作,最终确保案件取得良好办理效果。例如,在职务犯罪案件适用认罪认罚从宽制度上,部分办案人员认为职务犯罪案件适用认罪认罚相对来说难度较大,且其并未认识到认罪认罚从宽制度与我国打击职务犯罪政策之间的共通性,存在一定的畏难排斥心理,造成适用率较低的情况,影响了案件办理效果。又如,在监检衔接的相关工作中,办案人员未能深刻认识职务犯罪案件具备较强政治性的特征,仅以普通案件办理要求来办理此类案件,或是只认识到应与监察机关相互配合,却忽略了在案件审查中发挥制约作用,造成衔接不够顺畅、履职不够充分的情况,最终导致案件办理效果欠佳。

3.赃款赃物追缴与移送工作需加强规范性

检察机关办理职务犯罪案件过程中,还承担着为国家挽回经济损失的任务,因此必须重视追赃挽损工作。在司法实践中,检察机关对于监察机关依法追回的违纪违法所得总数往往是不得而知,导致部分案件中检察机关在审查起诉阶段追回赃款时,与犯罪嫌疑人及其亲属在退赃数额上存在较大分歧,影响了追赃效果,甚至影响了认罪认罚工作的开展。同时,部分地区司法实践反映:对于犯罪嫌疑人涉嫌犯罪取得的赃款赃物,仍存在不能完全随案移送检察机关的情形,在涉案款物移送方面仍然不规范。

(三)需进一步增强提前介入工作的重视度和规范化

1.部分案件存在提前介入时间过短的情况

根据最高人民检察院印发的《人民检察院提前介入监察委员会办理职务犯罪案件工作规定》等规范,人民检察院提前介入监察委员会办理职务犯罪案件,应当在案件进入审理阶段、调查终结移送审查起诉15日以前。但目前在提前介入的时间点上,各地监察机关执行标准还不一致。有些案件留给检察机关提前介入的时间过短,难以全面细致地审查全案证据,对于检察机关提出的补充证据意见,监察机关也没有充足时间来完善证据,造成提前介入流于形式、难以充分保障工作效果的后果。还有部分案件中存在调查阶段就商请检察机关开展提前介入工作的情况,此类现象会导致检察机关从审查主体变为调查主体,给案件后续诉讼程序留下风险。

2.提前介入的部分程序和文书不规范

在目前司法实践中,部分案件存在反复提前介入的问题,虽然在一定程度上有利于提高案件质量,但多次反复提前介入容易影响此项工作的严肃性和效果,且在一定程度上影响了后续审查起诉工作的独立性,存在架空审查起诉环节的风险。此外,司法实践中因案件办理时间紧张,部分案件提前介入的启动程序和意见反馈不够规范,存在口头邀请、口头反馈的情形,而并未将提前介入的程序启动、审查过程和意见反馈等重要内容落实到纸质文书之上,影响了提前介入工作的质量与效果。

3.对提前介入工作重视不够

检察机关在职务犯罪案件的办理中,如果只谈配合不讲制约,就使得配合失去了立场,而提前介入阶段就是检察机关在职务犯罪案件办理中发挥制约作用的重要环节。目前虽然检察机关普遍提高了对提前介入工作重要性的认识,但部分检察机关依然存在重视度不够的问题。例如,因提前介入往往需要在几天时间内审查大量卷宗,且审查标准要求较高,因此在提前介入人员的选择上应当优先挑选熟悉职务犯罪工作、业务素质强的办案人员,且应当保证办案人员数量,但在实践中部分检察机关存在提前介入人员力量不足的问题。同时,部分检察机关也未充分考虑介入人员和后续审查起诉人员的延续性,往往出现参与提前介入的办案人员不是最终审查起诉阶段办案人员的情况,弱化了工作的连续性,继而影响了案件后期办理效果。

(四)职务犯罪案件适用认罪认罚从宽制度亟待完善

1.启动和衔接程序顺畅度不够

根据《监察法》的规定,监察机关启动认罪认罚从宽制度要求犯罪嫌疑人具有自首、积极退赃和立功等情节,且需要经集体研究后报上级批准,比依据《刑事诉讼法》需满足自愿如实供述自己的罪行、承认指控的犯罪事实、愿意接受处罚的条件要严格,因此在目前司法实践中,检察机关认为此类案件符合适用认罪认罚从宽制度条件的,只能与监察机关反复沟通协调,这反映出监察调查、审查起诉在认罪认罚从宽制度启动上还存在衔接不畅的情况。

2.量刑建议的工作难度较大

一方面,犯罪嫌疑人在移送审查起诉前对自身刑期存在过高预期,因此在审查起诉阶段思想上容易产生波动,不易接受认罪认罚的要求,给制度适用造成障碍,即使最终同意适用,其对于量刑也有较高期待,难以就量刑建议达成一致,给检察机关的量刑建议提出工作造成困难。另一方面,职务犯罪案件较为敏感,在适用认罪认罚从宽制度时,从宽幅度与打击职务犯罪从严政策间的关系难以把握。在提出量刑建议时,既要考虑犯罪情节,又要根据刑事政策加以调节,相较于普通案件较为复杂,量刑建议幅度难以把握。

(五)职务犯罪检察办案力量与能力仍需加强

1.办案队伍人员配置有待加强

因职务犯罪案件多重大敏感,社会关注度极强,在案件办理中需要配备一定的人员力量。但目前在司法实践中,部分基层检察机关因员额检察官数量较少,无法保证形成办案团队,忽略了对办案人员延续性和稳定性的关注。例如,有些基层检察机关在办理职务犯罪案件时,实行全员轮流办理制度。然而,应当注意的是,职务犯罪案件证据标准相对较高,且涉及与监察机关的衔接问题,因此应当由熟悉和适合此项业务的人员办理更为合适。又如,有些检察院将全部职务犯罪案件均交给同一办案人员办理,一旦发生人员岗位变动,则会造成此项业务无人接手、衔接不畅的结果,难以保障案件办理质量和效果。

2.部分办案人员司法理念需要更新

职务犯罪案件虽具有区别于普通刑事案件的特征，但其也应对当前确立的司法理念作出响应，当前部分办案人员存在保守心理，缺乏对最新刑事司法理念的深入认识，导致在具体案件处理中与最新办案理念相脱节。一方面，当前“少捕慎诉慎押”已经上升为党和国家的刑事司法政策，此项政策有利于提升案件办理质效，增强人民群众对司法工作满意程度，但部分办案人员仍未能领会贯彻最新司法理念。例如，在办理涉职务犯罪的民营企业案件时，只考虑打击力度，却忽略了可能对企业健康发展的法治环境造成影响。另一方面，目前刑事司法政策对涉嫌洗钱犯罪、行贿犯罪行为实施严厉打击，要求办案人员在审查过程中应同步审查是否涉嫌洗钱犯罪，对行贿犯罪应当与受贿犯罪一样严厉查处，这些刑事司法政策都反映了当前的刑事司法理念。但在实践中，部分办案人员缺乏认识，未能深入将此项政策融入办案过程之中，对自身职能作用的发挥不够充分，一定程度上影响了案件处理效果。

3.办案人员业务素能还存在进步空间

首先，在办理职务犯罪案件中，办案人员的业务短板突出表现在处理疑难复杂问题上。因职务犯罪案件不仅要注重案件事实证据本身的审查，还要考虑案件办理最终效果，因此相较于普通刑事案件来说，办案中往往面对更多复杂问题，需要办案人员转变工作思维和方式方法，而目前实践中暴露出衔接工作不到位、复杂问题处理效果不好的情况。其次，我国当前反腐败工作已经进入深水区，职务犯罪的手段愈发隐蔽与复杂，办案人员在证据审查判断、法律适用、政策运用和出庭履职等方面也需要进一步提高水平。目前，部分办案人员的基本理论功底仍存在进步空间，审查证据、释法说理和舆情应对等专业能力亟须提高。

三、职务犯罪检察工作的完善建议

当前，监检衔接的机制建设已经初具成效，在进一步细化完善相关衔接工作时，应注重完善线索移送、同堂联合培训等工作衔接点，有效打破双方之间的信息壁垒和沟通屏障，全方位多角度畅通监检衔接的渠道，保证案件办理高效顺畅。同时，检察机关应持续提升办案队伍整体素能，强调业务规范化，加强理论研究和业务培训，夯实职务犯罪检察工作长远发展的基础，从而形成运行高效顺畅、案件质效较高、队伍专业规范化的良好工作局面。

(一)持续深化监检衔接制度机制

1.完善职务犯罪案件办案规范

强化规范化指导办案,以落实与监察机关制定的相关衔接制度为契机,积极强化案件管辖、提前介入和审查起诉等各项工作,健全权威高效、衔接顺畅的工作机制。同时,应就其中仍未涉及的司法实践难题进一步细化规定,研究制定配套制度机制,不断完善监检衔接各项工作要求,规范案件办理程序和证据审查标准,使衔接过程中每项程序均有章可循,从而进一步推动职务犯罪案件办理工作高质量发展。

2.构建发展同堂联合培训机制

检察机关与监察机关、审判机关可以进一步通过共同举办业务培训、开展练兵活动等强化业务交流,达到业务共通的效果。加强组织办案人员研讨学习最新法律法规、文件精神等,深化对刑事政策、办案规范的理解适用,消除双方工作衔接中的不规范、不畅通之处。通过共同学习,形成统一的衔接沟通程序、案件审查标准,减少存在于工作衔接和案件办理中的分歧点,推动职务犯罪案件各环节全面无缝衔接,从而促进提升职务犯罪案件办理的效率和质量。

(二)提升职务犯罪案件办理的质效和规范化

1.总结推广重大职务犯罪案件办理标准

在办理包括涉中管干部等在内的重大职务犯罪案件中,检察机关应注重强化提前介入、审查起诉等工作质量,坚守法律底线,强化程序、证据的标准意识,以求极致的精神做好案件办理各环节工作。最高人民检察院可以总结重大职务犯罪案件的办理经验,及时对证据审查标准、案件办理流程和法律适用等问题形成统一案件办理规范和标准,向全国职务犯罪检察部门推广学习,以重大职务犯罪案件办理的高标准程序、证据要求引领全部职务犯罪案件证据审查标准和办案规范,促进所有案件高效规范办理。

2.注重提升职务犯罪检察工作的整体效果

检察机关应时刻以法律效果为基础把好案件质量生命线,深化更新刑事司法理念,通过案件办理积极服务保障民营经济的发展、助力科技创新等重点领域。要结合自身的职能定位,重点严惩侵害群众利益的腐败犯罪,让人民群众在每一起案件中都能感受到公平正义。同时,检察机关在职务犯罪案件办理中应积极推进认罪认罚从宽制度、涉案企业合规等重点工作,原则上对于符合条件的案件均应依法适用,不断提升案件办理效果,助力提升国家治理体系的法治化水平。

3.着力提高追赃挽损工作的力度与效果

对职务犯罪及时开展追逃追赃工作是深化反腐败斗争的重要组成部分，也是惩治职务犯罪最直观的成果体现。首先，检察机关应加强职务犯罪案件涉案财物追缴工作，会同监察机关依法加大对涉案人员财产的追查、扣押和罚没力度，利用认罪认罚从宽制度的优势，促使犯罪嫌疑人主动退缴赃款，为国家挽回经济损失。其次，应不断加大涉案财物的追缴力度，检察机关在案件审查起诉阶段，对犯罪嫌疑人之前未退缴到位的赃款应继续做好追缴工作。注重与监察机关的协作配合，对后续自行追缴的情况，及时向监察机关通报，遇到重大问题及时沟通解决，确保追赃挽损工作更加全面规范。再次，检察机关应通过加强与监察机关、审判机关的沟通协作，不断推动缺席审判程序和没收违法所得程序的适用，进一步从办案实践的角度完善实体与程序标准，强化涉外追赃挽损工作。最后，在办理适用特别程序案件中，检察机关应增强案例培育意识，注重以指导性案例来引导全国同类案件的办理规范，以此提升此类案件的办理质效。

（三）充分发挥提前介入工作机制的作用

1.进一步加强提前介入工作的规范化

提前介入工作并非代替调查的功能，其关键是检察机关从保证证据充分、合法的角度向监察机关提出建议。在提前介入的内容上，要全面审查调查阶段形成的所有证据材料，把案件认定事实和证据上存在的问题，全部从法律角度向监察机关反馈，注重加强介入意见的说理性，不遗漏任何一个细节，为后续案件移送质量奠定基础。规范并严格执行统一的文书模板，对于提前介入的商请函、反馈报告等文书材料要做好留痕，及时入卷归档，增强提前介入工作的规范度。

2.强化提前介入工作的落实效果

监检衔接的顺畅程度在一定程度上由提前介入的工作效果来决定，因此必须高度重视提前介入工作相关要求的落实。一方面，检察机关应与监察机关就提前介入的时间、反馈方式等商议明确，对于存在定性争议、证据链不完善的事实进行沟通，研讨证据补充方向，减少认识分歧。另一方面，要在实质性审查案件证据材料后，就案件定性、证据收集、事实认定、法律适用等方面充分发表意见，完善证据体系。对于不符合起诉条件的案件事实建议监察机关依法处理，不再移送审查起诉,充分发挥对调查工作的制约作用。

3.以检察一体化办案保障提前介入质量

充分发挥检察一体化的优势,对重大职务犯罪案件的提前介入,应从本地区抽调业务骨干组建提前介入组,确保实现提前介入最佳效果。对于基层检察院受理的疑难、复杂案件,上级检察机关应视情派员全程进行指导,引导基层院在提前介入阶段把控好案件证据质量,进一步提升案件办理效果。在案件审查起诉阶段,应尽量将案件交由参与提前介入的办案人员办理,提升审查起诉工作与前期提前介入的衔接性,确保案件办理高效顺畅。

(四)着力推进职务犯罪案件认罪认罚适用效果

1.充分认识职务犯罪案件适用认罪认罚的特殊性

首先,检察机关应以《监察法》和《刑事诉讼法》的相关规定为依据,积极将职务犯罪案件中认罪认罚从宽制度的适用向前延伸,凝聚与监察机关开展认罪认罚工作的价值共识,提高在职务犯罪案件中认罪认罚从宽制度的适用率。其次,职务犯罪案件的从宽,必须充分考虑社会与人民群众的认可度和接受度,找准宽严之间的平衡点,坚持罪责刑相适应原则,进一步明确从严与从宽处理之间的标准,提升认罪认罚适用效果。最后,检察机关应当深入理解职务犯罪案件中存在的纪法衔接、法法衔接问题,有针对性地依法开展认罪认罚工作。在案件办理中,要积极推进认罪认罚从宽制度适用,准确认定犯罪事实和认罪认罚的相关材料,对案件线索来源、到案情况、犯罪嫌疑人是否积极配合调查工作以及是否积极退赃等关键事实履行好审查职责。

2.加强与监察机关的沟通衔接

检察机关应加强与监察机关的沟通交流,努力推动认罪认罚从宽制度在调查阶段的启动。监察机关在案件调查阶段,就及时告知被调查人员关于认罪认罚从宽制度的相关规定,从认罪认罚从宽制度的适用标准、从轻幅度、法律后果等方面向其做好告知教育工作,使被调查人员对其行为的法律后果有正确预期,避免到审查起诉环节因达不到犯罪嫌疑人求刑预期而出现翻供等情况。同时,在量刑建议的提出和文书反馈等工作中,检察机关也应加强与监察机关的沟通,在确保被调查人员自愿认罪认罚的前提下,与监察机关就认罪态度、退赃情况、悔罪表现等互通信息,形成合理量刑建议。在衔接过程中的文书移送问题上,应沟通监察机关共同落实相关规定,随案移送检察机关,促进提升相关工作的规范化。

3.提升量刑建议精准化

量刑精准化是实现认罪认罚从宽制度价值的重要环节，也是确保制度效能得到切实发挥的关键。提出更为精准的量刑建议才能真正发挥检察机关在认罪认罚案件中的主导地位，合理引导犯罪嫌疑人的心理预期，降低案件后期上诉率，因此应对量刑建议工作加强重视。首先，要将犯罪嫌疑人在调查阶段的认罪悔罪表现、退赃情况作为重要依据，主动听取监察机关意见，形成量刑共识。其次，要根据常见职务犯罪罪名依据量刑指导原则促进精准量刑。最后，要注重分析犯罪嫌疑人和辩护人意见，向其充分释法说理，形成在检察机关主导下，控辩双方就量刑情节、量刑建议等方面开展协商的良性局面，进一步提升职务犯罪认罪认罚案件量刑建议精准化水平。

（五）加强职务犯罪检察人才队伍建设

1.优化专业办案团队组建

提升职务犯罪案件办理质量，就要以人才为保障，不断加强队伍建设，提升办案人员专业能力。各地检察机关应建立职务犯罪专门人才库，强化对人才库成员的业务培训和管理，积极抽调人才库成员参与重大案件的办理，以此提升人员办案素质，并充分发挥人才库成员的引领带动作用。同时，因职务犯罪案件一般需要采取团队办案模式，因此检察机关应充分发挥检察一体化的优势，在办理重大职务犯罪案件时，从本地区人才库中抽调骨干充实办案力量，形成办案合力，保障案件办理效果。

2.更新刑事司法办案理念

职务犯罪案件有其自身特点，但办案人员应注意破除工作中的习惯性做法，及时贯彻落实最新的刑事司法理念。例如，在职务犯罪案件中，也应严格贯彻少捕慎诉慎押刑事司法政策，对企业涉职务犯罪案件应按照最新司法政策审慎办理，依法维护企业发展环境。同时，随着经济不断发展，职务犯罪案件种类愈来愈多、手段愈来愈复杂，在办理此类案件中经常出现新情况、新问题，因此办案人员应及时转变工作思维，强化自身业务素能，紧跟刑事犯罪司法政策理念的最新变化，提升解决复杂问题和新问题的能力，确保案件办理质量和水平。

3.提高业务能力建设

随着反腐败工作的深入开展，职务犯罪案件中一些传统的犯罪形式逐渐减少，出现愈来愈多的新型犯罪形式，在传统犯罪与新型犯罪交织的情况下，职务犯罪案件办理面临新的难题和挑战。检察机关应进一步加强职务犯罪检察工作的理论研究和业务培训,推行“以研带学”等实训方式,深入研究刑法、刑事诉讼法等法律法规的基本理论。同时,应以办理疑难复杂案件为契机,在办案中突出案例意识,强化实践办案能力,以此提升办案人员证据审查、出庭公诉能力建设,促进提高办案队伍业务能力。

结　语

国家监察体制改革以来,检察机关积极发挥自身职责,通过案件办理服务经济社会发展大局,深化监检衔接机制,提升职务犯罪案件办理质量,强化职务犯罪检察人才队伍建设,为反腐败大局工作贡献检察力量。职务犯罪检察工作并非一项完全崭新的工作,但在国家监察体制改革后,其面临着监检衔接工作机制的新变化,且职务犯罪案件种类不断增多,对案件办理标准要求越来越高。随着近几年相关工作的开展,职务犯罪案件办理质量得到有效提高,监检衔接工作机制逐步建立,队伍能力素质也有所提升,但司法实践中面临的诸多问题依然需要重点关注。对此,需要结合司法实践的现状,进一步分析问题所在,提出优化解决的措施方案。

在肯定当前职务犯罪检察工作发展成果的同时,应同时注意到当前监检衔接机制仍待完善、案件办理质量还需提升、队伍人员素质存在进步空间等问题,对这些问题的解决,不仅要依靠制度机制的完善,也要从提升案件办理质效的目标出发,从人才队伍建设等方面强化保障,才能进一步提升职务犯罪检察工作的水平。

在对职务犯罪检察工作的检视中,我们不能仅仅局限于从检察机关的履职要求去分析,同时也应当注意到我国监察体制改革的特殊性和大背景,关注检察机关在职务犯罪案件办理中与监察机关、审判机关之间的真实运行现状,这是本文相较于其他研究的不同之处。同时,在目前制度规范已经初步形成的基础上,我们对于职务犯罪工作的研究应结合司法实践中各种制度落实问题的深刻观察,从实践的角度出发,重新审视制度规范的不合理与不完备之处,以更好地促进机制细化完善,从而进一步推动职务犯罪工作的质效提升,这也是本文相较于之前研究的着重之处。

对职务犯罪检察工作的研究,因仍存在很多新兴问题,所以绝不能脱离理论研究而只谈实践,但受制于理论水平,本文在实践与理论的结合上还存在不足。同时，职务犯罪工作涉及内容较多，牵涉关系复杂，在实践中各地检察机关的很多工作做法仍处于尝试阶段，因此本文在实践案例和问题的选用中可能存在不妥之处，对问题的分析和观点提出尚存不全面的情况。但国家监察体制改革后检察机关的职能发挥将会是一个需要长期研究的问题，本文尽可能在一些实践问题上提供一定的解决方案，期待对于当前问题的解决有所帮助。

未成年人检察工作的运行实践

济南市人民检察院课题组*

党的十八大以来,以习近平同志为核心的党中央高度重视未成年人保护工作。习近平总书记深刻指出,“少年儿童是祖国的未来,是中华民族的希望”①,强调“培养好少年儿童是一项战略任务,事关长远”②。检察机关作为唯一一个参与未成年人司法保护全过程的政法机关,肩负未成年人“两法”赋予的重要责任,要加压奋进式履职、多元能动式履职,做好未成年人保护这项“朝阳事业”。

一、未成年人检察工作的历史沿革

(一)全国未成年人检察机构概述

纵观未成年人检察工作发展的历史脉络,其在早期较长时间内处于待发展阶段,没有专门机构,没有特殊制度,被裹挟在普通刑事检察工作的浪潮中前进。改革开放以来,随着经济社会的发展,未成年人违法犯罪数量明显增多,少年犯罪问题引发社会高度关注。为此,中共中央于 1979 年批转了中宣部、教育部等八个单位《关于提请全党重视解决青少年违法犯罪问题的报告》,强调必须高度重视和努力解决未成年人犯罪问题。③ 基于司法实践的迫切需要,以及检察机关高度的责任感和使命感,未成年人检察破土而出,逐步建立并完善全国

---

* 课题组成员:孙颖,济南市人民检察院三级高级检察官;杨晓芳,济南市人民检察院四级高级检察官;杨祥瑞,济南市人民检察院四级检察官助理。

① 习近平:《习近平谈治国理政》,外文出版社 2014 年版,第 181 页。

② 中共中央文献研究室编:《习近平关于青少年和共青团工作论述摘编》,中央文献出版社 2017 年版,第 102 页。

③ 参见陈国庆:《砥砺前行的未成年人检察工作——纪念人民检察院恢复重建 40 周年》,《人民检察》2018 年第 Z1 期。

四级未检机构设置，持续探索未成年人犯罪案件特殊检察工作机制，为未成年人的健康成长保驾护航，为社会的和谐稳定贡献检察力量。

1.未检机构由无到有的独立性选择

1985年10月中共中央发布《关于进一步加强青少年教育、预防青少年违法犯罪的通知》，同年11月，《联合国少年司法最低限度标准规则》在北京通过[①]，建立专业少年司法机构的时代背景逐渐形成。1986年，上海市长宁区人民检察院审查起诉科设立我国第一个未检专门办案组织——少年刑事案件起诉组。随后，上海20个区县检察院及重庆、福建、北京等地的一些检察院也先后设立了未检专门办案组。1991年6月"两高两部"联合下发的《关于办理少年刑事案件建立互相配套工作体系的通知》和9月通过的《中华人民共和国未成年人保护法》，均对由专门机构处理未成年人刑事案件作出相关规定。1992年5月，最高人民检察院刑事检察厅成立少年犯罪检察工作指导处。随后，上海市虹口区人民检察院成立了全国首个独立建制的未成年人刑事案件专门机构——未成年人刑事检察科。2002年3月，最高人民检察院下发《人民检察院办理未成年人刑事案件的规定》，在司法解释中首次对未成年人刑事检察工作作出系统规定，确立未检工作专人办理制度。2009年，上海市人民检察院成立未成年人刑事检察处，是全国首个三级未检机构。2012年，最高人民检察院在公诉厅设立未成年人犯罪检察工作指导处。2015年，最高人民检察院设立专门的未成年人检察工作办公室，相比于其他各厅更具有临时性，主要负责集中处理未检事务，这标志着全国四级未检机构设置基本完备。2019年，最高人民检察院内设机构改革中增设第九检察厅，专门负责未成年人检察工作，未成年人检察作为"十大检察"之一，对未成年人的司法保护具有里程碑式的意义。

2.未检职能由分散到统一的综合化选择

在未成年人检察专门机构发展过程中，未成年人检察职能不断扩展和丰富。在较早阶段，未成年人检察的职能范围是未成年人涉嫌犯罪案件。随着对未检工作的发展与探索，其职能逐步扩展到未成年人犯罪、未成年人权益被侵害案件中。2020年，张军检察长在全国检察机关未成年人检察工作会议上强调："涉未成年人刑事、民事、行政、公益诉讼案件原则上可由未成年人检察部门统一集中办理。"[②]2020年底，最高人民检察院下发通知，决定自2021年起，未

---

① 参见林文肯:《〈联合国少年司法最低限度标准规则〉在中国的贯彻》,《中外法学》1991年第2期。

② 姜洪、李春薇:《张军:加强双向保护综合保护 自觉扛起新时代未成年人保护的检察责任》,2020年1月20日,https://www.spp.gov.cn/tt/202001/t20200120_453311.shtml。

成年人检察业务统一集中办理工作在全国检察机关推开。这标志着全国检察机关涉未成年人刑事、民事、行政、公益诉讼检察业务迈向统一集中办理。[①] 未成年人检察部门将全面开展未成年人刑事案件羁押必要性审查、在押未成年人监管活动监督、未成年人社区矫正活动监督、监护侵害和监护缺失监督等工作。同时,未成年人检察部门还主动推进未成年人民事检察、行政检察工作,积极开展未成年人公益诉讼检察工作。[②]

检察机关整合各项涉及未成年人的检察职能,是落实中央保护未成年人权益要求,最大限度维护未成年人合法权益,实现未成年人全面综合司法保护的客观需要。[③]

3.未检体系由单一到多元的社会化选择

涉未案件大都与未成年人所处社会环境有直接关联,而处理涉未案件也秉持实现政治效果、法治效果和社会效果相统一的理念,让不论是涉嫌犯罪的未成年人还是遭受侵害的未成年人都能够重新回归社会,重塑社会角色。因此,未成年人保护是一项系统性工程,关键在于形成全方位、多层次、立体化的未成年人保护工作格局,需各方力量配合加强未成年人检察工作体系的建设,尤其以构建社会支持体系为抓手,聚指为拳,同向发力。

20 世纪 80 年代,未成年人司法提出了“司法保护一条龙”和“社会保护一条龙”建设相结合的思路。[④] 一方面加强各政法机关在办理未成年人案件中的配合度,另一方面加强与综治、共青团、关工委等相关职能部门和社会组织的联系与衔接,邀请“五老”等社会力量参与未成年犯罪嫌疑人帮教和犯罪预防工作,产生了积极效果。[⑤] 基于未成年人的身心特点,检察机关一直在持续探索适合未成年人的特殊检察制度,如附条件不起诉考察帮教、社会调查、心理疏导、法庭教育、社会观护、被害人救助等,这些工作的开展均需要依托社会工作者、心理咨询师等专业的社会力量,社会支持体系可完成司法向社会的转介,直接关系到未成年人特殊检察制度的落实。

---

① 参见李春薇:《未成年人检察业务统一集中办理工作将稳步全面推开:涉未成年人“四大检察”案件由未检部门统一集中办理》,《检察日报》2020 年 12 月 25 日。

② 参见李春薇:《未成年人检察业务统一集中办理工作将稳步全面推开:涉未成年人“四大检察”案件由未检部门统一集中办理》,《检察日报》2020 年 12 月 25 日。

③ 参见胡昊、李静宜:《业务集中办 效果看得见》,《检察日报》2021 年 10 月 14 日。

④ 参见《最高检、团中央未成年人检察社会支持体系建设试点工作新闻发布会》,2019 年 4 月 11 日,http://www.scio.gov.cn/xwfbh/qyxwfbh/Document/1653714/1653714.htm。

⑤ 参见周斌:《不断探索逐步发展未检制度呵护未成年人健康成长》,《法制日报》2019 年 8 月 16 日。

2018 年，最高人民检察院与共青团中央签署《关于构建未成年人检察工作社会支持体系的合作框架协议》，实现专业化办案与社会保护的配合衔接，有效提升我国未成年人司法保护的质量和水平，未检社会支持体系建设进入了新的发展阶段。2020 年 10 月，新修订的《未成年人保护法》由原来的“四大保护”扩充至由家庭保护、学校保护、社会保护、网络保护、政府保护、司法保护共同组成的“六大保护”，其共同承担未成年人保护责任，更加丰富社会支持体系的主体和内容。2021 年 5 月，最高人民检察院、全国妇联、中国关心下一代工作委员会联合发布《关于在办理涉未成年人案件中全面开展家庭教育指导工作的意见》，对社会支持体系工作提出新时代的要求。

(二)济南市未成年人检察机构概述

1.未成年人检察队伍专业化

2018 年 4 月，为提升未成年人检察专业化建设，济南市检察机关成立未成年人刑事检察工作办公室，设 3 名员额检察官、1 名检察官助理专门办理未成年人检察工作。2019 年 11 月，济南市人民检察院开展内设机构改革，成立第九检察部，专门负责未成年人检察工作，实行“捕、诉、监、防、教”一体化工作模式。2020 年，根据最高人民检察院及省院相关工作要求，济南市人民检察院第九检察部积极推进全市未检工作专人专办，在市县两级检察院基本实现未检案件专门办理、未检办公室挂牌全覆盖，进一步提升了未检工作专业化水平。全市未检干警能动履职，立足主责主业，从严打击侵害未成年人犯罪，宽严相济办理未成年人犯罪，着力救助未成年被害人，以“最有利于未成年人”原则实现对未成年人的全面保护；组织开展“六一”新闻发布会、检察开放日等活动，营造关爱未成年人的良好社会氛围；创新开展法治进校园活动，实现法治副校长全覆盖，促进平安校园建设。

2.未成年人检察业务集中化

2021 年，在两级未检机构基本成型后，济南市人民检察院努力开拓未检业务领域，不断提升未检工作质效。按照最高人民检察院和省院工作部署，全市未检部门努力推动涉未“四大检察”融合发展，全方位保护未成年人合法权益。积极推进刑事执行检察监督。济南市人民检察院第九检察部与省未成年犯管教所完成业务交接，建立工作联络机制，及时掌握并监督未管所教育改造未成年犯工作情况、疫情防控、安全管理情况等，依法对省未管所四批减刑案件开展监督。主动推进民事、行政检察工作。对于办案中发现的未成年人的监护人不依法履行监护职责或者履行监护职责不到位的情形，及时发出“督促监护令”，适时开展家庭教育指导,有效督促“甩手家长”履职管教,提升家庭教育能力。对于监护缺失及监护侵害案件依法支持起诉、建议撤销监护人资格,促进监护责任落实,为未成年人创造更加适宜的成长环境。积极推进公益诉讼检察工作。针对烟草管控、道路交通安全保障、食品药品安全把关、校园周边秩序维护等涉未公共利益重点领域问题,及时督促有关行政机关依法履职,营造良好的社会环境。济南市市中区人民检察院通过制发诉前检察建议,促进解决了影响白马山小学数十年的校园周边集市占道经营的问题。

3.未成年人检察力量多元化

自2020年以来,为加强专业化办案和社会化保护的有机衔接,形成社会力量有效参与未成年人检察工作的长效机制,全市检察机关认真贯彻落实上级的相关部署要求,立足实际、积极作为。2020年12月,济南市人民检察院与团市委会签了《关于构建济南市未成年人检察工作社会支持体系合作框架协议》,建立了团委推荐、济南市人民检察院把关、基层自选的社工组织选用模式,涵盖了未成年人特殊制度落实、考察帮教、犯罪预防、督促监护等几方面的合作内容,将社会组织的专业力量规范地引入未成年人特殊制度的落实中。此外,全市检察机关积极加强与公安、教育、民政、卫健、妇联等部门的横向协作联系,进一步织牢保护未成年人的“防护网”。以济南市人民检察院模式为示例,各区县人民检察院根据各自实际或办案需要选择与社工组织的合作方式,因地因案制宜开展。全市未检社会支持体系建设工作稳步推进,对涉罪未成年人的帮教更加精准务实,对未成年被害人的保护救助更加多元有效,涉案未成年人家庭关系修复和监护水平得到进一步提升,推动法治教育和犯罪预防工作向纵深发展。

(三)未成年人检察工作“三化”的必要性

未检工作向专业化、一体化、社会化方向的改革是切合司法改革大背景、顺应少年司法大趋势之举。就专业化而言,少年司法不同于成年司法,未成年人的认知能力和行为控制能力尚未发育成熟,误入歧途时,一旦干预不当就极易形成反社会人格。不加入专业化力量,机械地按照成年人标准适用刑法惩罚,是对未成年人特殊性的一种不当忽略。教育矫治相对于惩罚威慑在未成年人司法工作中占据更主要的地位,因此,未成年人案件更强调人格事实(心理情况、社会成长经历等),只有查清人格事实,才能有针对性地开展教育矫治。从比较法角度审视,我国少年司法与西方存在不同,西方少年司法与成年司法在源头上就泾渭分明,以儿童福利原则为独立理念,进而产生独立的机构、制度、程序,专业化发展可谓是水到渠成,一种顺势的发展过程就更容易获得社会资源的充分支持。但我国缺乏这样的过程,我国少年司法在过去很长一段时间内嵌于成年司法中,理念、机构均不明晰,如果要实现突破,未检机构必须独立,人员必须专业。[①]

就一体化而言,将原来分散在检察机关内部各个业务部门的未成年人检察工作和司法资源有效整合起来,有利于实现未成年人司法保护工作的集约化和专业化,推动未成年人司法保护综合体系建设。[②] 未成年人检察人员兼具国家公诉人和国家监护人的双重角色,检察权内部与未成年人有关的权力宜整合而不宜拆分。[③] 未成年人民事案件中检察支持具有正当性,检察机关是专门的法律监督机关,其代表被害人参与诉讼是正确选择。[④] 涉未刑事和民事案件统一办理可以优势互补,未成年人民事权益保护是预防刑事犯罪的重要因素,因此将民事案件纳入未检业务是对接交流、对应监督的必然选择。在公益诉讼案件中,未成年人作为特殊的不特定群体,有其独有的利益领域,如未成年人食品药品安全、环境保护领域中的校园餐、儿童疫苗、校园周边污水和尾气排放等。但未成年人对自身行为认知不够清楚,对行为后果不能完全预判,且行政监管的有限性和社会事务的复杂性造成监管盲区,导致未成年人合法权益和社会公共利益极易遭到侵害。新修订的《未成年人保护法》第四条明确规定:“保护未成年人,应当坚持最有利于未成年人的原则。”这是检察机关能动履职开展涉未公益诉讼的依据之一。

就社会化而言,检察机关的法律监督职能包含着向社会延伸的责任,未检机构在未成年人保护、预防未成年人犯罪等方面的法律监督应开阔思路,对相关教育、公安、民政等部门各自职责能否跟上,相关政府职能部门有无认真开展各自工作等一系列问题开展监督,将全社会纳入保护未成年人的大格局中。问题少年的“问题”产生往往与家庭、学校、社会生活环境相关联,这些问题的解决需要社会组织、政府部门、专业社会服务机构共同参与,检察机关在其中应当发挥引导作用,搭建有效沟通平台,促进社会力量的协作。

---

① 参见胡飞:《未成年人检察改革理论与实践研讨会综述——司改背景下聚焦未成年人检察机构独立与职能定位》,《预防青少年犯罪研究》2015 年第 6 期。

② 参见刘金林:《“法不能向不法让步”理念破除思想藩篱——专访清华大学教授、博士生导师周光权》,《人民检察》2021 年第 Z1 期。

③ 参见胡飞:《未成年人检察改革理论与实践研讨会综述——司改背景下聚焦未成年人检察机构独立与职能定位》,《预防青少年犯罪研究》2015 年第 6 期。

④ 参见胡飞:《未成年人检察改革理论与实践研讨会综述——司改背景下聚焦未成年人检察机构独立与职能定位》,《预防青少年犯罪研究》2015 年第 6 期。

二、因案制宜、宽严相济办理罪错未成年人案件

(一)罪错未成年人分级处遇概述

近年来,未成年人违法犯罪问题受到广泛关注,特别是湖南沅江12岁男孩弑母案、广西13岁少女肢解同学案以及最近的大连10岁女孩被害案等未满14周岁未成年人涉罪案件,引起了社会和学界、实务界的激烈探讨。低龄恶性案件反映出我国目前法律对未达刑事责任年龄的未成年人、有严重不良行为的未成年人缺少有效矫正措施的问题。而解决这一问题的关键在于,针对未成年人的罪错程度设置阶梯式的多种实体处遇措施,供司法机关根据涉案未成年人的具体情况加以适用,以实现矫治的个别化和有效性。

最高人民检察院为全面落实司法体制改革任务,在其制定、下发的《2018～2022年检察改革工作规划》(以下简称《改革规划》)中提出,"探索建立罪错未成年人临界预防、家庭教育、分级处遇和保护处分制度",促进了司法机关和社会力量在保护未成年人方面的结合。罪错未成年人分级处遇制度旨在将现有的罪错未成年人处遇措施加以整合化、一体化,并对具体处遇措施进行效果优化,是未成年人权益保护方面的一大举措。

分级处遇制度重在对"罪错未成年人"的"分级",如何构建制度的"层次性"将直接关系到后续"处遇"措施的开展。随着未成年人主体特殊性的研究及矫治理念的深入,未成年人"犯罪"向更为人性化的"罪错"予以转变。① 在学术领域,普遍倾向采用"未成年人年龄+行为性质"的模式划分层级,如分为不满14周岁的一般违法行为、14～16周岁的一般违法行为、14～16周岁的严重犯罪行为、已满16周岁的犯罪行为四个层级。② 再如,以12周岁、14周岁、16周岁、18周岁为四个年龄节点,分别交叉对应不良行为、治安违法行为、触犯刑法行为。③由于对未成年人各类行为性质的规定分散于《刑法》《治安管理处罚法》《未成年人保护法》《预防未成年人犯罪法》等法律中,很难实现统一的整合归纳。2020年,新修订的《预防未成年人犯罪法》首次以立法形式对"罪错"种类进行规定,有效提升具体执行层面的可操作性。《预防未成年人犯罪法》共分为"不良行为""严重不良行为""需承担刑事责任的犯罪行为"。其中,"不良行为"主要有

---

① 参见肖姗姗:《"罪错未成年人"概念选择与适用的理性证成》,《青少年犯罪研究》2022年第4期。

② 参见熊波:《分层次构建罪错未成年人分级处遇制度》,《检察日报》2019年2月24日。

③ 参见宋英辉、苑宁宁:《尊重未成年人司法规律建立分级干预体系》,《检察日报》2019年2月11日。

吸烟、饮酒、沉迷网络等;“严重不良行为”主要指未成年人实施的有刑法规定、因不满法定刑事责任年龄不予刑事处罚的行为,以及严重危害社会的结伙斗殴、故意伤害他人身体、盗窃、抢夺公私财物等。针对不良行为采取干预措施,如及时制止,加强管理教育;针对严重不良行为采取矫治措施,如训诫、心理辅导、接受社会观护等。

(二)济南市人民检察院打造罪错未成年人分级处遇“泉城模式”

济南市人民检察院第九检察部进行了罪错未成年人分级处遇的研究论证和实践探索,将现有罪错未成年人处遇措施一体化、标准化,以“理论”和“机制”为核心“打牢地基”,以“分级”和“处遇”为梁柱“构建主体”,以“宣教”和“预防”为枝叶“实现精装修”,通过临界预防、家庭教育、保护处分和跟踪帮教等制度,对罪错未成年人采取差异化处遇措施,建立了“理念牵引、制度保障、办案落实、预防跟进”四位一体的立体化、全方位分级处遇的“泉城模式”,全面推动未成年人综合司法保护提质升级。

1.坚持“三个理念”,引领罪错未成年人分级处遇工作方向

“罪错未成年人分级处遇”作为司法工作中的一个新领域,做好这项工作的前提是树立正确的导向,在此基础上不断总结提升。主要包括三个理念:一是坚持教育保护本位理念。未成年人在成长过程中具有一定的可塑性,通过分级处遇能够实现对罪错未成人的教育和保护,减少其成年后再危害社会的可能。对罪错未成年人实施的具有强制性的举措也主要是实现矫正目的,帮助罪错未成年人回归正途,重新融入社会。二是坚持处遇及时恰当理念。及时恰当的处理,能够让罪错未成年人感受到对其行为的否定评价,督促其形成良好的规则意识、法律意识。三是坚持综合治理理念。坚持综合治理导向是指将司法机关、家庭、学校、社区乃至社会组织的作用进行整合优化,加强互动,实现适度威慑下教育效果的最大化,达到犯罪矫正和犯罪预防的目的。在这一过程中,检察机关应当更好地履行好推动者的角色。

2.确立“分级性”定位,为罪错未成年人分级处遇提供制度保障

在已有司法经验的基础上,经反复论证制定了《济南市人民检察院罪错未成年人分级处遇工作指导意见(试行)》。文件规定,将未成年人违法犯罪及不良行为划分为罪和错两个层级,采取差异化处遇措施。对于恶性犯罪的,从严打击;对于轻微犯罪的,从宽处理并精准帮教;对于涉罪但不负刑事责任的,采取亲职教育、训诫、收容教养等不同措施;对于有严重不良行为或被治安处罚的,开展训诫及帮扶;对于有一般不良行为的,以家庭教育、亲职教育为主。制

度中,“分级性”这一性质定位主要体现在以下三方面。一是功能构建的兼顾性。为贯彻对罪错未成年人“宽容而不纵容”的要求,“分级处遇”制度涵盖的基本措施所发挥的功能均是双层次的,即兼顾预防和制裁两方面内容,临界预防、家庭教育、保护处分、跟踪帮教等一系列措施使得该制度兼具促使行为改善功能和分级处分的行为制裁功能。二是适用主体的相对性。我们将罪错未成年人分为五类主体,分别是达到刑事责任年龄实施严重犯罪行为的未成年人、达到刑事责任年龄实施轻微犯罪行为的未成年人、未达到刑事责任年龄实施犯罪行为的未成年人、实施严重错误行为的未成年人、实施一般错误行为的未成年人,分别规定了不同的处遇措施。三是处遇措施的层次性。第一类为福利类措施,由监护人严加管教,并接受相应的社工服务以及心理行为矫治服务等。第二类为教育矫治类措施,学校帮教告诫、公安机关训诫、收容教养等。第三类为刑事类措施,判处徒刑,接受社区矫正或者在少管所服刑接受系统的教育矫治。具体实施中,按照年龄、行为矫正的难易程度、行为人心理测评结果等标准,适用不同的处遇措施,且多种措施之间可相辅相成。

3.突出“三管齐下”,提升罪错未成年人分级处遇工作质效

一是强化办案效果。开展创新工作以来,全市共办理涉罪错未成年人分级案件10余件,取得良好效果。如槐荫区人民检察院在办理一起盗窃案时发现,王某某(15岁)多次参与盗窃摩托车并在案件中起关键作用,其他涉案三人已由检察机关依法作出附条件不起诉决定,根据犯罪情节和悔罪表现,分别对其中两人确定一年的考验期限、对一人确定六个月的考验期限。王某某知道自己因达不到刑事责任年龄不会受到刑事处罚便坚决不予赔偿,毫无悔改之意。针对王某某的抵抗情绪和消极态度,检察机关一方面向公安机关发出对王某某进行行政处罚并联系其监护人联合开展法治教育的检察建议;另一方面联系心理咨询师对其进行心理疏导。最终,王某某逐渐认识到自己行为的违法性,认真悔过,并且赔偿了被害人的损失。再如,市中区人民检察院在到某学校督导“一号检察建议”落实情况时,校方反映该校初三女生薛某某经常逃课、夜不归宿、扰乱教学秩序,校方多次与家长沟通,效果不佳。针对这一情况,检察机关通过心理测评发现其具有一定的抑郁症倾向,随即通报其父母并建议去医疗机构进一步确诊治疗。薛某某在经过一个阶段的治疗后,表示认识到过往错误并愿意改正,希望老师和父母不要放弃自己。

二是搭建分级处遇“落地平台”。加强未成年人帮教“检教合作”“检校合作”,在全市建成未成年人观护帮教基地4个、社区矫正教育基地1个,帮助未

达刑事责任年龄或被附条件不起诉的未成年人顺利回归社会。加强未成年人心理评估疏导，全市共建成青少年法治教育基地 12 个、疏导室 9 个、沙盘室 6 个，全面推广未成年人案件心理评估干预机制，促进了分级处遇工作的精细化。加强未成年人权益保护，联合公安、卫健部门建立合作机制，合力建设兼具询问、取证、观护、救助等功能的未成年人“一站式”办案区，保护未成年人合法权益，避免“二次伤害”。加强未成年人综合监管力度，针对监管、惩戒“问题少年”“触法少年”的部门分散、责任稀释等问题，与法院、公安、学校、社区等建立信息共享及案件通报机制，推进了未成年人保护社会网络体系建设。

三是推进预防关口前移。我们全面落实犯罪预防和未成年人保护的义务和责任要求，使“分级处遇”工作关口前移。扩大法治宣传覆盖面，稳步推进“五个一”工程，依托“小荷”“梦之航”“晨曦”“润荫”“共赢未莱”等未检品牌，《未爱同行》检察系列微电影、“权益保护及犯罪预防”系列读本、市检察院微信公众号“未检专区”、“六一”未检系列活动、“梦想检察官”体验活动等深受好评。坚持疫情期间教育不掉线，将宣教阵地转至线上，发布有关疫情防控、遵纪守法、调整情绪、防范网络陷阱、增强自护能力等各类知识，莱芜区人民检察院线上“开学第一课”、历城区人民检察院“小荷法治微课堂”、槐荫区人民检察院“槐小检”空中课堂受到广泛赞誉。推动构建预防保护防火墙，积极协调未成年人保护相关部门发挥职能特点、形成工作合力，市检察院联合市妇联建立了共同推动保护妇女儿童权益工作合作机制，联合教育部门推进落实“一号检察建议”，提升校园法治建设及安全管理水平，全市 11 部门联合制定《关于预防打击侵害未成年人犯罪进一步保护未成年人合法权益的实施意见》，为关爱未成年人成长创造了良好的环境和氛围。

（三）对涉罪未成年人的附条件不起诉工作

为体现“宽严相济”的刑事政策和对犯罪的未成年人实行“教育、感化、挽救”的方针，2012 年修改的《刑事诉讼法》正式规定了附条件不起诉制度。《刑事诉讼法》第二百八十二条规定，对于未成年人涉嫌刑法分则第四章（侵犯公民人身权利、民主权利罪）、第五章（侵犯财产罪）、第六章（妨害社会管理秩序罪）规定的犯罪，可能判处一年有期徒刑以下刑罚，符合起诉条件，但有悔罪表现的，人民检察院可以作出附条件不起诉的决定。

对符合条件的涉罪未成年人作出附条件不起诉决定，根据《刑事诉讼法》第二百八十三条的规定，需要设置六个月到一年的考验期。在此期间，被附条件不起诉的未成年人要遵守相关规定，并按照检察机关的要求接受矫治和教育。

检察机关将根据社会调查情况,针对涉罪未成年人的具体犯罪原因和回归社会的具体需求等设置附带条件。根据第二百八十四条的规定,考验期间,未成年人实施新的犯罪或者发现漏罪、违反治安管理规定或者检察机关所附条件情节严重的,将撤销附条件不起诉的决定,依法提起公诉。在考验期内没有上述情形,考验期满的,人民检察院将依法作出不起诉的决定。

该项附条件不起诉制度为涉罪未成年人提供了非犯罪化处遇的转向可能。全国检察机关严格贯彻落实,合理提升附条件不起诉适用率。准确把握附条件不起诉的意义和价值,对符合条件的未成年犯罪嫌疑人依法积极适用附条件不起诉。2018 年全国审查起诉未成年犯罪嫌疑人 58307 人,附条件不起诉 6624 人,附条件不起诉率 12.15%;2019 年全国审查起诉未成年犯罪嫌疑人 61295 人,附条件不起诉 7463 人,附条件不起诉率 12.51%。[①] 附条件不起诉人数和比率呈现稳步上升趋势。特别是 2020 年以来,最高人民检察院要求对附条件不起诉坚持依法应用尽用原则,各地积极适用,全国审查起诉未成年犯罪嫌疑人 54954 人,对未成年犯罪嫌疑人决定附条件不起诉 11376 人,附条件不起诉适用率达 20.87%。[②]

在适用附条件不起诉制度时,检察机关对具体可能判处刑期因素的考量尤为重要,即"可能判处一年有期徒刑以下刑罚"这一条件。"一年有期徒刑以下刑罚"应理解为法院最终作出的宣告刑还是检察机关审查起诉时作出的量刑区间,在实务中存在一定难度和争议。从量刑幅度上来看,适用附条件不起诉的绝大部分案件都属于法定量刑幅度在三年有期徒刑以下的,在结合自首、坦白、初犯、偶犯等量刑情节后大部分能够符合刑期要求,法院宣告刑和检察机关的量刑建议差异较小。对于小部分案件法律规定起刑点为三年以上有期徒刑的,结合其他量刑情节,宣告的量刑幅度起点也可能降至一年有期徒刑以下,从而符合刑事诉讼法有关附条件不起诉的要求,其中最为典型的就是抢劫案件。[③]除此之外,适用附条件不起诉的案件中还有个别案件的法定起刑点相对较高,如起刑点为五年有期徒刑的组织卖淫罪、绑架罪,起刑点为十年有期徒刑的入户抢劫,这类则为主要争议案件。但是依据"最有利于未成年人"原则,在量刑

① 参见最高人民检察院:《未成年人检察工作白皮书(2014～2019)》,2020 年 6 月 1 日,https://www.spp.gov.cn/xwfbh/wsfbt/202006/t20200601_463698.shtml#2。

② 参见最高人民检察院:《未成年人检察工作白皮书(2020)》,2021 年 6 月 1 日,https://www.spp.gov.cn/xwfbh/wsfbt/202106/t20210601_519930.shtml#2。

③ 参见何挺:《附条件不起诉制度实施状况研究》,《法学研究》2019 年第 6 期。

考虑时，除一般量刑情节外，还应综合考虑未成年人复归社会可能性、监管支持条件等因素，充分运用法律和司法解释所给予的未成年人案件量刑裁量权，适用“一年有期徒刑以下刑罚”时不仅是指“宣告刑”，而是依据案件具体情况确定量刑幅度，如此更加关注未成年行为人，更加符合当前未成年人案件办案的理念与原则。

（四）涉罪未成年人犯罪记录封存制度

未成年人犯罪记录封存制度，一般是指在现行法律框架下，通过技术性操作严格限制对未成年人犯罪记录的查阅、复制、调用，使前科对未成年人的影响限于一定范围内。[①] 封存犯罪记录是未成年人再社会化过程中不可或缺的一部分。消除因犯罪记录产生的“标签效应”，对未成年犯罪人重新回归社会发挥着至关重要的作用。[②] 最高人民检察院《未成年人刑事检察工作指引（试行）》以单独一节的形式对未成年人犯罪记录封存进行规定。所谓“犯罪记录封存”，在档案方面，是指对有关未成年人个人信息、涉嫌犯罪或者犯罪的全部案卷、材料装订成册，加盖“封存”字样印章，交由档案部门统一加密保存，执行严格的保管制度，不予公开。在报告方面，未成年犯在入学、入伍、就业时，免除报告自己曾受过刑事处罚的义务。

未成年时期正处于自我认知形成阶段，在初步形成的自我认知与社会规则发生冲突时，不健全的人格首先进行的是非理性的思考。换言之，未成年人由于身心发育不成熟，该群体有非理性思考倾向，其当下所作所为并不具有行为稳定性，不能以此预估和评判未来行为，更不能让错误行为成为其一生的烙印。根据我国当前就业审查规则，犯罪记录既是对此人具有社会危险性的一种提示，也是对其犯罪的一种终身惩戒。而对于未成年犯，其尚处于成长为理性人的进化状态，不宜用社会危险性这种社会化属性评价。未成年犯所实施的犯罪多为冲动性犯罪，这种冲动性正是人体机能发展不完善导致的，而在成年后，随着身体激素水平的变化，能够形成自我约束，更加趋向理性、良性发展。刑法兼具刑事惩罚性和社会教育性，对未成年犯的犯罪记录封存制度正体现对未成年犯“挽救”的理念，有助于未成年犯改过自新，以全新的身份重新融入社会。

当然，犯罪记录封存并非对任一未成年犯均适用，最高人民检察院《未成年

---

① 参见马艳君：《未成年人犯罪记录封存制度实践设想》，《法学杂志》2013 年第 5 期。

② 参见宋英辉、杨雯清：《我国未成年人犯罪记录封存制度研究》，《国家检察官学院学报》2019 年第 4 期。

人刑事检察工作指引(试行)》将犯罪记录封存限定于“被判处五年有期徒刑以下刑罚以及免除刑事处罚”的未成年犯。由于未成年犯常见犯罪类型集中在故意伤害、盗窃、寻衅滋事等,这些罪的法定刑基本在五年以下有期徒刑,而在量刑时,“未成年”也会作为一项从宽情节予以评价。最高人民法院、最高人民检察院《关于常见犯罪的量刑指导意见(试行)》规定:“已满十二周岁不满十六周岁的未成年人犯罪,减少基准刑的30%～60%;已满十六周岁不满十八周岁的未成年人犯罪,减少基准刑的10%～50%。”因此,经过量刑后,这类未成年犯常见犯罪刑罚确定处于五年有期徒刑以下。而判处五年以上刑罚的案件一般具有法定加重情节,这类犯罪的主观恶性高于普通未成年犯罪,故不适用犯罪记录封存。同时,在五年以下有期徒刑的适用条件中还存在例外情况,《未成年人刑事检察工作指引(试行)》第八十二条第四款规定:“对于在年满十八周岁前后实施数个行为,构成一罪或者数罪,被判处五年有期徒刑以下刑罚的以及免除刑事处罚的未成年人的犯罪记录,人民检察院可以不适用犯罪记录封存规定。”实施数个犯罪的未成年犯较未成年初犯、偶犯的人身危险性更高,基于对社会公共安全、秩序的保障,可以将该情况排除适用封存制度。

在运用实践中,犯罪记录封存制度主要存在以下问题:(1)信息的不当泄露。除犯罪记录封存制度外,针对未成年犯还有其他特殊制度,而各制度在实践中难免存在一些不相协调的情况,造成案件信息的不当泄露。如社会调查制度,需要极可能详尽调查未成年犯的社区表现、学校表现、生活状态等,其中涉及被询问者众多,泄露案件信息的可能性较大。再如社区矫正制度,未成年犯罪人需要定期进行社区矫正,由于社区矫正时间可能与上课时间存在冲突,有些地方司法局会介入与校方协调矫正与上课时间,以此使得该未成年犯罪人的老师、同学、家长知晓该案。① (2)犯罪记录封存仅是再社会化成功的一个方面。犯罪记录封存制度的初衷是使未成年人重新步入社会,但是在实践中往往过于依赖封存制度而缺乏对“后半篇文章”的发力。有些未成年人在犯罪后会产生严重自我怀疑和自我否定,加之部分未成年犯父母过度的埋怨指责,极易使其自暴自弃,认为犯罪意味着人生无望,进而放弃重新回归社会。另外,当前宽泛的就业资格限制也成为再社会化的阻力。一旦未成年人成为犯罪人,那么他将与较多具有较好职业发展的工作机会失之交臂②,而无犯罪记录证明的滥用更

① 参见宋英辉、杨雯清:《我国未成年人犯罪记录封存制度研究》,《国家检察官学院学报》2019年第4期。

② 参见宋英辉、杨雯清:《未成年人犯罪记录封存制度的检视与完善》,《法律适用》2017年第19期。

加扩大了就业资格限制，如当前有的超市收银员、普通企业招人也会要求出具无犯罪记录证明。(3)难以预防再犯。适用犯罪记录封存的对象条件之一为刑罚限制，即五年以下有期徒刑，但并未对犯罪性质、认罪悔罪态度、人身危险性等进行规定。对于有暴力倾向、主观恶性重的未成年犯直接适用犯罪记录封存，极可能对社会造成潜在威胁。

三、打击侵害未成年人犯罪和保护救助未成年被害人

(一)全国侵害未成年人案件情况

2018 年至 2020 年，全国检察机关起诉侵害未成年人犯罪分别为 50705 人、62948 人、57295 人，在未成年人检察案件中所占比例分别为 46.51%、50.67%、51.04%。2020 年，检察机关对侵害未成年人犯罪提起公诉人数居前六位的罪名、人数分别是强奸罪 15365 人、猥亵儿童罪 5880 人、寻衅滋事罪 5098 人、抢劫罪 3474 人、盗窃罪 3033 人、交通肇事罪 2920 人，其他 21525 人。前六类犯罪占提起公诉总人数的 62.43%。其中，强奸未成年人犯罪、猥亵儿童犯罪、强制猥亵和侮辱未成年人犯罪等性侵害未成年人犯罪依然占比较大，但增幅有所放缓，同比分别上升 19%、14.75%和 12.21%，增幅同比明显降低。[①]

在严厉打击侵害未成年人犯罪的同时，全国检察机关通过开展从业禁止和家庭教育指导工作不断净化未成年人成长的校园环境和家庭环境。通过探索多元化司法救助举措，为未成年被害人提供心理疏导、医疗和经济救助、临时监护等综合保护，及时帮助孩子们解决生活困难，全力保障其顺利完成学业，回归家庭与社会。[②]

(二)济南市侵害未成年人案件情况

2018 年至 2020 年，全市检察机关共审查起诉侵害未成年人犯罪案件 443 件 601 人，受侵害未成年人达 461 人，2018 年 142 件，2019 年 163 件，2020 年 138 件。侵害未成年人犯罪案件种类较多，主要为以下罪名：《刑法》分则危害公共安全犯罪中，交通肇事罪案件 19 件；侵犯公民人身权利、民主权利犯罪中，故意杀人罪、故意伤害罪、强奸罪、猥亵罪、绑架罪、拐卖儿童罪案件 326 件；侵犯

① 参见最高人民检察院：《未成年人检察工作白皮书(2020)》，2021 年 6 月 1 日，https://www.spp.gov.cn/xwfbh/wsfbt/202106/t20210601_519930.shtml#2。

② 参见最高人民检察院：《未成年人检察工作白皮书(2020)》，2021 年 6 月 1 日，https://www.spp.gov.cn/xwfbh/wsfbt/202106/t20210601_519930.shtml#2。

财产罪中,抢劫罪、敲诈勒索罪案件16件;妨害社会管理秩序罪中,聚众斗殴罪、寻衅滋事罪、组织强迫卖淫罪案件40件。

通过对近几年侵害未成年人犯罪案件数据的分析梳理,济南市范围内侵害未成年人案件有以下几个特征。

一是全市侵犯未成年人人身权利犯罪案件高发,性侵案件尤为突出。2018年至2020年,侵犯未成年人人身权利犯罪案件总计326件,占总案件数的73.6%。其中,性侵类案件,如强奸罪、猥亵罪案件数量自2018年至2020年分别为66、95、86件,分别占同期全市侵害未成年人犯罪总数的46.5%、58.3%、62.3%,性侵类案件成为主要犯罪类型。

二是未成年人侵害未成年人犯罪案件频发。近三年来,未成年人犯罪案件总计98件186人。其中,性侵案件43件52人,分别占43.9%、27.9%;故意杀人、故意伤害、抢劫、寻衅滋事、聚众斗殴五类暴力型犯罪总计45件122人,分别占比45.9%、65.6%。上述类型的犯罪以团伙作案的形式为主,性质恶劣,后果严重,应当引起高度重视。

三是未成年受害人低龄化倾向明显。14岁以下的受害人有277人,占被侵害总人数的60.8%;12岁以下的有185人,占被侵害总人数的40.1%。

四是犯罪人普遍文化程度较低。大部分系初中或初中以下文化水平,没有固定的职业、住所,法律意识、道德素养较低,易走上犯罪道路。部分犯罪人有犯罪前科,系累犯,回归社会后未被有效监管制约,导致再次犯罪。

五是网络化倾向性明显。调研发现,部分犯罪人通过微信、QQ、抖音、探探等网络社交软件与受害人聊天认识,继而实施犯罪。此外,发送裸照、裸体视频聊天等网络犯罪形式日趋多样化。

在高发的性侵类案件中,未成年被害人在遭受身体痛苦的同时还可能会因性侵害导致永久性生理创伤或陷入长期的心理幽闭,影响终身。因此,为坚决打击性侵害未成年人案件并对遭受性侵害的未成年人进行特别保护,有必要建立相应的特殊程序和救助机制。新修订的《未成年人保护法》和《预防未成年人犯罪法》将落实“一号检察建议”的相关检察实践——强制报告、入职查询、未成年被害人“一站式取证”等制度机制写入法律,成为刚性规定。

济南市人民检察院依据《最高人民检察院关于加强新时代未成年人检察工作的意见》,聚焦性侵害未成年人案件特点及未成年被害人综合权益保护的需要,联合市教育局、市公安局、市司法局、市卫健委、团市委、市妇联等会签了《关于加强未成年被害人权益保护的意见》(以下简称《意见》),进一步明确了侵害未成年人案件办理、未成年被害人“一站式”办案区建设、未成年被害人帮助救助、未成年人办案单元设置、未成年人保护合作机制等有关要求。在制度保障下,全市共建成12个兼具取证和救助功能的未成年被害人一站式办案区,明确一站式办案区各部门工作职责,规范取证询问流程,避免对未成年被害人造成“二次伤害”。确立提前介入引导侦查制度,把握性侵害犯罪的定罪核心,及时全面收集固定证据,实现性侵类案件提前介入全覆盖。确立性侵害未成年人案件督办制度。济南市人民检察院加强对基层检察院案件督办和指导力度,努力实现对性侵害未成年人案件精准指控、有力打击。加强性侵害未成年人案件诉讼监督。以案件办理、“一号检察建议”督导以及教育、民政、妇联等有关部门的情况反映为主要线索,重点监督对性侵害未成年人案件有案不立、立而不侦、有罪不究、以罚代刑等问题。例如,莱芜区人民检察院在调研“一号检察建议”落实情况中,发现辖区某小学有一起教职工猥亵在校学生案件被公安机关列为治安案件。莱芜区人民检察院通过调阅卷宗发现,该校教师沈某某存在性侵女学生的事实,认为其已构成猥亵儿童罪,且具有“当众”等从重情节。经研究后启动监督立案程序,公安机关以沈某某涉嫌猥亵儿童罪进行刑事立案,一审判处被告人沈某某有期徒刑五年。

济南市人民检察院深入落实强制报告制度和入职查询制度。积极汇聚落实“两项制度”的工作合力。市人民检察院联合市纪委监委、教育、公安等部门召开推进落实“强制报告”“入职查询”制度联席会议,建立健全预防、打击侵害未成年人违法犯罪的长效机制。市中区人民检察院就两项制度的落实向市教育局作专题讲座。扎实开展“落实侵害未成年人案件强制报告制度”专项行动。联合市教育局、民政局、卫健委推动强制报告制度有效落实,2021年,全市检察机关共办理15起因强制报告发现的涉未刑事案件,及时打击惩治犯罪,保障未成年人合法权益。创新开展教职员工违法犯罪信息查询工作。2021年,济南市人民检察院联合市公安局、市教育局在全省率先建成教职员工违法犯罪信息查询平台并投入使用。全市两级检察院高效联动,对全市2110所中小学校、幼儿园,116122名在职教职员工进行查询,共查询到有违法犯罪记录人员77人。市人民检察院向市教育局制发诉前检察建议,督促其对有违法犯罪记录的教职员工进行处置,切实营造安全健康的校园环境。

(三)侵害未成年人犯罪案发原因及对策

1.案发原因

(1)未成年人自我保护能力弱易受害。未成年人自我保护能力较弱主要体现在以下三个方面:一是未成年人自我保护意识较弱,缺乏对侵害行为和后果的认知,危险防范意识不够,部分受害人对性侵行为没有任何认知,更无法判定异性行为的危险性。二是未成年人的肢体对抗能力较弱,身体条件存在劣势,在故意杀人、故意伤害等暴力型犯罪中,由于案发突然及犯罪人持有作案工具,受害人易受到严重伤害。三是未成年人明辨是非能力较弱,易受暴力血腥、色情低俗的不良信息误导。在部分性侵案件中,个别受害人将自己的裸照等向外发送,后被不法分子威胁发生性关系。在部分暴力案件中,未成年犯罪人被社会不良团伙拉拢,后被教唆、利用实施犯罪行为。

(2)犯罪人趁未成年人懵懂之机易得手。未成年人对犯罪认知具有局限性甚至是一无所知,防范意识和防范能力较弱,而侵害未成年人的犯罪人正是利用受害人"无知"这一特点频繁作案。犯罪后,许多未成年受害人并没有认识到自己遭到侵害,不会告知父母、老师等,故此类案件发案难,犯罪人易暂时躲过法律制裁。同时,部分未成年受害人在案发后被威胁,处于恐惧中而不敢告发,距案发间隔越久,关键证据越易被销毁,导致案件调查难。

(3)家庭监护不周全易塞责。在调研的案件中,部分未成年受害人的父母或因离异、丧偶,或因外出打工忙于生计而尽不到监护职责;部分未成年受害人家长的文化程度较低,安全观念淡薄,对子女缺乏关心、照顾和教育、引导;还有些家庭经济条件困难,子女长期处于嘈杂脏乱、人员混居、治安较差的环境中,或有的子女被迫提前进入社会打工,接触形形色色的人。上述情况极易导致孩子受到外界负面因素诱导,被不法分子利用,做出违法乱纪行为,或导致孩子因为严重缺乏安全感,易被不法犯罪分子侵害。

(4)学校教育不到位易疏忽。受传统思想观念的影响,无论是在家庭中还是在学校里都会"谈性色变"。例如,有的学校在生物课上刻意跳过有关人体生殖系统章节的授课,有的学校在观看影片时刻意让学生回避亲密画面;性教育的缺失无法使未成年人对相关危险有清醒的认知,更无法在遭遇性侵行为时进行自我保护。除了性教育,部分学校在处理校园打架斗殴等肢体冲突时也会存在疏忽,特别是对学生在校园以外发生的暴力事件处理不积极、解决不及时,这一方面是在纵容学生使用暴力解决问题,另一方面也是在推开受害学生求助的双手。

(5)社会管理不严格易松懈。依据调研结果,侵害未成年人犯罪案件发生的地点具有广泛性,除校园、街头等高频地外,当前更多发生于网吧、宾馆等地。这些场所具有隐蔽性、营利性等特点。相关负责人在思想上存在侥幸心理、功利心理，疏于身份审核和事中管理，导致监管难、发案难、追责难，一些本可以被遏制的犯罪却肆意发生。另外，在部分侵害未成年人犯罪案件中，案发地点分散，导致责任主体较多，职责划分不清，存在相互推诿的现象，不利于对未成年人的保护。

2.对策

习近平总书记指出："少年强则国强。当代中国少年儿童既是实现第一个百年奋斗目标的经历者、见证者，更是实现第二个百年奋斗目标、建设社会主义现代化强国的生力军。"①少年儿童的健康成长关系国家的前途、民族的未来，我们共同期盼他们健康成长，也共同承担关爱保护的职责。新修订的《未成年人保护法》在原有"四大保护"的基础上新增"政府保护""网络保护"，"六大保护"只有聚指为拳，同向发力，才能真正为未成年人的成长护航。做到上述要求，要注意以下几点。

一是精准施教，发挥家校优势教育、引导未成年人崇德尚法。民政部门、妇联要充分发挥职能作用，引导家长以身作则，给予子女正向引导，避免其受外部不良信息、不良人群误导、诱惑；重视子女的精神需要，及时关注、跟踪子女的思想动态；加强子女体育锻炼，教授防范危险的基本技能。要做好宣传工作，鼓励营造和睦、温暖的家庭氛围，使未成年人的身心得以健康成长，树立健全人格。教育部门要加强对学校的监督管理，排查德育工作落实情况，全面推进素质教育；安排学校定期举办青春期教育、自卫教育等专题讲座，就心理和行动两方面一体化提升学生预防侵害的能力；督促完善家校联系长效机制，织造家校双层保护网；与检察机关加强协作，开展好法治教育，讲授好法治课程，使学生树立牢固的法治观念。

二是联防联控，凝聚社会合力预防、打击侵害未成年人犯罪。检察机关将推进"法治进校园"活动常态化，探索建立法治教育课程体系，有效利用六一儿童节、寒暑假等时间节点，"两微一端"、法治教育基地等平台做好普法宣传，切实提高未成年人的法律意识和自我保护能力。加强与公安、法院、司法行政部门的相互配合，建设好未成年人保护工作协调机制。加强与教育行政部门的协作，把对未成年人的保护、教育、管束落到实处。加强与民政部门、共青团、卫健委、妇联等单位交流协作，在发现侵害未成年人的犯罪线索、预防和打击侵害未

① 《习近平寄语广大少年儿童强调　刻苦学习知识坚定理想信念磨练坚强意志锻炼强健体魄　为实现中华民族伟大复兴的中国梦时刻准备着 向全国各族少年儿童致以节日的祝贺》，2020 年 5 月 31 日，http://www.gov.cn/xinwen/2020-05/31/content_5516309.htm。

成年人犯罪等方面形成社会合力,推动构建未成年人保护工作的大格局。

三是共建共治,深入落实“强制报告”“入职查询”两项制度,织密未成年人保护网。“强制报告”和“入职查询”两项制度是构建未成年人综合保护体系的重要内容,为未成年人保护助力增援。各单位、各部门要切实将“两项制度”相关要求落到实处。要严格落实强制报告制度,及时发现报告未成年人遭受侵害的线索。司法机关要加强打击犯罪的力度、指控犯罪的精度、预防犯罪的强度,有效惩治违法犯罪,积极开展心理干预、司法救助工作,将未成年人伤害降到最低。要全面落实入职查询制度,加强源头预防,做好违法犯罪信息共享,避免错查、漏查等问题,给犯罪分子更大的震慑力,给未成年人更严密的保护。

四、济南市未成年人检察工作展望

未成年人检察工作是一项朝阳工程,全市未检人员在稳步推进常规检察工作的同时,更应关注社会的热点、痛点、难点问题,要答好新时代的未检考卷,回应人民群众的新期盼,就要主动创新,谋求突破,多思多变,凝聚社会力量,全方位保护未成年人健康成长。

一是持续抓好“一号检察建议”和两项制度监督落实工作。要以全国学校安全专项督查活动为契机,加大对农村留守儿童较多、城乡接合部等地中小学校、幼儿园及发生过性侵案件学校和校外培训机构的监督力度,建立完善预防性侵害、校园欺凌工作机制。要加强对强制报告重点案件的个案指导,推行侵害未成年人案件“是否报告”每案必查制度,建立落实情况倒查机制,督促相关部门加强责任追究。以案带面,找到强制报告的漏洞死角,对旅馆、宾馆加大普法宣传和强制报告培训,对日租房公寓、点播影院进行强制核查登记,联动其他职能部门出台行业规定,不断推动行业治理。要深化完善入职查询工作机制,对接市教育局、市公安局,对入职查询及教职员工违法犯罪信息查询的范围、流程、相关违法犯罪情形以及发现有违法犯罪记录的处理方式等内容建章立制,推动入职查询工作制度化、规范化、常态化,适时联合公安机关、教育部门对学校、教育培训机构落实入职查询制度情况进行抽查。

二是优化升级未检业务统一集中办理工作。要全面开展未成年人刑事执行检察。涉罪未成年人羁押必要性审查做到审查起诉阶段每案必查。加强与省未管所的沟通交流,及时了解在押人员情况、监狱管理情况,有效监督每批次减刑案件。要纵深拓展涉未民事、行政、公益诉讼检察。济南市人民检察院带头办理涉及未成年人重大利益民事、行政案件的审判监督和执行活动监督案件。依法开展支持起诉工作，持续做优变更监护权、追索抚养费支持起诉案件，探索支持遭受性侵害的未成年人依法行使包括精神损害赔偿在内的损害赔偿请求权。重点围绕校园周边安全、食品药品安全以及未成年人网络安全等人民群众关心关切、社会反映强烈的涉及众多未成年人利益保护的难点和痛点问题，多元办理公益诉讼案件，做好检察建议后续跟进、监督工作。

三是深入开展青少年法治宣传教育。要不断做实法治副校长工作，由单一授课向参与制定学校法治宣传教育规划、提供相关法律咨询服务、协助学校健全完善校内规章制度、开展校内矛盾纠纷排查调处工作等全方位拓展。要不断深化开展法治进校园活动。重点针对留守儿童、困境儿童，持续开展“法治进校园走进偏远农村”系列巡讲活动。围绕提升职业院校学生法治素养，举行“送法进职业院校”活动。指导各地结合办案中发现的问题，有针对性地开展法治进校园活动，积极排查校园安全隐患，有效挖掘案件线索。联合教育部门共同设计研发法治教育精品课程，将精品课程纳入全市中小学必修课程，促进学校建立健全法治教育课堂。要不断做好未检宣传工作。抓好六一儿童节、国家宪法日等时间节点，充分运用传统媒体和新媒体平台，通过检察开放日、新闻发布会、典型案事例评选等多种方式向全社会讲述济南未检好故事。

四是全心全力打造社会支持体系济南样板。要积极调度社会支持体系建设情况，密切与已经完成社会支持体系验收工作的烟台、东营等兄弟市的沟通联系，学习先进经验和做法，为济南市社会支持体系提供有力参考。要加强“检、团、社”的联合，构建全链条衔接配合机制，积极联合团委，结合济南本地实际，引进培养一支专业成熟稳定的司法社工队伍，借助专业力量创新推出关爱未成年人的系列工程，做好防治青少年违法犯罪和未成年人权益保障等工作。积极将青少年事务社工引入司法案件，满足保护、教育、帮扶涉罪未成年人的社工专业服务需求。要聚焦家庭教育、观护帮教两个方面，利用“青少年维权岗”持续打造特色服务品牌，开展进校园、进社区、进家庭的“三进”行动，实现法治教育的地毯式覆盖。要探索建立青少年群体服务管理体系，严格落实重点困境儿童保障政策。重点帮助困难未成年人，因遭受犯罪侵害、父母服刑等监护缺失陷入困境的未成年人解决实际困难。

五是尽职尽责开展家庭教育指导。要积极组织制定济南市开展涉案未成年人家庭教育指导的实施细则，明确职责分工，分层分类开展家庭教育指导。要主动关心关注失管未成年人的家庭教育指导，对发现的未成年人父母或者其他监护人存在监护教育不当或失管失教问题，提供必要的家庭教育指导和帮助。要积极开展预防性家庭教育指导,重点针对女性未成年人防护性侵害、预防校园欺凌和暴力犯罪、未成年人常见犯罪预防等开展家庭教育宣传。要加强对特殊家庭的监测和研究,通过家庭教育进社区、进家庭等活动,对单亲家庭、重组家庭、经济困难家庭、留守儿童家庭、流动人口家庭等开展家庭教育指导,增强家庭教育指导的针对性、实效性。要与妇联、关工委加强沟通,建立沟通协作机制,协调社会专业力量参与未成年人社会调查和监护状况评估,确保涉案未成年人家庭教育评估覆盖率达到100%,提出家庭教育指导参考意见,制定家庭教育方案,切实做到应指导尽指导。

涉案企业合规改革的现状与前瞻

——以烟台检察实践为例

烟台市人民检察院课题组*

近年来，随着全球贸易关系愈加复杂，全球产业链经历着深度调整与重构。2017年“中兴事件”引发的企业合规问题引起了中国企业的极大关注。在国内层面，政府通过建立合规监管制度，引导和督促企业更加主动地进行合规经营；在国际层面，联合国、经济合作与发展组织、世界银行等相继对合规管理的一些核心问题达成共识。有效的合规管理已逐渐成为企业可持续发展的基础，也是助推国家治理体系和治理能力现代化的必然要求。

近些年，我国连续出台了多部企业合规管理方面的规范性、指导性文件，但客观而言，相当数量的企业仍未能对合规经营达成共识，亟须从立法和司法层面进一步促进和激励企业进行合规管理。

由检察机关主导推进的涉案企业合规改革试点工作始于2020年上半年，历经两期试点：第一期试点主要在上海浦东、金山，江苏张家港，山东郯城，广东深圳南山、宝安6家基层检察院进行；第二期试点包括辽宁、上海、江苏、浙江、福建、山东、湖北、湖南、广东等十个省、直辖市。[①] 到了2021年4月，涉案企业合规改革已在更大范围内推开。

* 课题组成员：于泳，烟台市人民检察院副检察长；刘备，烟台市人民检察院第八检察部主任；缪淑妮，烟台市人民检察院法律政策研究室主任。

① 参见《最高检下发相关工作方案　企业合规改革试点扩大至十个省份》，《法治日报》2021年4月9日。

一、涉案企业合规改革的实践探索

(一)涉案企业合规改革的基本状况

2016年,国务院国资委发布《关于在部分中央企业开展合规管理体系建设试点工作的通知》。2017年5月,中央审议通过《关于规范企业海外经营行为的若干意见》,同年12月,国家标准化委员会发布《合规管理体系指南》。一系列合规文件的出台,为跨国企业、国内企业建立合规体系、部署合规制度提供了标准和依据。2018年11月2日,国务院国资委发布了《中央企业合规管理指引(试行)》,要求中央企业加快建立健全合规管理体系。2018年11月26日,国家发改委、外交部、商务部等七部门联合颁布了《企业境外经营合规管理指引》,对央企合规提出了更具体、更高层面的要求。企业合规在我国的发展初期主要依靠行政权力推动,特别是有针对性地在央企、国企中率先铺开,由此也使得我国合规制度的特点日益明显,即国企的合规管理体系发展进度快于民营企业。在刑事诉讼领域,现有的诉讼程序制度为开展企业合规工作提供了立法方面的依据。

1.开展涉案企业合规改革与落实认罪认罚从宽制度

2018年修改的《刑事诉讼法》增设了认罪认罚从宽制度。最高人民法院、最高人民检察院、公安部、国家安全部、司法部《关于适用认罪认罚从宽制度的指导意见》对适用认罪认罚从宽制度的具体问题作了规定。这是一种在犯罪嫌疑人、被告人自愿认罪认罚情况下给予其从轻、减轻甚至免除处罚的制度设计,基本特征是"程序从简"和"实体从宽"。认罪认罚从宽制度本质上是通过刑罚的减让使犯罪嫌疑人、被告人自发反省与纠正不法,修复与被害人之间的创伤与嫌隙,从源头上化解矛盾纠纷,实现定分止争、案结事了人和。刑事诉讼法在认罪认罚从宽制度的具体规定中,并没有将企业或者单位犯罪主体排除在适用范围之外。刑事诉讼法仅规定,对于自愿如实供述自己罪行的犯罪嫌疑人、被告人可以依法从宽处理,并未强调犯罪嫌疑人和被告人必须是自然人,因此,根据平等适用原则,认罪认罚从宽制度应当适用于自然人犯罪与单位犯罪。

检察机关在履行审查起诉职能过程中,对符合合规条件、完成合规整改、达到合规效果的企业,通过认罪认罚从宽制度予以从宽处理,在惩罚犯罪的同时达到对企业进行合理保护、促进企业可持续发展的目的。换言之,在办理涉案企业合规案件时,检察机关可以根据犯罪嫌疑人的具体情况,依法适用认罪认罚从宽制度,通过依法履职、能动作为,协调处理打击企业犯罪与护航企业发展的关系，为促进经济社会高质量发展奠定基础。

2.开展涉案企业合规改革与依法适用不起诉

实现公正司法最基本的要求之一就是确保无罪的人不受刑事追究。检察机关行使不起诉权恰恰是实现这一要求的重要制度保障。《刑事诉讼法》规定的不起诉类型主要包括以下几种：法定不起诉（第一百七十七条第一款）、酌定不起诉（第一百七十七条第二款）、证据不足不起诉（第一百七十五条第四款）、特殊情形的不起诉（第一百八十二条第一款）以及针对未成年犯罪嫌疑人适用的附条件不起诉（第二百八十二条）。

检察机关开展涉案企业合规制度改革，意在创设一种以更好地预防企业犯罪为目的、更好地兼顾打击犯罪与护航发展的有效制度，通过依法办理涉企刑事案件，特别是有效打击洗钱、非法集资、不正当竞争、逃税、内幕交易、破坏环境以及侵犯商业秘密等兼具经济影响与社会影响的企业犯罪行为，更好地落实依法不捕、不诉、不提出判实刑量刑建议等司法政策，给涉案企业以深刻警醒和教育，防范今后可能再发生违法犯罪；通过不起诉这种宽缓方式推动涉案企业开展合规整改，激发企业开展合规建设的积极性和主动性，在更大范围内促进市场主体健康发展，营造良好的法治化营商环境，推动形成新发展格局，促进经济社会高质量发展。

在我国开展涉案企业合规改革，由检察机关参与并主导，不仅契合国际司法的趋势，也符合我国的本土化司法实践。在办理企业合规案件时，检察机关应当准确把握不起诉制度的要义，提高司法办案质效。在审查逮捕、审查起诉环节，通过依法履职对涉案企业依法不捕、不诉或提出宽缓量刑建议，以刑事政策的外部激励促进企业在生产经营制度优化、人员管理等各方面提高综合管理水平，实现企业间、内部员工和高层管理人员之间的合规管理，进而促进企业良性、可持续发展，实现“三个效果”的有机统一。

3.检察机关开展涉案企业合规改革试点

2020 年 3 月，最高人民检察院启动对涉案违法犯罪不捕、不诉、不判处实刑的企业合规监管试点工作，在全国确定了上海市浦东新区人民检察院等 6 家基层院为试点单位。随后各地检察院纷纷在认罪认罚、相对不起诉、检察建议等现有制度机制下开展企业合规不起诉的探索。2020 年 4 月，深圳市龙华区人民检察院印发《关于对涉民营经济刑事案件实行法益修复考察期的意见（试行）》；2020 年 8 月，深圳市宝安区人民检察院与深圳市宝安区司法局共同签署《关于企业刑事合规协作暂行办法》；2020 年 12 月，辽宁省人民检察院等联合制定《关于建立涉罪企业合规考察制度的意见》。2021年6月,最高人民检察院发布《关于建立涉案企业合规第三方监督评估机制的指导意见(试行)》及典型案例,明确了企业合规的适用条件和范围、第三方机制的组成和职责以及启动、运行,对规范第二期企业合规试点工作具有重要意义。检察机关在合规领域的尝试和探索,促进了企业的合规发展,成为护航企业生存发展的重要举措。越来越多的法学专家呼吁,对合规不起诉制度进行本土化改造,构建中国特色的合规不起诉制度势在必行。

(二)开展涉案企业合规改革的烟台实践

2021年3月,烟台市检察机关被山东省人民检察院确定为涉案企业合规改革第二批试点单位。全市检察机关紧紧围绕贯彻落实最高人民检察院、省人民检察院关于试点工作的部署要求,深入结合烟台区位特点和检察工作实际,牢牢把握组织领导、制度创新、案件办理、调研服务四方重点,大胆探索,勇于创新,努力打造试点工作"烟台范本"。

第一,切实统一思想,把开展试点作为贯彻落实习近平法治思想、促进国家治理体系和治理能力现代化、保障市场主体健康发展的引领性和创新性工程,作为贯彻落实《中共中央关于加强新时代检察机关法律监督工作的意见》,完善检察机关法律监督体系、提升法律监督能力的重要抓手。一是自被确定为试点单位后,烟台市人民检察院率先召开动员部署会议,两级检察院全部成立以检察长任组长的领导小组,抽调骨干力量建立工作专班,建立指挥调度、信息报送、协调联动工作机制。烟台市人民检察院召开调度会、专班会21次,举办研讨会、专题培训班3期,编发《企业合规改革动态》32期,及时将最高人民检察院、省人民检察院部署要求传达到位。二是烟台市人民检察院先后两次向省人民检察院、市委、市人大等报告试点工作情况,烟台市委常委会专题研究试点工作情况。烟台市人民检察院协调市政府将合规试点工作纳入法治政府建设示范创建亮点工作和重点改革项目,积极争取有关单位协作配合、人员经费保障到位。三是深度发挥检察机关的体制优势,强化全市检察机关上下级院、各部门之间的协调配合,形成纵向指挥有力、横向协作紧密、运转高效有序的一体化试点工作推进机制,确保涉案企业合规改革试点工作扎实推进。烟台市人民检察院把试点工作开展情况纳入各区市院、各部门工作评价办法和执行力档案,实行"蓝黄红"三色管理,推动改革试点尽快试出水平、试出经验。

第二,把创新办案机制作为关键性工作,结合烟台市检察机关办理涉企案件的基本特点,两级检察院共制定开展合规试点工作办法、实施细则等文件35

个,制度规范不断健全。一是创新分层分类考察评估机制。结合烟台工作实际,建立健全烟台市涉案企业合规第三方监督评估机制,在涉案企业合规考察中,依据企业规模、类型、行业特点,构建大型企业全面合规、中小企业合规的分规模、分类别、分层次的合规考察评估机制。两级第三方机制管委会召开会议40余次,形成检察办案监督、行政执法管控、行业组织监管三环发力的工作格局,为推进试点工作铺路清障。二是健全完善第三方组织履职。研究制定第三方专业人员选人管理办法、第三方组织运行管理细则,规范第三方组织履职行为。2021年12月,组织涉案企业合规第三方专业人员专题培训,通过实地观摩烟台杰瑞石油服务集团股份有限公司(以下简称"杰瑞集团")合规建设情况、邀请杰瑞集团贸易合规部总监专题授课等形式,促进提升第三方专业人员履职能力水平。全市两级共建立专业人员名录库14个,选任法律、会计、审计、安全生产、生态环境等各类专业人员451名。三是优化巡回检查工作职能。烟台市涉案企业合规第三方机制管委会组建巡回检查小组,吸纳人大代表、政协委员、人民监督员以及退休法官、检察官10人,通过日常巡查和不定期抽查,督促第三方组织规范履职。同时,将涉企案件办理纳入烟台市检察机关自主研发的"掌中评"外部监督平台,案件当事人可以通过该平台查询办案进度、评价办案效果、反映意见建议,以主动、开放、包容的态度接受社会监督。

第三,坚持"三个效果"统一导向,把案件办理作为推进企业合规改革试点工作的重点任务。认真学习《山东省人民检察院企业合规管理案件统一审核把关工作办法(试行)》,建立"四个第一时间"工作机制和"双听证"制度,确保涉案企业合规案件优质高效办理。一是严把案件办理程序关。发挥烟台市人民检察院业务部门案件办理"指挥部"的作用,分片召开全市检察机关企业合规案件办理座谈会,制定《烟台市检察机关企业合规改革制度实施细则(试行)》和《涉案企业合规案件办理工作流程图》,细化案件办理具体工作流程,为全市检察机关依法规范有序办理涉企案件提供指引。二是严把案件办理实体关。坚持以案件质量为中心,不断强化全局意识和整体观念,对全市检察机关办理的涉案企业合规案件全面实行台账管理和备案制度。对尚未进入检察环节的案件,深入公安机关、海关等摸排尚未移送的涉企案件线索,做好前期对接,提前掌握案件基本情况。对已受理的涉企案件开展逐案审查,对案件是否适宜启动试点、是否依法规范办理进行全面审核,符合条件的第一时间报省人民检察院审批,有效形成上下两级院相互支持、密切配合、协同作战的案件办理工作格局,为依法规范办理涉案企业合规案件奠定了基础。三是严把案件办理效果关。把办理涉案企业合规案件与贯彻认罪认罚从宽制度和公开听证结合起来，通过办理涉案企业合规案件助力企业发展、优化营商环境、促进社会治理。两级院共办理涉企合规案件53个，牟平区人民检察院在办理“青岛市Y公司等单位、张某某等人假冒注册商标、非法制造、销售非法制造的注册商标标识案”中，创新建立“实地考核+线上监督”新模式，考察期结束后，涉案3家公司分别建立完善了涉知识产权合同专人审核、印刷品风险辨别分级管控等制度措施，实现合规整改效果最大化。

第四，坚持理论实践齐步走，办案服务两手抓，推动合规工作理论创新和实践创新融合发展。一是同步开展理论研究。与鲁东大学共同成立课题组，就理论和实践热点难点问题共同攻关；联合山东大学、烟台大学、山东省知识产权研究院和万华集团召开座谈会、举行主旨演讲，为合规工作提供理论支撑。承担的“企业合规管理工作基础理论研究”作为重点课题通过山东省人民检察院2021年度专题调研和理论研究课题立项；撰写的《企业合规改革视野下第三方监督评估机制的正当性推演及完善建议》入选第十七届国家高级检察官论坛论文集。二是优化升级法律服务。以推进改革试点为契机，优化升级涉企法律服务，坚持合法权益保护、涉法咨询服务、法律政策适用同步推进。编印《企业合规建设一本通》，成立首个民营企业检察服务站，找准检察履职与企业需求的契合点。针对全市拥有1700多家国家科技型中小企业的实际情况，设立知识产权检察服务中心，协助企业排除知识产权法律风险32项，为5家企业获评科技型企业资格提供法律支持，不断提供优质检察产品。

(三)烟台市开展涉案企业合规改革的首起案例

2021年3月，烟台市牟平区人民检察院办理了烟台市首例涉案企业合规案件。具体情况如下：张某某为青岛Y医疗器械国际贸易有限公司(以下简称“Y公司”)法定代表人，于某某为该公司出纳，孟某某为青岛L包装有限公司(以下简称“L公司”)法定代表人，姚某某为青岛B印刷科技有限公司(以下简称“B印刷公司”)法定代表人。Y公司与法国某公司签订出口一次性PVC手套2000万只的订单，2020年6月1日，Y公司通过深圳Q股份有限公司(以下简称“Q公司”)采购124万只的PVC手套销往法国，但Q公司无法完成Y公司的部分采购数量。2020年8月，Y公司法定代表人张某某联系陈某某(另案处理)，与其签订采购750万只一次性PVC手套(经鉴定不合格)的合同。为包装该手套，在未取得Q公司授权委托的情况下，张某某指使出纳于某某联系L公司法定代表人孟某某私自印制带有Q公司注册商标的一次性PVC手套包装盒

54000个、货值为31860元，孟某某将该批包装盒以25920元的价格委托给B印刷公司经理姚某某印制。孟某某、姚某某明知未取得Q公司授权委托的情况下私自印制带有注册商标标识的包装盒54000个，于某某安排货车将其中30000个包装盒从青岛运送到牟平陈某某处，后被查获，另外24000个在姚某某处查获。2020年9月24日，烟台市公安局牟平分局对“张某某、于某某、孟某某、姚某某非法制造、销售非法制造的注册商标标识案”立案侦查。2021年3月4日，烟台市公安局牟平分局以张某某、于某某、孟某某、姚某某涉嫌非法制造、销售非法制造的注册商标标识罪向烟台市牟平区人民检察院移送审查起诉。

检察机关受理后，主要做了以下三个方面的工作：

首先，依法全面认定案件事实。检察机关经审查认为，犯罪嫌疑人张某某、于某某未经注册商标所有人许可，在同一种商品上使用与其注册商标相同的商标，情节严重，均构成假冒注册商标罪，犯罪嫌疑人孟某某、姚某某伪造他人注册商标标识并销售，情节严重，均构成非法制造、销售非法制造的注册商标标识罪，但非法制造的注册商标标识数量较少，尚未流入市场，未造成实质性危害，其中犯罪嫌疑人张某某、孟某某均系坦白，犯罪嫌疑人于某某、姚某某均系自首，且均自愿认罪认罚，量刑建议为有期徒刑十一个月。同时经调查，该4名犯罪嫌疑人系三家公司的负责人或者单位骨干，张某某除了经营Y公司外还有另外两家公司，张某本人为国家摩托艇在册运动员，近年来承办了青岛市等地大量的公益性体育赛事活动，先后多次在中国摩托艇联赛中获得优异成绩，多次被评为青岛市体育社会组织先进个人，社会贡献较大；孟某某同时还经营另外一家公司，从事产品包装设计工作；姚某某也经营另外一家公司，B印刷公司上半年的营业额为450余万元。三家公司虽为中小微企业，但是也涉及近百人就业，如公司主要经营管理人员被判处刑事处罚，将影响三家公司的发展及工人就业，不仅不利于受到疫情因素影响下的企业的长远发展，也不利于检察机关通过依法履职服务“六稳六保”。因此，2021年6月30日，检察机关向三家公司送达《企业合规权利义务告知书》，三家公司均提交了企业合规承诺以及生产经营情况、纳税贡献、承担社会责任等证明材料。

其次，严格规范适用第三方机制。一是广泛征求办理意见。检察机关在认真审查企业书面承诺及证明材料的基础上，综合实地调查的情况，经省人民检察院审批，对三家公司作出合规考察决定。同时，经征询侦查机关、涉案人员的意见，侦查机关同意检察机关提出的对涉案三家企业适用企业合规制度，涉案人员均同意并表示愿意配合第三方组织开展合规考察，被害企业不要求民事赔偿。二是精准制定考察方案。牟平区第三方监督评估机制管委会根据涉案企业的犯罪性质、特点,依照规定程序选任组成了由律师、税务师、市场监督管理人员3人组成的第三方组织,管委会从企业合规内涵、意义以及如何发挥第三方组织作用等方面对3人开展培训,明确3人工作职责,律师负责企业合法合规经营的全面审查监督,税务师承担企业依法纳税的审查,市场监督管理人员负责企业合规经营的监督,启动针对三家公司的监督考察。三是异地开展监督评估。因三家企业均在青岛,第三方组织采取"实地考核+线上监督"的模式,不定期与三家公司进行视频连线,两次实地考核,企业在法律知识培训时与律师连线,律师现场答疑解惑,企业在接新的订单时,市场监督管理人员监督审核相关资质、流程,对涉案企业的内部治理结构、规章制度、人员管理方面出现的问题进行现场督导,督导涉案企业制定可行的合规管理规范,构建有效的合规组织体系等,要求涉案企业定期书面报告合规计划的执行落实情况,让涉案企业真正筑起一道防止相同或类似犯罪的"防火墙"。Y公司建立了合同管理制度,开展了合规经营法律知识培训2次;L公司建立了注册商标台账制度,完善了订单流程,开展了涉及商标的业务培训2次;B印刷公司制定了《印刷品分级辨别防控制度》,成立了印刷品辨别防控小组,建立了商标印制业务登记表,开展了印刷品辨别防控培训、侵犯知识产权案例讲解等培训3次。第三方组织于2021年10月31日出具《第三方监督评估组织企业合规考察工作报告》,认定三家公司全部按时完成合规计划,通过合规考察。

最后,公开公正作出不起诉决定。第三方组织出具的报告认定涉案三企业合规整改均已完成,检察机关认为第三方组织出具的合规考察报告客观真实,三家企业均已按照合规计划整改到位,效果良好,可以根据本院《企业合规改革制度实施细则(试行)》作不起诉处理。2021年11月3日,检察机关召开听证会,邀请人民监督员、人大代表、政协委员各一名担任听证员,并邀请第三方组织人员代表参加听证,办案检察官主持听证会,主持人介绍案件情况、第三方组织监督考察的过程,并听取听证员、侦查人员、第三方组织的意见,经听证员评议,认为检察机关积极推动企业合规与依法适用不起诉相结合,通过第三方组织监督企业落实整改意见,推动企业合规建设,让涉案企业既为违法犯罪付出代价,又吸取教训而建立健全防范再犯的合规制度,维护正常经济秩序,创造更多的社会价值,具有良好的法律效果和社会效果,一致同意对涉案企业人员作不起诉处理。2021年11月22日,检察机关依法对4名犯罪嫌疑人作出不起诉决定。

二、涉案企业合规改革中存在的问题

(一)案件办理力度仍需加大

涉案企业合规改革实践中,案件办理类型不够丰富,适用第三方机制的案件数量逐渐增多,但有代表性、有影响力、有指导性的重大案件数量不多,特别是能够为立法建议提供支撑和有益参考的典型案例数量不足。以烟台为例,启动企业合规的案件共涉及 25 个罪名,包括走私普通货物罪,走私废物罪,骗取出口退税罪,伪造公司印章罪,假冒注册商标罪,非法经营罪,虚开增值税专用发票、用于骗取出口退税、抵扣税款发票罪,重大责任事故罪,伪造、变造、买卖国家机关公文、证件、印章罪,骗取贷款、票据承兑、金融票证罪,危险作业罪,非国家工作人员受贿罪,串通投标罪,职务侵占罪,非法制造、出售非法制造的发票罪,持有伪造的发票罪,盗窃罪,伪造、变造、买卖身份证件罪,隐匿、故意销毁会计凭证罪,非法收购、出售珍贵、濒危野生动物罪,非法生产、买卖武装部队制式服装罪,非法储存爆炸物罪,虚开发票罪,非法占用农用地罪,污染环境罪。其中,涉虚开发票类简单案件多,重大疑难复杂案件少,影响力不强,对于其他类型犯罪需要积极探索、深入挖掘,以高质量的办案效果推动试点工作深入开展。

(二)第三方机制管委会履职的积极性还需加强

第三方机制管委会是第三方机制的办事机构,在检察机关和第三方机制管委会的共同推动下,企业合规计划的启动才有可能性,没有第三方机制管委会的组织和监督,就没有第三方组织去推动落实合规计划。最高人民检察院下发的《关于建立涉案企业合规第三方监督评估机制的指导意见(试行)》[以下简称《指导意见(试行)》]规定,试点地方的第三方机制管委会的主要职责有建立本地区第三方机制专业人员名录库,并根据各方意见和工作实际进行动态管理;负责本地区第三方组织及其成员的日常选任、培训、考核工作;对选任组成的第三方组织及其成员开展日常监督和巡回检查等。目前看,第三方机制管委会在其他职能发挥方面做得比较到位,但对第三方组织及其成员开展日常监督和巡回检查方面动力不足、积极性不高,工作开展相对迟缓,一定程度上过度依赖第三方专业组织,巡回检查和“飞行监管”比例较低。目前从最高人民检察院和山东省检察院发布的典型案例来看,《山东沂南县 Y 公司、姚某某等人串通投标案——异地协作开展第三方监督评估,对第三方组织开展“飞行监管”,促进当地招投标领域行业治理》进行了“飞行监管”。尚未见到第三方机制管委会通过日常监督、巡回检查或“飞行监管”等方式发现第三方组织、成员在履职中存在严重问题的典型案例或提出重大监督意见、对企业合规进程有重要影响的典型案例。第三方机制管委会系有关职能部门组成的,相互之间没有领导或隶属关系,却普遍存在着职能局限性、时间局限性、专业局限性、经费局限性等问题,一定程度上可能影响共同履职的积极性。

(三)第三方组织监督、评估、考核机制需要完善

第三方组织的监督、评估、考核是对涉案企业合规计划是否完成、合规建设是否有效的评价,直接影响涉案企业或其实际控制人、经营管理人员、关键技术人员等能否得到检察机关的宽缓处理,直接关系企业合规计划是否能够有效落实,直接关系企业合规改革的“后半篇文章”能否作好。因此,第三方组织的监督、评估、考核工作是涉案企业合规改革的重要环节。第三方组织的监督、考核、评估工作的内容、体系、方法还在持续探索中,国家层面的办法以原则性、指导性规定或指引为主。比如,关于监督、评估、考核方式方法,《指导意见(试行)》第十二条规定:“第三方组织应当对涉案企业合规计划的可行性、有效性与全面性进行审查,提出修改完善的意见建议……第三方组织可以定期或者不定期对涉案企业合规计划履行情况进行检查和评估,可以要求涉案企业定期书面报告合规计划的执行情况……”未具体规定应该采取什么样的检查方法;《〈关于建立涉案企业合规第三方监督评估机制的指导意见〉实施细则》(以下简称《实施细则》)第三十五条规定,应当紧密联系企业涉嫌犯罪有关情况,采取包括但不限于以下方法:观察、访谈、文本审阅、问卷调查、知识测试、对企业业务与管理事项抽样检查、对企业业务处理流程进行穿透式检查、对企业相关系统及数据进行对比检查等。实践中,上述方法应用得还不够全面充分,特别是抽样检查、穿透式检查、对比检查等应用比例不够高,这主要是因为企业生产经营在本领域具有一定的专业性,而第三方组织成员在短时间内难以深入全面掌握企业具体业务处理踪迹、操作管理流程、交易数据等专业知识。又如,从第三方组织的人员组成来看,人员范围有限,尤其是县级的第三方人员组成主要限于会计师、审计师、律师、行政机关专业人员四大类,无论是专业的广度还是深度,与监管需求、合规建设都有一定差距。以烟台检察机关所办合规案件为例,在个案的监管组成方面,一般是律师牵头,再加两名行政机关专业人员,根据企业涉案情况进行个性化的建构力度不大。在工作履职方面,律师的积极性很高,行政机关人员多因兼职取酬或者在责任承担等方面有一定顾虑,对企业合规参与

积极性不够高。更为重要的是，第三方组织对涉案企业合规整改的监督、评估内容与方式方法需要进一步细化和丰富完善。

（四）检察机关主导作用需要进一步发挥

《指导意见（试行）》和《实施细则》中，检察机关的主导职责主要体现在四个方面：一是审查是否符合涉案企业合规试点以及第三方机制的适用条件；二是监督第三方组织成员选任；三是审查涉案企业合规计划、定期书面报告以及第三方组织合规考察书面报告；四是向涉案企业发出检察建议或向有关行政部门发出检察意见。据此可以说，一是在第三方组织介入后直至提交合规计划这段时间，检察机关的主导作用发挥较少，即使有也是形式大于实质；二是在第三方组织对涉案企业进行监督、考察评估的阶段，检察机关参与率不高、监督作用发挥还不够；三是在合规考察结束后，检察机关仅是对合规考察报告进行审查；四是在作出不起诉或宽缓处理后，检察机关未明确规定对企业进行跟踪回访，对企业合规整改的后续效应如何缺乏了解和掌握。

（五）行刑衔接机制需要健全

实践中，企业涉嫌实施的犯罪大都是由行政违法行为转化而来的“行政犯”或“法定犯”，相应地，涉罪企业通常都违反了相关的行政法规，所以合规建设既要预防再犯罪，也要预防行政违法，兼顾二者才能达到最佳效果。但是建立有针对性、实效性的合规管理体系需要较强的专业力量和专业知识，如果仅仅依靠检察机关，并且在较短的考察期内督促涉案企业堵塞管理漏洞，消除风险隐患，完善公司治理缺陷，从而有效地实现预防违法犯罪的效果，并不现实。一方面是因为专业知识、人员力量、办案时限等的限制，另一方面是因为检察机关办案后要作出客观公正处理决定，所以对企业合规整改工作不宜直接参与过多。试点中，建立第三方监督评估机制管理委员会，将市场监管、环境资源保护、税收管理、国有资产管理、工商联等行政部门纳入其中，可较好地解决上述问题，拓展“刑事合规”内容和效果，积极预防行政违法。但是，检察机关在涉案企业合规考察结束后作出不起诉决定的，行政机关能否继续进行行政处罚？行政机关可否将合规考察报告和合规建设情况作为行政处罚的依据或参考？如何确保企业在合规考察结束后进行持续整改和合规建设？从烟台检察机关办案情况和各地公开发布的案例情况看，发出检察意见、检察建议工作取得了一定的成效，但是联合回访、持续跟踪工作开展较少，尚处于探索阶段。

三、涉案企业合规改革的立法完善

作为涉案企业合规改革的一项核心制度安排,第三方监督评估机制承担着重要的制度与实践意义。法律界和企业界对第三方监督评估机制基本是持肯定态度的,不过,要想完全实现该制度的设计初衷,仍然面临许多问题,需要试点地区深入探索更符合我国当前立法框架的实现路径。对此,建议从立法层面进行完善,以建立起适应中国特色社会主义市场经济体制的第三方监督评估机制。

(一)宏观层面

应当在刑事立法层面将第三方监督评估机制与不起诉制度结合起来,提供明确法律依据。同时,这也是检察机关开展企业合规改革试点的主要目标之一。①

从试点情况看,检察机关对于涉案企业的最后处理,基本是以刑事不起诉为法律依据和案件出口的。② 根据国外的司法实践,检察官主要是通过不起诉协议(NPA)和暂缓起诉协议(DPA),换取公司结构性改革以证明其合规。③ 根据《刑事诉讼法》的规定,我国目前主要有五种刑事不起诉制度(即绝对不起诉、相对不起诉、附条件不起诉、存疑不起诉、特殊不起诉),但对照企业合规制度框架,检察机关可用的一般只有附条件不起诉和相对不起诉,而附条件不起诉制度主要适用于未成年人犯罪,相对不起诉制度主要适用于轻微刑事案件。相应地,第三方监督评估机制也应当有两类实现途径:一是适用附条件不起诉制度,即对有合规意愿的涉案企业,检察机关要求其提出合规承诺、合规方案以及合规限期,并根据第三方监督评估机制的考察评估报告,决定是否对涉诉企业提起公诉;二是适用相对不起诉制度,即检察机关在作出不起诉决定的同时,以制发检察建议或提出检察意见的方式,对涉案企业合规建设、合规整改监督评估等提出要求,并要求其提交合规整改考察报告。

从试点情况看,检察机关开展企业合规改革工作,更多的是援引相对不起

① 2021年3月,最高人民检察院印发的《关于开展企业合规改革试点工作方案》就提出:“在总结试点经验基础上,向中央改革办、中央政法委和全国人大常委会专题报告,提出建立涉企业犯罪附条件不起诉制度的立法建议,推动相关立法修改。”

② 参见史济峰:《不起诉决定助力企业焕发生机》,《检察日报》2020年6月12日。

③ Brandon L. Garrett,“Globalized Corporate Prosecutions”,*Virginia Law Review*,2011(8),pp.1775-1875.

诉制度的相关规定作为办案依据，因为附条件不起诉制度目前依法只能适用于未成年人犯罪。但是，从附条件不起诉制度的运行机理来看，对于涉案企业的处理更宜适用附条件不起诉制度。因为，附条件不起诉制度有两个基本特征：一是犯罪嫌疑人认罪悔罪，二是犯罪嫌疑人作出承诺并遵守特殊性规定。而这与企业合规工作中的合规计划是高度一致的，与认罪认罚从宽机制也是相通的。因此，建议进一步拓展附条件不起诉制度的适用范围，在《刑事诉讼法》中增设单位犯罪的附条件不起诉制度，打造具有中国特色的“DPA”制度。

（二）微观层面

《指导意见（试行）》第六条至第二十条对于国家层面的第三方监督评估机制进行了规定，但大部分内容仍然是原则性规定，建议从立法方面作进一步细化。

1.建议建立合规计划（合规整改方案）执行情况的监督评估考察验收标准

一个有效的合规计划一般包含合规宪章、合规的组织体系、合规政策、合规的程序四项基本要素。[①] 但是，说到底，企业的合规计划（合规整改方案）只是一种“纸面承诺”，必须落实到具体的合规建设中去，也必须经过合规建设后的监督、评估、考察和验收。不过，目前我国企业实务和法律体系中尚缺乏这类监督、评估、考察、验收的标准，那么，企业整改到什么程度才算是一种合格的合规建设？2019 年美国司法部《公司合规程序评估》规定了检察官对涉案企业合规建设的“公司的合规程序是否设计合理”；“该程序是否得到诚实的充分地应用”；“公司的合规程序是否在实践中发挥作用”等三个评估要点。[②] 如果对照此评估要点，从试点情况看，大部分试点地区只关注了第一个要点，即企业是否重视合规整改、整改过程是否规范、是否制定了相关工作制度和具体规范、对相关员工是否进行了处理等，而对第二个和第三个要点的关注却比较少，对涉案企业合规整改的实质成效或者说合规体系的重建与否落实得不够到位，这在很大程度上导致了“纸面合规”。因此，在《指导意见（试行）》的框架下，第三方监督评估机制管委会应当尽快建立合规计划（合规整改方案）的监督评估考察验收标准。

2.建议设置相对统一但个案有别的合规考察期

从试点情况看，涉企案件进入检察环节后，受刑事强制措施期限所限，企业

① 参见陈瑞华：《企业合规的基本问题》，《中国法律评论》2020 年第 1 期。

② 转引自陈瑞华：《企业合规基本理论》，法律出版社 2020 年版，第 101 页。

合规考察期通常不超过一年。[①] 相较于国外的司法实践,这个期限过于短暂且相对固定,无法适应不同涉案企业的具体情况,较难实现预期整改效果。如前所述,触及肌体的“硬件整改”易,而深入灵魂的“软件整改”难!后者需要投入更多的、充足的、持续的时间成本。因此,建议以设置相对统一固定的考察期为原则考察期,比如,可以 12 个月为原则考察期。再根据涉案企业规模、犯罪类别、案情复杂程度,由检察机关会同第三方监督评估机构确定涉案企业的具体考察期,大中型企业可适当延长,小微型企业可适当缩减。当然,这也将涉及相关刑事法律法规的修改和优化。

3.建议合理解决第三方监督评估机构的业务费用问题

监督评估考察业务费用好像是一个上不了大台面的小问题,但却有可能决定第三方监督评估机制的结果。从试点情况看,监督评估考察业务费用绝大部分都是由涉案企业自行承担。[②] 诚然,从国外实践来看,这项费用也是由涉案企业承担,但是最后得到暂缓起诉处理的大多为大中型企业。而我国的涉案企业多为中小型甚至是小微型企业,自身实力本来就较弱,如果再由其支付合规监督评估考察费用,则更是雪上加霜。该问题的焦点在于业务费用的来源。[③] 其实,业务费用无非由四类主体承担:一是涉案企业承担;二是政府财政承担(即使个别试点地区是由检察机关承担,最后也是由政府财政买单);三是第三方监督评估机制管委会的日常管理部门(也就是工商联)承担;四是行业协会、商会、机构承担。这四类主体中,如果由政府财政部门承担的话,容易引发合理性质疑,我国政府财政部门代表全体人民行使国家财政经费的使用、管理等职能,财政部门是否有权将“纳税人的钱”用在挽救某个企业上,这值得考量。如果由工商联承担的话,看起来比较合理,但是,如果涉案企业不是工商联的会员,应当如何解决?如果由行业协会、商会、机构承担的话,与工商联一样存在相同的困

① 从目前公开的资料来看,江苏省苏州市的考察期是 1～3 个月;辽宁省的考察期是 3～5 个月;上海市人民检察院第一分院辖区、上海市金山区、江苏省南京市建邺区的考察期都是 6 个月;浙江省宁波市的考察期是 6～12 个月;广东省深圳市南山区的考察期是 12 个月,并可延长或缩短;浙江省舟山市岱山县的考察期限是 6 个月至 2 年。

② 根据目前公开的资料,只有三个试点地区是例外:一是深圳市南山区,由检察机关承担该费用;二是江苏省张家港市,由政府财政承担该费用;三是浙江省岱山县,包括两种方式——一种是检察院利用政府采购服务的方式进行列支,另一种是由涉案企业缴纳一定比例费用给第三方(如工商联),在检察官申请后由第三方向合规监督员分期支付一定比例的费用。

③ 也有学家和学者提到了费用支付的具体方式,但笔者认为,这属于次要问题,还是应当首先解决费用的来源问题。参见谈倩、李轲:《我国企业合规第三方监管实证探析——以检察机关企业合规改革试点工作为切入点》,《中国检察官》2021 年第 11 期。

境。对此，建议从源头上解决这个问题，可以参照社会保险机制的运行模式，企业成立之初即向本地第三方监督评估机制管委会的日常管理部门缴纳一定数额的“企业合规建设基金费”，根据企业规模、按照一定比例确定不同企业的应缴数额，在此基础上，由第三方监督评估机制管委会的日常管理部门成立本地区的“企业合规建设基金”，辖区企业每年缴纳“企业合规基金保险”，若因企业涉嫌刑事犯罪而启动合规建设，则以此作为监督评估费用。当然，从减轻企业负担、保障经济高质量发展的角度，无论是首期缴纳的基金费，还是每年缴纳的基金保险，都要视当地经济发展水平、企业规模、犯罪类别而定。

4.建议制定《指导意见(试行)》其他相关配套制度机制

建议最高人民检察院会同相关部门抓紧制定出台《指导意见(试行)》其他相关配套制度机制。例如，第三方监督评估机制工作办法、第三方监督评估机制管理委员会工作办法、第三方监督评估组织专业人员名录库的入库条件以及日常监督、巡回检查等工作制度等。显然，上述内容每一部分都是一篇“大文章”，还需要进一步深入研究。[①]

---

① 2021年7月9日，湖南省人民检察院组织召开涉案企业合规第三方监督评估机制管理委员会成立大会。会上，湖南省九个相关单位负责人共同签署了6个具体工作规则，这是省级层面对于涉案企业合规第三方监督评估机制的首个探索。2021年9月3日，第三届民营经济法治峰会在北京举行。峰会成立了国家层面的涉案企业合规第三方监督评估机制管理委员会，并研究讨论了第三方机制专业人员选任管理办法、第三方机制指导意见实施细则等文件，标志着中央层面涉案企业合规第三方监督评估机制体系正在形成，也标志着中国企业合规管理制度又迈出了实质性的一步。2021年12月2日、2021年12月27日、2022年1月13日，上海市、山东省、浙江省等试点地区先后成立了省级涉案企业合规第三方监督评估机制管理委员会，目前试点地区(省、市、县)均已成立了涉案企业合规第三方监督评估机制管理委员会。同时，一些非试点地区也成立了涉案企业合规第三方监督评估机制管理委员会，这标志着中国特色社会主义企业合规管理制度正在逐步完善。

“捕诉一体”办案机制研究

淄博市人民检察院课题组*

2019年1月，最高人民检察院公布了内设机构改革方案，撤销侦监厅和公诉厅，成立刑事检察部门，“捕诉一体”办案模式应运而生，在全国范围内逐步实施。各地区检察机关根据实际情况，因地制宜积极实践探索，优化职权配置，取得明显成效，检察官侦查监督能力显著增强，逮捕质量明显提高，办案效率全面提升。本文通过分析“捕诉一体”实施以来刑事检察业务数据变化以及山东部分地市工作机制创新，结合“捕诉一体”的理论基础与实践效果，发现目前“捕诉一体”办案机制实施过程中存在的不足，进而具有针对性地提出优化建议。

一、“捕诉一体”的实施情况

（一）全国“捕诉一体”办案机制实施情况

2018年下半年，最高人民检察院开始推动“捕诉一体”办案机制改革，在部分基层检察院进行试点。2019年初，最高人民检察院进行内设机构改革，撤销了侦监厅和公诉厅，“捕诉一体”办案机制在全国范围内全面推开。2019年12月30日施行的《人民检察院刑事诉讼规则》明确检察机关为履行审查逮捕和审查起诉职责的办案部门，统一为负责捕诉的部门。

“捕诉一体”办案机制在全国范围内全面实施数年后，2021年全国检察机关全年不批捕38.5万人、不起诉34.8万人，比2018年分别上升28.3%和1.5倍；

---

* 课题组成员：张磊，淄博市人民检察院检委会委员、第一检察部主任；张硕要，淄博市人民检察院第一检察部三级员额检察官；张灿，淄博市人民检察院第一检察部检察官助理；王芳，淄博市人民检察院第一检察部检察官助理。

公安机关提出不同意见、提请复议复核下降 37.4%，被害人不服提出申诉下降 11.2%；诉前羁押率从 2018 年的 54.9%降至 42.7%；对应当立案而不立案的监督立案 2.5 万件、不应当立案而立案的监督撤案 2.9 万件，同比分别上升 13.6%和 22.1%。[①] 由此可见，“捕诉一体”办案机制在助推少捕慎诉慎押刑事司法政策和加强引导侦查、侦查监督等方面所起的巨大作用。

（二）山东各地“捕诉一体”办案机制实施情况

山东省检察机关在“捕诉一体”改革推进过程中，坚持因地制宜，从刑事检察业务基础好、刑事案件数量多的基层检察院中确定试点单位，结合本地刑事案件类型、数量等特点，选取一类、多类或全部案件作为试点案件，全省共选择 43 个检察院为试点单位。

1.淄博市“捕诉一体”办案机制实施情况

山东省淄博市检察机关于 2018 年 8 月 10 日全面启动“捕诉一体”改革试点，对批捕、起诉、补充侦查、出庭起诉、诉讼监督探索实施“五位一体”，在全省率先实现市县两级检察院全部刑事案件“捕诉一体”，在办案质效方面有了显著提升。

（1）监督立案、监督撤案情况

2017 年，全市监督立案 70 件、监督撤案 55 件；2019 年，全市监督立案 80 件、监督撤案 87 件，比 2017 年分别上升 14.3%和 58.2%。“捕诉一体”办案机制实施后，检察官的业务水平更加全面，监督立案、监督撤案工作明显增强。

（2）侦查活动监督情况

2017 年，全市依法追捕追诉 284 人，监督纠正侦查活动违法 92 件次；2019 年，全市依法追捕追诉 195 人，监督纠正侦查活动违法 84 件次。侦查活动监督数据略有下降，主要原因是“捕诉一体”办案机制改革初期，原公诉部门的检察官对侦查监督工作不够熟悉和重视。

（3）办案天数

2017 年，全市已审结案件在审查起诉阶段平均每个刑事案件用时约两个月；2019 年平均每件用时约一个半月。“捕诉一体”办案机制实施后，全市刑事案件平均办案天数明显减少，办案效率明显提高。

（4）退回补充侦查情况

2017 年全市案件一次退查率临近 30%，2019 年全市案件一次退查率降至

---

① 参见《最高人民检察院工作报告——2022 年 3 月 8 日在第十三届全国人民代表大会第五次会议上》，2022 年 3 月 15 日，https://www.spp.gov.cn/spp/gzbg/202203/t20220315_549267.shtml。

20%以下。“捕诉一体”办案机制实施后,检察官能够在审查逮捕阶段就对全案的证据按照起诉的标准进行审查,更好地引导侦查机关取证,办案质量明显提高,案件一次退查率大幅下降。

(5)延长审查起诉期限情况

2017年全市案件一次延长审查起诉期限率临近30%,2019年全市案件一次延长审查起诉期限率降至20%以下。“捕诉一体”办案机制实施后,全市案件一次延长审查起诉期限率大幅下降,办案效率明显提高,更好地保障了当事人的合法权益。

2.高唐县经验做法[①]

高唐县检察机关在认真落实“捕诉一体”机制的基础上,创新了“一个及时、七个提前”的工作方法,缩短了办案期限,办案效率提高了近一倍。此办案机制旨在加强与公安机关的联系沟通,强化配合、监督、效率,适应“捕诉一体”工作机制,降低“案-件比”,减少退回补查、延期审理等不必要的环节。

“一个及时、七个提前”[②]工作法的有效实施,强化了承办人的执行力,加强了法律监督,有效发挥“捕诉一体”的整体优势。通过积极推行认罪认罚从宽制度的落实,加强对检察官联席会议进行类案指导,强化释法说理,提高逮捕和起诉的质量与效率。通过强化检察建议、纠正违法通知书的刚性,督促公安机关提高侦查的效率;通过修改完善检察官考评机制,将批捕和起诉的质量作为重要因素,进而全面提升执法办案的政治效果、社会效果和法律效果。

---

① 参见刘勇、孙吉祥、杨兆峰:《“捕诉一体”机制下案件质量的提升——从降低“案-件比”的视角展开》,《中国检察官》2019年第24期。

② “一个及时”,即检察官受理案件后及办案中发现退补退查等影响“案-件比”情形的,及时向分管副检察长、检察长汇报。“七个提前”:一是提前介入。在公安机关立案侦查后提前两日向检察机关汇报案情,检察机关适时提前介入引导侦查。二是报捕提前通报。对于公安机关拟进行审查逮捕的案件,提前两日向检察机关通报案件侦查情况,由检察机关提前审查,并针对发现的问题及时向公安机关提出补充侦查建议。三是提前沟通。办案检察官拟作出逮捕或者不逮捕决定提前两日向分管副检察长、检察长汇报,对于有争议、疑难复杂的案件,及时与公安机关沟通,并联合公安机关准备做好释法说理工作,避免复议、复核、申诉等影响办案质效的情况发生。四是起诉案件提前通报。公安机关拟移送审查起诉的案件要提前七日向检察机关通报案件侦查终结情况,由原审查逮捕环节的案件承办人提前审查,提出意见。五是补查提前沟通。检察机关受理移诉案件后三日内进行实体和程序审查,如需要公安机关补查的,制作《建议公安机关补充侦查意见书》,通知公安机关补充侦查。六是公安机关收到《建议公安机关补充侦查意见书》应当在七日内完成补充侦查,制作补充侦查报告书。七是提前汇报。承办检察官在拟起诉,拟不起诉、拟延长审查起诉期限、拟向法院申请延时审理等情形的,须提前七日向分管副检察长、检察长汇报。通过以上措施降低“案-件比”,进而提高“捕诉一体”办案机制质效。

3.济南建立重大命案由市级院"捕诉一体"制度

"捕诉一体"办案机制改革实施以来，济南市检察机关为破解重大命案批捕与起诉分属两级院办理即"上捕下诉"难题，更好地发挥检察机关诉前主导的作用，创新建立重大命案由市级院"捕诉一体"制度，采取了多重举措，取得了显著成效，确保了案件的质量、效率和效果。

济南市检察机关主要从以下三个方面来推动重大命案的"捕诉一体"：第一，推动制度落实。针对济南市重大命案一般由区县一级公安机关侦查的情况，加强与公安机关的沟通协调，确立了对可能判处无期以上刑罚的重大命案由市公安局预审专班参与侦查，并由市院同意履行批捕、起诉职责。第二，引导侦查取证。建立完善重大命案报备和公、检联络等机制。要求检察机关重罪检察部门在接到市公安机关送达的重大命案发案通报后，及时确定办案人并开展提前介入和全程跟踪，引导侦查取证，确保证据搜集的全面、规范。第三，提升监督素能。不时开展素能提升工程，进一步加强岗位培训，创新建立"审结报告监督事项承诺"制度，要求检察官全面审视办案过程中是否存在应监督的事项未监督，应移交的线索未移交的情况，并在案件审结报告中作出"背书"承诺。

同一命案由市院同一检察官负责到底，检察官能够全面参与案件办理的各个环节，清晰把握案件情况，全程跟踪证据的搜集和固定，督促侦查人员规范、全面、及时调取证据，适时提出建议，从源头上夯实了案件质量。

二、"捕诉一体"的制度基础和实践效果

（一）制度基础

1.落实少捕慎诉慎押政策的要求

2020 年全国两会上的最高人民检察院工作报告破例分析了刑事犯罪 20 年来的巨大变化：犯重罪、被判处重刑的人数明显大幅度下降，犯轻罪、被判处轻缓刑的人数大幅度上升。[①] 为了应对刑事犯罪结构变化，司法政策应当与时俱

① "1999 年至 2019 年，检察机关起诉严重暴力犯罪从 16.2 万人降至 6 万人，年均下降 4.8%；被判处三年有期徒刑以上刑罚的占比从 45.4%降至 21.3%。与此同时，新类型犯罪增多，'醉驾'取代盗窃成为刑事追诉第一犯罪，扰乱市场秩序犯罪增长 19.4 倍，生产、销售伪劣商品犯罪增长 34.6 倍，侵犯知识产权犯罪增长 56.6 倍。严重暴力犯罪及重刑率下降，反映了社会治安形势持续好转，人民群众收获实实在在的安全感；新型危害经济社会管理秩序犯罪上升，表明社会治理进入新阶段，人民群众对社会发展内涵有新期待。刑事犯罪从立法规范到司法追诉发生深刻变化，刑事检察理念和政策必须全面适应、努力跟进。"（《最高人民检察院工作报告——2020 年 5 月 25 日在第十三届全国人民代表大会第三次会议上》，2020 年 6 月 1 日，https://www.spp.gov.cn/spp/gzbg/202006/t20200601_463798.shtml）

进，检察机关履行职责过程中，结合司法实践提出少捕慎诉慎押要求，逐步形成检察司法理念，由各级检察机关践行。2021 年 4 月，中央全面依法治国委员会将少捕慎诉慎押刑事司法政策列入年度工作要点，少捕慎诉慎押从检察司法理念上升为党和国家刑事司法政策；最高人民检察院同时发布《"十四五"时期检察工作发展规划》，强调落实少捕慎诉慎押司法理念，在刑事诉讼程序中贯彻宽严相济刑事政策。所谓"少捕、慎诉"，就是在严格依法的前提下，切实做到"能不捕的不捕，能不诉的不诉"；"慎押"则是要尽量降低审前羁押强制措施的适用，在少捕的基础上，进一步通过加强羁押必要性审查，及时变更或者解除羁押强制措施。2021 年 7 月，最高检在全国检察机关开展为期半年的羁押必要性审查活动，推进少捕慎诉慎押刑事司法政策的落实。2021 年下半年，诉前羁押率降至 40.47%，比上半年下降近 5 个百分点，比 2020 年同期下降 3 个百分点。①

"捕诉一体"模式下更加强调对"社会危险性"条件的科学把握，承办检察官需要改变"构罪即捕"理念，摒弃"以捕代侦"的习惯做法。山东省淄博市的调研数据可以反映出羁押必要性审查机制自发的"行动"，自 2021 年 7 月专项活动开展以来，淄博市共立案审查 246 人(次)，提出变更强制措施或释放建议 71 人，占到建议数的 92.9%。被采纳建议中，各个阶段并不均衡，属于侦查阶段的 18 人，占 25.3%；属于审查起诉阶段的 11 人，占 15.5%；属于审判阶段的 42 人，占 59.1%。自实行"捕诉一体"办案模式后，承办检察官或办案团队在批准逮捕阶段及时跟进案件办理，熟悉整个案件的事实、证据情况，通过引导侦查、补充证据，为审查起诉打好了"地基"，有效地降低了退回补充侦查的概率，较之"捕诉分设"模式，大大地缩短了审前羁押期限。

"捕诉一体"办案模式促使羁押必要性审查的方式发生了新的变化，检察官不再是分离行使批捕、公诉、监督职能，而是身兼数职，不仅独立自主地办理案件的羁押必要性审查，而且审查监督的权力不再局限于审查逮捕与起诉阶段，而是延伸至诉讼的全过程，将之前断裂式、零碎化的审查转换成全流程监督。在"捕诉一体"实施后，检察官可以随时随地开展羁押必要性审查，不再受制于诉讼程序，实现随时性、动态化监督，更好地履行审查监督职能。检察机关办案人员对参与案件全流程的审查监督，能够对案件事实、在案证据、犯罪情节以及犯罪嫌疑人社会危险性有更加全面的了解，更好地掌握可能影响羁押的因素，

① 参见《最高人民检察院工作报告——2022 年 3 月 8 日在第十三届全国人民代表大会第五次会议上》，2022 年 3 月 15 日，https://www.spp.gov.cn/spp/gzbg/202203/t20220315_549267.shtml。

在案情发生变化如被害人出具谅解、退赔被害人损失等情况时，进行针对性审查。

2.配合认罪认罚从宽制度的实施

2018 年《刑事诉讼法》中确立了认罪认罚从宽制度这一重大刑事司法政策，使得检察机关在适用认罪认罚从宽原则的案件中承担更多的责任，为检察官在刑事司法中发挥主导作用、行使“准法官”的职责提供有力的支持。在“捕诉一体”案件办理机制和认罪认罚从宽刑事司法政策的双重配合下，淄博市 2021 年适用认罪认罚从宽制度审结案件 4974 件 5981 人，总体适用率 90.06%，确定刑量刑建议提出率 98.12%，采纳率 99.14%，律师见证率 100%，速裁程序适用率 55.6%。

根据 2018 年《刑事诉讼法》第八十一条第二款的规定[①]，在审查批捕时掌握犯罪嫌疑人在此阶段是否认罪认罚的情况，以作为确定其可能发生社会危险性的重要参考因素。但在决定是否批捕时，案件大多仍处于侦查阶段，考虑同一案件同一犯罪嫌疑人认罪认罚的情况在批捕阶段与起诉阶段的协调性，贯彻“捕诉一体”，可以避免诉讼各阶段前后不协调的情况。

“捕诉一体”机制能够更好地发挥检察机关职责，检察官不再是“传统意义上的主场”——审查起诉阶段即体现职责。监督职权向前、向后都有所延伸：“向前”可以体现在提前介入、对案件进行审查逮捕时，通过告知当事人诉讼权利，引导侦查机关搜集、固定证据，达成化解社会矛盾的目的。对于申请延长侦查羁押期限的案件，可在审查期间更多地关注侦查情况和案件当事人的态度变化，进而实现更加适当、灵活的处理。尤其是已经满足起诉条件的情形，应作出不予批准延长羁押期限的决定，建议公安机关按期及时移送审查起诉。“向后”延伸则体现为法庭审判阶段，检察官围绕认罪认罚这一核心问题，履行指控犯罪、法庭教育等职能，确保法院认可检察机关提出的量刑建议。认罪认罚从宽制度的运行，使得正义通过看得见的方式充分、迅速实现。

3.引导取证，强化侦查监督

2019 年最高人民检察院明确将介入侦查写入司法解释。[②] 指引侦查机关

① “批准或者决定逮捕，应当将犯罪嫌疑人、被告人涉嫌犯罪的性质、情节，认罪认罚等情况，作为是否可能发生社会危险性的考虑因素。”

② 《人民检察院刑事诉讼规则》第二百五十六条规定：“经公安机关商请或者人民检察院认为确有必要时，可以派员适时介入重大、疑难、复杂案件的侦查活动，参加公安机关对于重大案件的讨论，对案件性质、收集证据、适用法律等提出意见，监督侦查活动是否合法。经监察机关商请，人民检察院可以派员介入监察机关办理的职务犯罪案件。”

的侦查重点及方向,是检察机关公诉职能与法律监督职能的合理表现形式,这项规定的推行具有内生动力。2020年3月,最高人民检察院与公安部共同制定了《关于加强和规范补充侦查工作的指导意见》,就加强和规范补充侦查工作、提高办案质效作出了规定。补充侦查是我国刑事诉讼程序中的重要环节,是公安机关或检察机关在原有侦查工作基础上,对于事实不清、证据不足部分的继续侦查。"捕诉一体"机制实行后,案件承办检察官可以从审查逮捕阶段持续跟进至案件终结:一是审查逮捕阶段,完全能够以审查起诉的证据标准来作出是否批捕的决定,就案件当下证据情况提出更加具有针对性、可行性的补充侦查意见,使得监督流程流畅、全面,消除"捕后诉前"阶段的监督缺位问题,从而避免在审判阶段因证据不充分、不全面而导致的系列问题。二是指引公安机关的侦查方向,"捕诉一体"机制的实施对案件批捕有更直观的影响,检察机关以起诉标准对侦查活动进行引导,使整个刑事诉讼活动衔接得更加紧密,尤其是更好地衔接逮捕与起诉环节。在此模式下,按照法庭审判所需证据标准收集、固定、补充证据,同时可以兼顾对侦查活动的监督,避免关键证据以非法形式或者瑕疵存在于后续的案件流程中。与此同时,从长远角度看,"捕诉一体"办案模式能够促进侦诉关系的完善、系统优化检察机关的犯罪指控体系,推动检警关系发展、构建新型的"大控方"格局。[①] 这不仅有效地加强了检警双方的联系,降低补充侦查率;更有利于进一步提升证据质量、完善刑事指控体系、深化以审判为中心改革的刑事诉讼体系。

2021年2月,山东省人民检察院制定了《山东省检察机关刑事案件捕诉一体办案实施细则(试行)》,其中第二章对提前介入流程和检察机关工作职责提供了规范。考虑到所办理的刑事案件的范围,规定了七种实践中的在事实认定、证据收集、法律适用方面比较疑难的案件可以适时介入;明确了人民检察院应当将侦查机关对引导取证意见的落实情况,作为案件后续审查逮捕、审查起诉的重要审查内容,以此实现提前介入工作与审查逮捕、审查起诉工作的有效衔接。目前淄博市在办理重大、疑难复杂、敏感案件方面,已形成一套相对完善的提前介入、引导侦查机制。检察机关在审前的主导作用得以体现,引导侦查效果更显著,淄博市自实施捕诉合一办案机制以来,对作出逮捕决定的案件书面提出继续侦查取证意见占比为26.2%,相较于捕诉分离模式上升了16.7%。检察机关能够对刑事诉讼程序全程引导,更好地掌握案件侦查情况,就案件定

---

① 参见陈威如:《捕诉一体视角下我国检警关系探究》,中国社会科学院大学博士学位论文,2021年。

性、侦查方向、收集证据等方面提出更妥帖的建议。

(二)实践效果

1.提高司法效率,“案-件比”指标持续提升

“案-件比”作为评价办案效率和案件质量的指标,关系到当事人对司法机关办案水平和效率的切身感受。具体来讲,“案”就是当事人涉及的刑事诉讼各阶段,如“李某故意伤害案”从检察机关审查起诉到法院开庭审理判决,就是一个案子。“件”则是指检察机关对“案”进行的各种刑事诉讼活动,每一项都是独立的一个,例如,“李某故意伤害案”在审查起诉至判决期间包括退查、延长审查起诉期限、建议法院延期审理等节点,每一个节点为一“件”。“件”数的增多不仅会降低办案效率,而且会给犯罪嫌疑人和被害人及其近亲属带来负面感受,侵害司法公信力。“比”就是“件”与“案”的比例,“案-件比”直接关系到办案效果,比值越高,说明案件办理中不必要的环节越多、周期越长,严重挫伤刑事案件中渴望公平正义早日到来的受害人的感情,在一定程度上也会增加犯罪嫌疑人、被告人内心的不安,导致司法资源的浪费。

“捕诉一体”机制相对于捕诉分离模式,审查逮捕后侦查期限和审查起诉期限均有所降低。检察官在审查逮捕阶段已经对案件情况有所掌握,可以避免审查起诉阶段的重复劳动,节约时间,提升工作效率。对于捕后需要补充侦查的案件,只需重点审查新获得的事实和证据即可,有效地缩短了平均办案时间,提高了审查起诉办案效率。“捕诉一体”机制能够有效缩短诉讼时长,让群众关注的法律结果尽快实现,检察机关通过“捕诉一体”机制的施行降低“案-件比”,提升办案效率与案件质量,让人民群众在每一个司法案件中尽快感受到公平正义。

2.办案质效提升

“捕诉一体”机制整合审查逮捕和审查起诉两项工作,使承办检察官的司法责任更加明晰,进而提升工作效率。司法责任制改革后,淄博市检察机关根据要求并结合实际情况,成立新型办案团队,依据案件难易程度分别处理,简单案件由一名检察官负责审查逮捕、审查起诉和出庭公诉工作,复杂案件则由精通业务的检察官共同组成联合办案组,发挥各自优势审查案件。如淄博市人民检察院第一检察部联合办案组在办理一起危害国家安全的案件时,发现涉案人员众多、查获案件证据清单不明、在案证据与移送材料不符等关键定罪证据存在瑕疵,案件承办人及时联系侦查机关召开联席会议,就证据情况与侦查机关会谈,引导侦查机关调取关键证据。通过厘清在案证据,针对性地补充关键定罪

证据后,顺利对该案犯罪嫌疑人依法批准逮捕。

捕诉合一机制下捕诉关系得到更加妥善的处理,两个阶段均要求严格审查证据和罪责,但侧重点又有所差别:逮捕阶段高度重视社会危险性;起诉阶段则是综合全案证据,侧重审查对犯罪嫌疑人的起诉必要性。捕诉分离阶段,批捕后的案件注重实质审查,存在事实证据变化、法律规定变化的案件,经过检察官联席会、检察委员会讨论研究后,不符合起诉条件的作出不起诉决定。在"捕诉一体"办案机制实施后,淄博市检察机关未出现捕后不起诉、捕后撤回移送审查起诉的情况,捕后判轻缓刑、免于刑事处罚率也大幅度下降,案件质量切实有所提升。办案期限大大缩短,办案效率切实提升,人民群众的"好评"更是高质量案件最好的证明。

3.强化法律监督,完善行刑衔接

"捕诉一体"机制强化法律监督力度。检察机关依法履行宪法赋予的法律监督职责,诉讼监督是刑事司法实践中极为重要的一环,其不仅直接关系到诉讼过程的顺畅程度,还关系涉案人员合法权益的保障,更关乎实现司法的公正、公信力,从全面依法治国的实现来看,其发挥着不小的作用。2021 年 6 月,党中央印发《中共中央关于加强新时代检察机关法律监督工作的意见》,就加强新时代检察机关的法律监督提出意见与要求。在捕诉合一办案机制中,"监督中办案,办案中监督"的理念已经贯彻到诉讼监督的各个阶段,检察权力分为办案与监督两个层面。这就导致检察官在刑事诉讼活动中的审查逮捕、延长侦查羁押期限审查、审查起诉、退回补充侦查、非法证据排除等诉讼行为,所追求的目的不再是单一地着力于惩治犯罪,更兼具对侦查活动进行实时监督,实现对侦查权的制约。在履行审判监督、申诉审查职能时,需要面向审判活动进行法律监督,脱离"指控成败""判刑轻重"等当事人视角,更加全面、客观地评判审判过程。

4.促进人权保障

"捕诉一体"机制有效强化人权保障。为了充分运用宽严相济刑事司法政策,推进认罪认罚从宽,山东省人民检察院出台了《刑事案件相对不起诉适用规范》,专门针对交通肇事罪、故意伤害罪等 23 个常见罪名制定了相对不起诉的具体适用标准和程序,检察机关起诉裁量权得到充分发挥,审前分流功能和矛盾化解功能也得以更好地实现。办案机制改革后,案件的侦查与起诉由同一承办检察官负责,倘若对侦查的瑕疵、程序违法问题容忍不理,瑕疵证据与非法程序就会由同一检察官之手传递到法庭审查阶段,就会导致起诉时的定罪量刑意见与最后法庭裁判结果存在偏差。因此检察官更加注重侦查活动的合法性，对于非法证据更加敏感，依法调查核实、排除非法证据的积极性更强。“虽然审查起诉是检察权行使的标志性阶段，但法庭才是检验案件质量的最终环节；在侦查、审查逮捕、延长侦查羁押期限审查、审查起诉、出庭公诉等不同诉讼环节，检察官的职责内容统一于法律监督职责使命。”①

三、“捕诉一体”办案机制实施过程中存在的问题及原因

（一）存在的问题

1.逮捕救济权实质性弱化

《刑事诉讼法》第九十七条规定，犯罪嫌疑人、被告人及其法定代理人、近亲属或者辩护人有权申请变更强制措施。在司法实践中，往往是申请将逮捕变更为取保候审，羁押必要性审查也是最高人民检察院提出的一项重点工作，这些规定和制度都是为了保障被羁押者的救济权。最早在2016年1月22日，最高人民检察院制定《人民检察院办理羁押必要性审查案件规定（试行）》，规定羁押必要性审查统一由刑事执行检察部门受理、审查。当时，逮捕救济权体现为在审查逮捕阶段可以向侦监部门的检察官提出不具有社会危险性、不需要逮捕的辩护意见，在审查起诉阶段可以向公诉部门的检察官申请变更强制措施，也可以向专门负责羁押必要性审查的刑事执行检察部门申请羁押必要性审查。而后，最高人民检察院于2019年12月30日施行的《人民检察院刑事诉讼规则》，规定了诉讼阶段的羁押必要性审查由捕诉部门负责，即在“捕诉一体”办案机制施行的现阶段，犯罪嫌疑人的逮捕救济权，在整个审前程序中只能向承办案件的检察官一人申请，羁押必要性审查的受理、审查都由同一检察官负责。基层检察机关的检察官长期行使控诉职能，在传统观念的影响和案多人少的工作压力下，能否对羁押必要性进行实质性审查也不无疑问。换言之，嫌疑人的逮捕救济权被实质性弱化。

2.工作节奏混乱，办案时间碎片化

根据《刑事诉讼法》规定，审查逮捕的证明标准是有证据证明有犯罪事实，可能判处徒刑以上刑罚，具有社会危险性；提起公诉的证明标准则是犯罪事实清楚，证据确实、充分。审查逮捕的法定期限只有七天，工作节奏快，要求迅速得出结论；但审查起诉期限较长，要求的证据标准高，要对全案影响定罪量刑的

---

① 叶青：《“捕诉一体”与刑事检察权运行机制改革再思考》，《法学》2020年第7期。

事实证据进行全面细致的审查认定。证据标准和办案期限的不同,导致“捕”和“诉”在办案思维、工作方式上存在较大差异。“捕诉分离”时期,审查逮捕和审查起诉分别由侦监部门和公诉部门负责,两个部门的检察官只需办理本部门负责的案件即可,办案思维和办案模式连贯、单一。“捕诉一体”和内设机构改革后,审查逮捕和审查起诉统一由负责捕诉的部门办理,其实就是将原侦监和公诉部门的职能进行了整合。这就产生了两方面问题:一方面,原公诉部门的检察官在办理审查逮捕的案件时,不自觉地按照起诉的标准来审查,人为地拔高了审查逮捕案件的证明标准,可能会导致批捕权行使不当的问题;另一方面,原侦监部门的检察官缺乏审查起诉、出庭支持公诉、二审上诉、抗诉、审监抗等工作的经验,对相应的程序也不是很了解,在一段时间内可能出现案件质量下滑的问题。加之,基层检察机关案多人少的矛盾仍比较突出,检察官往往同时在办的案件有一二十个,在审查逮捕和审查起诉这两种不同的办案节奏间来回切换,会导致办案节奏混乱,办案人员心理压力增大。另外,审查逮捕的期限短且固定,基层检察官在手中有多起案件同时在办时,往往优先办理审查逮捕案件,这就导致了办理审查起诉案件的时间碎片化,可能影响审查起诉的质量。

3.压缩辩护空间,导致审前辩护流于形式

审查逮捕环节,焦点在于判断嫌疑人是否构罪和是否具有社会危险性,进而是否需要采取逮捕等强制措施,律师辩护的重心往往在于该犯罪嫌疑人情节较轻,不具有社会危险性,可采取取保候审等非羁押强制措施。审查起诉环节,律师辩护的重心往往在于嫌疑人不构成犯罪,或者具有种种从轻、减轻处罚的情节。

在“捕诉分离”的办案模式下,逮捕和公诉两个环节由不同部门的检察官负责,犯罪嫌疑人与辩护人有两次向检察机关提出辩护意见的机会,律师可以根据不同环节的特点有针对性地提出自己的辩护意见。“捕诉一体”办案机制施行后,虽然按照《刑事诉讼法》的规定,辩护律师仍然具有分别在上述两个环节提出辩护意见的权利,但在这种办案模式下,由于审查逮捕和审查起诉由同一名检察官全程负责,在其审查作出批准逮捕决定后,整个案件如何处理已经定下基调,审查起诉阶段的辩护流于形式,律师的辩护空间无形中被压缩了。

4.法律监督功能存在弱化的风险

“捕诉分离”时期,两项监督等侦查监督工作是侦监部门的日常工作和考核重点。抗诉工作(实质是审判监督)是公诉部门的日常工作和考核重点。侦监部门和公诉部门对各自负责的工作都长期重点抓,专业化程度较高。“捕诉一体”后,上述工作都由捕诉部门一体负责。但具体到办案人员,原侦监部门的检察官对抗诉工作了解不多,不善于发掘抗诉线索和进行审判监督;原公诉部门的检察官对两项监督等侦查监督工作不熟悉,在办理案件中往往缺乏侦查监督意识,容易导致相关线索流失。由于“捕诉一体”后办案节奏的变化,办案时间相对碎片化,检察官在穿插完成审查逮捕、审查起诉、出庭支持公诉、羁押必要性审查、抗诉等有明确办案程序、考核要求的工作外,办案人员能够放在侦查活动监督上的精力有限,因此侦查监督工作可能会面临弱化。

5.内部监督弱化,案件质量下滑

审查逮捕与审查起诉两者本身是相对独立且前后相继的办案环节,“捕诉分离”办案模式时期,两个环节分别由侦监部门和公诉部门负责,后者可以对前者的办案质量起到把关与监督作用。公诉部门可以对不需要继续羁押的人改变强制措施,对可能存在的错案或瑕疵案件及时纠正,在一定程度上可以避免办案人员滥用职权、违规办案,有利于提高案件办理的公正性与正确性,有助于形成良好的检察机关内部监督制约机制。但实行“捕诉一体”办案机制后,两个环节的工作由同一个检察官办理,必然会弱化这种内部的监督制约机制。

一是对于在审查起诉阶段不再具有社会危险性且不需要继续羁押的犯罪嫌疑人,承办检察官可能出于工作惯性、手中积案多、工作压力大等原因,对自己批捕的犯罪嫌疑人不再进行实质的羁押必要性审查。

二是对有些可以相对不起诉的案件,因为审查批捕期限较短,承办检察官可能手中案件较多、急于在规定期限内办结审查逮捕案件等,对案件如何处理才能取得更好的社会效果和法律效果没有进行深入思考和整体把握,构罪就批捕了。后期检察官在审查起诉阶段即使发现该案相对不起诉效果更好,出于目前对捕后不起诉的考核压力,一般也不会再作出不起诉处理。同理,为了顺利起诉,一些可捕可不捕的案件可能就批捕了,这种案件后期的羁押必要性审查必然也流于形式。

三是“捕诉一体”之后,大多数案件都是由一个检察官负责,只有少数案件由办案组办理,该承办检察官万一出现对证据或者法律的认识盲点,则产生错误的概率较高,案件质量容易受到影响。

四是“捕诉一体”后,基层检察官的办案量并没有得到实质性的缓解,对于自己在审查批捕阶段已经就证据进行全面审查、提出继续侦查提纲的案件,在审查起诉时往往会快速办理,不再对证据进行细致的把关,不再要求公安机关补充证据,办案质量难免下滑。

五是对于可能出现的错捕案件,承办检察官可能会将错就错,硬着头皮"带病起诉",导致案件质量下降以及错案、瑕疵案件的出现。[①]

(二)产生问题的原因

1.案多人少的局面没有得到实质性缓解,基层检察官工作压力变大

"捕诉一体"办案机制施行以后,很多专家学者都论证了"捕诉一体"的优势,其一就是可以缓解基层案多人少的矛盾。确实,"捕诉一体"后检察官对一起案件的审前程序做到全流程负责,"在审查逮捕阶段对案件情况已经掌握,节省了重新阅卷、制定讯问提纲等时间,避免了重复劳动,对于捕后提出继续侦查意见的案件,只需重点审查后续侦查过程中获得的事实和证据"[②],审查起诉阶段的工作量减少。

但从基层检察机关捕诉部门的实际情况来看,"捕诉一体"办案机制并没有实质性缓解基层案多人少的情况,反而在一定程度上增加了基层检察官的工作压力,原因有以下几点:

一是"捕诉一体"后,审查批捕和审查起诉两个环节由同一检察官承办,由于对每一起案件作出批准逮捕决定时,承办检察官都要确保下一阶段能顺利提起公诉,避免出现捕后不起诉、捕后判无罪、缓刑、免刑等情况,承办人难免会不自觉地提高审查逮捕的证据标准,这就会导致审查逮捕环节的工作量实质性变大。

二是审查逮捕的期限是固定的七天,而审查起诉期限是一个月,还可以延期、退查。实施"捕诉一体"后,"捕"和"诉"衔接在一起,必然会减少检察官对具体案件证据的重复审查工作,但由于办案流程和文书没有实质性简化,加之基层检察官的常态是同时办理多个审查逮捕和审查起诉案件,这就会使办案节奏更加紧凑、办案时间更加碎片化,因而总体上检察官感觉工作压力较之以前更大。

三是"捕诉一体"办案模式进一步压实了司法责任制,检察官办案的责任更加重大,必然导致部分检察官办理案件时畏首畏尾、瞻前顾后,工作效率反而降低。

2."捕诉一体"办案机制对检察官的业务能力提出了更高的要求

一方面,"捕诉一体"改变了传统的办案模式。检察官从单纯的只负责批捕

---

① 参见邓思清:《捕诉一体的实践与发展》,《环球法律评论》2019年第5期。

② 天津市河东区人民检察院课题组:《"捕诉一体"运行机制实证研究》,《中国检察官》2020年第3期。

或者公诉工作，转型到全流程负责的办案模式，而部分检察官可能由于因循守旧、思维定式和工作节奏难以转化等原因，在一定时期内无法适应这种职能合并后的办案模式。另一方面，要求检察官的办案能力更加全面。审查逮捕案件的办案特点是“短、平、快”，嫌疑人构罪、具有需要羁押的社会危险性即可逮捕，无须要求所有犯罪事实、情节都查清。而审查起诉案件的办案特点是“全、细、稳”，需要对在案的所有证据进行审查认定，引导侦查机关补充相应证据，影响定罪量刑的事实都要查清，所有提起公诉的案件的证明标准都要达到事实清楚，证据确实、充分。原本这两类案件分别由侦监和公诉部门的检察官专门办理，改革后检察官要全流程负责，这就需要具备全面的办案能力。

3.实践中相关配套机制不完善

一方面，“捕诉一体”后，基层检察机关的捕诉职能彻底整合、模式规范统一。但市级检察机关负责审查起诉的一审案件，其审查逮捕环节是由区县检察院办理还是市级检察院办理，山东各地的司法实践不尽相同。目前大多数地市采取区县检察院批捕、市检察院起诉的方式，而具体到两级检察院批捕和起诉之间如何衔接的问题，各地市的具体做法又各有不同。另一方面，“捕诉一体”后，审查逮捕和审查起诉职能由同一员额检察官行使，但相关流程是否可以简化仍未明确。例如，以往司法实践中，公诉部门认为需要逮捕犯罪嫌疑人的，会移送侦查监督部门办理；而实行“捕诉一体”后，该两项职能由同一检察官负责，是否简化制作《逮捕犯罪嫌疑人意见书》等移送程序，直接由检察长审批决定逮捕即可等，具体操作流程仍需进一步明确。

4.检察机关过于强调控诉职能

“捕诉一体”改革后，基层检察机关承办检察官对一个具体案件同时负责“捕”和“诉”，可能还需要负责引导侦查、侦查监督和审判监督等工作，相当于一人主导了整个案件的审前程序和法律监督。加之，认罪认罚从宽制度中，检察官具有了求刑权。2019 年 12 月 30 日施行的《人民检察院刑事诉讼规则》又将羁押必要性审查的职能交给了捕诉部门。即在一个具体案件的办理中，承办检察官同时具有批捕权、起诉权、求刑权，并同时负责该案件的引导侦查、法律监督和羁押必要性审查等工作，承办检察官的权力呈现集中化趋势。加上司法责任制改革后，基层案多人少的问题并没有得到实质性化解，而员额制改革又使得检察官的责任加重，结合考核的影响，检察官在实际工作中不可避免地更加强调控诉职能。

5.受现阶段其他改革的影响较大

近几年,随着司法责任制改革的推进,“捕诉一体”、内设机构改革,认罪认罚从宽制度的全面施行,“案-件比”考核指标的落实,等等,这些改革和变化并不是孤立的,而是相互促进、相互影响的。

一方面,自认罪认罚从宽制度写入《刑事诉讼法》以来,最高人民检察院大力推进认罪认罚从宽制度的落实和实施,全省各地市认罪认罚的适用率普遍在95%以上,精准量刑建议的适用率现在为85%以上。而审查起诉的证明标准并没有变,认罪认罚案件仍要查明案件的全部事实,审查起诉时检察官仍要仔细审查全案事实证据,引导侦查补充证据。而认罪认罚案件在审查起诉环节还有制度告知、签署具结书、提出精准化量刑建议等程序性要求,实际上,繁简分流、节省司法资源的制度功能主要体现在审判环节,因此尤其是在审查起诉环节,认罪认罚并没有让检察机关的工作量得到实质性缓解,反而有加重的趋势。加之最高人民检察院开始要求对认罪认罚具结过程同步录音录像,这进一步加重了基层检察机关审查起诉环节的工作压力。另一方面,“案-件比”考核实行以来,很多市县检察机关硬性控制“案-件比”,案件除非有非常特殊的情况,不允许延期、退查,这就压缩了办案周期,使基层检察官的办案压力增大。“捕诉一体”办案机制实施以来,审查起诉环节的办案本就有碎片化趋势,又受上述两方面影响,这一趋势可能进一步加剧,检察官压力更大。

四、完善“捕诉一体”工作机制的思考

(一)转变司法理念,适应“捕诉一体”

“捕诉一体”顺应了我国刑事司法的现状,具有积极作用,但面对工作机制的改变,检察官难免会出现不适应的情况,因此办案人员应转变以往“捕诉分离”的工作思路,贯彻“少捕慎诉”司法理念,可不捕时坚决不捕,可不诉时坚决不诉。

1.贯彻“少捕”的司法观念

虽然目前检察官可以提前介入刑事案件,引导侦查,但除部分证据完善、事实较为清楚的案件,侦查阶段对判处有期徒刑以上刑罚或者达到足够逮捕的社会危险性的认定仍然存在一定难度,因此,检察机关应调整逮捕的工作理念,提升审查逮捕的办案质量,少捕慎押。

一方面,应当将逮捕作为保障司法程序正常进行的最终手段。逮捕的目标是保证诉讼的正常进行,对逮捕要正确客观地进行评价。对于符合法定条件且

不妨碍侦查，可能判处管制、拘役或适用缓刑的犯罪嫌疑人，应当采取取保候审、监视居住等非强制措施；对于过失犯罪、轻伤害案件和交通肇事案件的犯罪嫌疑人，虽然可能判处有期徒刑以上刑罚，但主观恶性及社会危险性较小，可以采取非监禁的强制措施。随着侦查监督与协作配合办公室在全国范围内的广泛铺开，检察机关应充分发挥提前介入的作用，创新工作方式方法，将侦查监督与协作配合作为审查批捕的"前哨站"，将逮捕质量作为主要考虑因素，从而在节省司法资源的同时降低"案-件比"，达到良好的办案效果和社会效果。

另一方面，避免惯性思维，严格落实羁押必要性审查。羁押必要性审查是检察官的一项重要工作。检察官应当利用"捕诉一体"的办案优势，在案件办理的各个阶段，积极开展羁押必要性审查，对可能被判处缓刑、刑期可能要超过羁押期限的以及辩方提出的有关意见或出示的有关证据，要及时把握分析，符合条件的要立即变更强制措施，以避免羁押期限超过实际判处刑罚。只要批准或者决定逮捕时符合适用逮捕措施的法定条件，即使后来因羁押必要性审查而对逮措施予以变更，也不得认定当时适用逮捕措施是错误的。①

2.贯彻"慎诉"的司法观念

检察机关应当在审查起诉环节发挥主导作用。在"捕诉一体"办案机制下，不起诉是检察机关发挥主导作用的一个重要方式，只要在审查起诉阶段发现案件事实不清、证据不足，无论犯罪嫌疑人是否被逮捕，检察机关都应当作出不起诉处理，运用好不起诉权，消化存疑案件，避免案件"带病"起诉，防止错案。其一，以往侦查机关移送审查起诉后才发现应当是属于法定不起诉或者酌定不起诉的案件，检察机关只能在侦查结束后才可以作出不起诉决定；而"捕诉一体"改革后，则可以在侦查批捕阶段就进行结案处理，以达到惩罚犯罪和保障人权的双重目的。其二，对于移送审查起诉后未达到事实清楚、证据确实充分标准并且现有条件无法继续侦查的案件，如证据灭失、现有技术手段无法达到、案件发生过程久远而不具备补充侦查条件等，检察机关应果断作出证据不足不起诉的处理。对于需要补充侦查的案件，两次退查后依然证据不扎实的，检察机关可以考虑不起诉。

（二）推进"捕诉一体"衔接，完善运营机制

1.转换办案工作方式，对接"捕诉一体"

"捕诉一体"改革后，检察官要承担从审查逮捕到审查起诉、侦查活动监督

---

①　参见陈卫东：《羁押必要性审查制度试点研究报告》，《法学研究》2018年第2期。

到审判监督过程中的多项工作职责,其个人能力和水平面临新要求和新挑战,应及时转变工作方式,适应"捕诉一体"的工作节奏。

一是创新工作方式,注重案件繁简分流。对于办理的审查逮捕和审查起诉案件,承办人阅卷后一般就可以判断出案件的难易程度。对于事实清楚、证据较完备的简易案件,检察官形成办理意见后,将审查报告的程序性内容,讯问笔录初制、证人名单等交由检察官助理处理,待提审后由检察官对案件事实和法律适用在审查报告中进行补充论证,在审查起诉阶段并不需要消耗太长时间,一般不超过七日。而对于复杂案件,检察官在阅卷初审后应形成工作计划,待提审并形成审查报告后,报检察官联席会议讨论,向检察长汇报,从而留出足够的时间来修改起诉书或支持抗诉书,准备开庭预案。

二是适应审查逮捕和审查起诉的双重角色。一方面,对于审查逮捕的案件,检察官应当审查重点证据,从证据要件、刑罚要件以及社会危险性要件三方面对逮捕必要性进行准确把握,引导侦查机关补充侦查、完善证据。另一方面,在审查起诉阶段就要仔细审查案件的细枝末节,做到对案件的事实、证据全面把握,严格起诉标准,保证案件质量。此外,检察官可以对类案进行归纳总结。例如,交通肇事罪、故意伤害轻伤和解,以及认罪认罚之后仅以量刑过重上诉的抗诉案件,此类案件特点较为相似,对类案的归纳总结可以提升审查效率,也可以做到类案同判,提高案件办理质效。

2.完善分案机制

针对承办检察官同时处理的案件多、办理时间碎片化问题,检察机关可以建立更为科学的分案机制,在目前随机分案的基础上,根据案件的复杂程度制定更为细致的分案方式。对于简单的案件,如交通肇事罪、危险驾驶罪、犯罪嫌疑人认罪认罚采取简易程序的案件,办案部门可以采取轮案的方式确定。而对于较为复杂的案件,如涉及罪行、罪名较多,或者多个犯罪嫌疑人的,检察机关要综合考虑承办人的办案经验、同时承办案件的数量等,变更分案形式,将下一案件分配为简单案件,做到难易匹配、科学分案,以减轻办案人的办案压力,保证案件办理质量。

另外,根据我国刑事诉讼管辖的规定,一般要在审查起诉阶段才上提到市级检察机关,审查批捕则是基层检察机关完成,因此这部分案件容易产生"捕诉分离"的现象。对此,检察机关可以上下联动,同步审查机制,充分发挥侦查监督与协作配合办公室的作用,在侦查阶段就由市级的侦查监督与协作配合办公室检察官提前介入,以妥善解决此类案件中出现的"捕诉分离"问题。例如,山东省济南市和青岛市创新的重大命案由市级检察院"捕诉一体"制度，破解了重大命案批捕与起诉分属两级检察院办理的难题，更好地发挥了检察机关诉前主导的作用，取得了较好成效。

（三）加强与侦查机关的协作配合，优化警检关系

1.明确侦诉关系，把握监督尺度

检察机关对重大命案可以介入进行监督，但需要注意介入的方式只是对侦查工作提出意见和建议，为命案侦破和取证提供思路和方向，并非代为履行侦查职权。检察机关提前介入侦查应当做到既不缺位也不越位，在追诉犯罪时，分工配合，发挥各自的优势，形成合力。对于一般复杂案件，捕诉之间建立通报机制，侦查监督部门通过加强与公诉部门的沟通，尽可能地避免由于认识分歧而造成捕诉之间定性不一的案件，并在审结后及时向公诉部门通报该案的处理情况。[①]

在"捕诉一体"办案模式下，一方面，检察官不能以审查起诉的证据标准来对待审查逮捕，从而对具有相当社会危险性的嫌疑人应当实施逮捕而不实施；另一方面，逮捕权和起诉权即使归于办案检察官一人，也不能为保障司法活动的顺利进行，降低批捕的条件，从而侵犯犯罪嫌疑人的人身自由，因此承办人要根据《刑事诉讼法》的要求，准确把握逮捕的证据标准。

检察机关在司法办案程序中行使起诉权，侦查机关行使侦查权，二者相互配合、分工明确。刑事犯罪的事实要完全依据证据来证明，检察机关可以向侦查机关提出起诉所需证据的要求，但是侦查机关确实无法侦查完备的，不应当为了惩罚犯罪而将案件"带病"起诉，即对于证据不完善的案件，检察机关仅能提出补充侦查条目，引导侦查。如果补充侦查后证据标准达不到侦查机关起诉建议的罪名，检察机关应当变更罪名，以其掌握证据认定的罪名起诉。如果补充终结仍然达不到起诉标准，检察机关应当以存疑有利于被告人的原则，作出不起诉处理。

2.进一步完善引导侦查的机制

一是引导侦查方向。"捕诉一体"的目的之一是建立起由起诉统率侦查、侦查服务于起诉的新型办案机制，通过侦查机关提供的证据，为检察官提起诉讼提供充足的依据，提高公诉案件的质量，改善庭审效果，达到惩治犯罪的作用。提前介入引导侦查应经过分管检察长的批准，介入时机以最有利于办案为原

① 参见陈业、王强：《检察机关捕诉关系的调整与构建》，《中国检察官》2017年第15期。

则,可以会商侦查机关建立同步审查制度,建立信息互通联通。在以往工作的基础上,检察机关可进一步规范完善提前介入的案件范围、程序、方式,完善取证意见跟踪落实机制,对提前介入的案件,在审查逮捕时要落实取证意见情况,有针对性地进行审查,防止引导侦查取证流于形式。[①] 一方面,检察机关可通过搭建公安与检察机关的信息联网平台,通过平台共享侦查阶段和证据收集情况,以便及时作出侦查的指引。各地根据《关于健全完善侦查监督与协作配合机制的意见》精神设置的侦查监督与协作配合办公室,是现阶段检察官介入引导侦查的重要渠道。在侦查机关设置上,由检察机关派驻人员,对侦查活动进行监督和指引,以保证侦查效果。另一方面,检察机关应当建立常态联席会议制度。侦查机关负责人听取侦查人员汇报案情时,可以邀请检察机关对接人员列席,听取侦查人员的案情介绍和侦查方向,对案情实施和法律适用发表意见。

二是监督侦查行为。一方面,对于侦查机关的非法取证行为,检察机关要及时介入监督。关键证据的取得往往在命案审查中起到至关重要的作用,但是由于取证程序非法,证据被排除后可能无法重新取得,或是在判决生效后才发现,该案就变成了存疑案件。因此,对于重大侦查活动,如尸体检验、现场勘查等,侦查机关可以告知检察机关派员参加,以确保检察机关及时了解取证情况。对于侦查机关在取证过程中有违法行为的,检察机关要及时通过纠正违法通知书等方式对侦查活动进行监督。另一方面,检察机关应当保障监督的及时性。以往在侦查机关移送案卷后,检察机关才可以通过阅卷对侦查行为进行监督,但是并非所有的案件都会被移送审查起诉,如侦查阶段撤销的案件,对这类案件的监督就缺乏及时性,而“捕诉一体”机制为检察机关动态地引导侦查机关取证提供了更便捷的操作路径,从而有助于守住冤假错案的底线。

(四)加强检察队伍建设,提升业务能力

1.提升检察办案团队专业素质

首先,“捕诉一体”改革后,检察官从原来“捕诉分离”时专注于“流水线”上的单一环节转变为关注全过程,除了需要精通原有业务,又增加了相对不熟悉的业务。这就对检察官提出了更高的要求,其既要在短时间内作出高质量的逮捕审查,又要对是否作出起诉决定进行准确把握。因此,检察机关要加强对业务部门的针对性培训,即原侦查监督部门的办案人员加强审查起诉方面的培

① 参见陈超然、吴夏一:《“捕诉一体”办案机制下审查逮捕与审查起诉的衔接》,《中国检察官》2021年第15期。

训，原公诉部门的办案人员进行逮捕方面的培训，互为补充，补齐短板，提升办案人员引导侦查的能力，规范补充侦查的程序及内容的专业性、针对性。

其次，检察机关应当充分总结目前已有的根据案件类型划分不同办案团队的实践经验。针对基层检察机关和市级检察机关人员配置的差异，基层检察机关办案人员的分工配置应当在刑事检察整体部门的基础上，进行专业分工，成立办案小组。市级检察机关案件数量相对较少，案件疑难复杂程度相对较高，在“捕诉一体”的基础上，可以按照罪名划分设置部门内部办案组，分别承担不同类型罪名的审查逮捕和审查起诉工作，明确各个专业化办案团队的责任划分，强化规范意识。

最后，加强检察队伍建设。其一，针对目前很多部门一名检察官无法配备一名助理和书记员的情况，应大力招录经济法学、监察法学、行政法学方向的专业人才，通过与高校合作，培养专业人才。高校可以在检察机关设立实习基地，在假期和实习期让学生来检察机关协助日常工作，同时学习法律实务，加强高校研究与实务的衔接。其二，深化业务研修，省检察机关应定期组织办案人员的技能培训，更新办案人员知识体系，学习最新的法律规定、司法解释等，增加知识储备，以应对社会发展出现的新种类案件。培训课程不同于以往泛泛的知识培训，要突出专业性和针对性，并最终转化为办案能力的提升。其三，“捕诉一体”改革后，检察官可以提前介入引导侦查，这就对检察官侦查监督重大案件的能力提出了要求。检察官可以通过到公安局挂职培训、参与命案调查活动等，提升刑事案件引导侦查能力。

2.明确检察官和辅助人员分工

检察机关内部成立的办案组一般由一名检察官、一名检察官助理和一名书记员组成。对于案件的办理，在人员齐备的基础上，办案组内部可以进行人员的分工，在特定程序上由成员专门对接负责。检察官作为案件的承办人，主要负责案件的证据审查、案件事实的整体把握、证据的综合分析，以及对证据不充分的事实提出补查意见，并且对可能存在的立案监督线索进行审查并移交。检察官助理的主要职责是协助检察官办案，对案件卷宗证据的合法性、关联性、客观性进行审查；初步制作审查报告；整理侦查过程中出现的违反程序事项，减轻检察官的阅卷和审查负担；对可能由其他部门负责同步调查的事项，如司法人员违纪违法、立案监督，梳理整合后移交检察官进行审核，再由检察官决定是否制发检察建议或纠正违法通知书。

(五)完善内外监督机制,提高监督质效

“捕诉一体”改革之后,办案检察官既负责审查逮捕环节,又负责审查起诉环节,一旦有案外因素影响案件办理,就容易引起权力的滥用。因此,有效地规范和制约逮捕权与起诉权的适用,就变得尤为重要。这不仅是案件公正办理的保障,也是对办案人员本人的保护。

1.完善内部监督

检察机关要积极改进内部监督手段,完善内部监督制约机制,提高检察机关内部监督的实效。

一是改革业务考察评价体系。业务考评关系到承办人案件办理的绩效,可以发挥引导检察官办案方向的作用,考评关注什么,检察官就会在检察工作中重视什么。“捕诉合一”改革后,检察机关要完善业务考察评价制度,针对目前的案件办理程序作出相应调整,保证监督质效。

首先,考核的内容应当具有全面性,即应当包括批捕的办理数量、审查起诉的案件数量、申诉案件办理的数量,全面发挥监督办案人员的作用。其次,考察的内容应当具有客观性,以法律为基础。每个承办人对法律的适用都有自己的见解,应当允许承办人在案件办理中有自己的思路,只要在案件办理中严格按照法律程序,认定事实、定罪量刑无明显错误,即应当作为考核正确加分。不能因为一审案件终结,达到了诉判一致的效果,而二审法院改判,就认定一审办案人员的办案质量不高;或者对于在批准逮捕的阶段作出了逮捕的决定,但是在审查起诉阶段双方和解,最终法院作出了缓刑判决,就认为承办人的逮捕质量不高,只要作出逮捕决定符合法定要求就是正确的。一方面基于考核目的,考核作为监督的一种方式,是为了激励检察官切实履行自身职责,体现办案的积极性和努力工作程度,达到这一效果需要考虑的是案件办理数量和在办案过程中是否存在违规。另一方面,办案水平是个人专业水平和经验的体现,并非体现每个办案人员的责任心和工作态度。再次,不宜将案件退回补充侦查和案件延期等作为业务能力评价的一个扣分项,一方面,这是刑事诉讼法规定的保障案件办理允许的流程,另一方面,在案件疑难复杂、证据不足的情况下应当退回补充侦查,只有这样才能调查清楚案件事实,补强证据体系,增强办案人员的内心确信,为接下来的庭审环节打下坚实基础,防止错案冤案。

二是发挥部门负责人和分管检察长的监督作用。“捕诉一体”改革后,检察办案人员处理案件数量多,限于审查时限、个人能力以及外部因素,在案件办理过程中可能会遇到难题和考虑不周的情况,案件处理不公正、审查不仔细甚至

滥用职权的可能性更大。基于此，除了业务部门的监督外，业务部门分管领导也要发挥对办案人员案件办理程序的指导和监督作用。根据《人民检察院刑事诉讼规则》的规定，应有效发挥部门负责人和分管检察长的监督、审核把关作用。部门负责人和分管检察长要通过检察官联席会议，向检察长汇报案件进度并记录形成纸质报告材料，主动履行其职责，督促承办人及时汇报案件办理的进度以及风险点，以准确把握案件办理情况。在承办人案件办理有纰漏时，部门负责人和分管检察长进行指导或直接作出更改决定，检察官应当执行，以此加强检察机关内部领导监督，保障办案质量。

三是完善检察官寻求监督保护机制。检察官对于"关系案""人情案"要畅通汇报和案件转办机制，对于确有人违规过问或者涉及回避等问题的案件，可以通过上报检察长，将案件转由其他检察官办理。对于违规过问案件的现象，检察官要加强自我监督。例如，淄博市人民检察院严格执行"三个规定"[①]填报工作，这不仅是保证案件办理公平公正的一项措施，也是检察官自我保护的重要渠道。

四是发挥案件质量评查的监督作用。除了案件办理流程中的监督，还应当完善事后监督，对可能发生的滥用职权情况形成监督的闭环。一方面，因为案件评查机制的存在，案件的办理终结并不意味着程序终结，可以让检察官在案件办理时就有使案件经得起检验的意识，提高案件办理质量。另一方面，案件评查中可能发现办案存在外部瑕疵，通过瑕疵线索寻找可能出现的滥用职权因素，从而追究有关人员的责任。案件评查应当以年度为审查周期，以省级审查为主，抽查案件范围以随机为主、必查案件为辅。审查人员为随机选取的各个地区办案经验丰富、专业知识基础牢固的在职办案人员，要纪律素质过硬。除了在职办案人员之外，还可以邀请退休的、经验丰富的检察官、法官，以及高校的教授和律师等。因为只有具备丰富的经验，才能真正了解案件办理流程，以及可能存在问题的风险点。通过案件评查机制，倒逼办案人员依法依规履职，这既是有效监督的重要方面，也是落实司法责任制的重要措施。

2.强化外部监督

一是保障律师侦查阶段的阅卷权。律师和司法工作人员的使命都是为了维护法律的正义。律师一方面是在发现被告人无罪或减轻罪责方面发挥作用，

---

① "三个规定"是指2015年中办、国办、中政委、"两高三部"先后出台的《领导干部干预司法活动、插手具体案件处理的记录、通报和责任追究规定》《司法机关内部人员过问案件的记录和责任追究规定》《关于进一步规范司法人员与当事人、律师特殊关系人、中介组织接触交往行为的若干规定》。

维护被告人的合法权益;另一方面也是协助检察机关在办理刑事案件过程中发现因为疏忽没有考虑到的无罪或罪轻的证据,降低错案发生的概率,因此律师的监督是保证案件公平办理的重要因素。在以往刑事案件的办理过程中,律师存在阅卷难的情况,特别是 2020 年新冠疫情暴发之后,因防疫工作要求,律师阅卷更加困难。为了有效化解律师阅卷难的问题,2021 年 10 月起,山东省检察机关上线启用律师互联网阅卷服务,律师互联网阅卷系统依托"12309 中国检察网"全国检察业务应用 2.0 版、司法部律师身份认证核验平台等实现在线身份核验、在线阅读、阅卷办理等功能,以信息化便捷手段,最大限度地保障了律师执业的权利,加强了律师对司法案件办理的监督。

二是发挥群众与媒体的监督作用。一方面,人民群众社会监督作用的发挥有赖于知情权的充分保障,检察机关可以通过官网进行检务公开,拓展检察文书上网范围,将审查批捕、审查起诉纳入外部监控之中,保证信息传达的及时性和真实性,畅通对不批捕、不起诉被害人复议复核的渠道,从而切实接受群众监督,保证案件办理的社会效果。另一方面,检察机关应当做好新闻宣传工作,运用好自媒体,对社会影响度较高的案件,可以通过微信公众号、微博进行宣传,在普法释法、发挥教育作用的基础上,展现检察机关的履职情况,从而有助于维护检察机关的正面形象。

非羁押诉讼的发展

田开封*

一、非羁押诉讼发展概述

非羁押诉讼，是相对于羁押诉讼而言的。羁押诉讼，即我们常见的对犯罪嫌疑人、被告人在刑事拘留、逮捕状态进行侦查、起诉和审判。非羁押诉讼，一般是指各级公安机关、人民检察院、人民法院在刑事诉讼活动中，依照法律规定和个案具体情况，对罪行较轻的犯罪嫌疑人、被告人，在不采取刑事拘留、逮捕强制措施的情况下进行立案侦查、审查逮捕、审查起诉、审理裁判的诉讼方式。[①]监视居住这种强制措施虽然本质上不是羁押，但是在司法实践中往往演变为一种变相羁押措施。因此本文所谈的非羁押诉讼，一般是指取保候审状态下的刑事诉讼。

（一）意义

非羁押诉讼是适应犯罪结构变化和司法理念转变的必然举措。刑事案件的批捕率、审前羁押率偏高，是以往司法办案的常态，而节约司法资源，化解社会矛盾，是司法机关必须做好的时代课题。近二十多年来，我国犯罪结构发生重大变化。1999 年至 2019 年，检察机关起诉严重暴力犯罪从 16.2 万人降至 6 万人，被判处三年以下有期徒刑的占比从 54.4%升至 83.2%[②]，轻罪案件快速

---

* 田开封，东营市人民检察院副检察长。

① 该定义引自《河南省高级人民法院、河南省人民检察院、河南省公安厅关于在办理刑事案件中实行非羁押诉讼若干问题的规定（试行）》。该规定制定于 2011 年 6 月，是较早的省级层面制定的关于非羁押诉讼的规范性文件。

② 参见卞建林、李艳玲：《遵循能动检察理念，提升轻罪治理质效》，《检察日报》2022 年 6 月 15 日。

攀升,多数犯罪嫌疑人、被告人的羁押必要性、紧迫性已大大减弱。伴随着这些变化,“少捕慎诉慎押”刑事司法政策逐渐形成。

非羁押诉讼是法治进步和社会发展的必然选择。近年来,我国不断完善“尊重和保障人权”的相关制度,司法文明程度不断提高、司法公开力度不断加大,与之配套的羁押必要性审查、认罪认罚从宽等诉讼制度改革落地,为“少捕慎诉慎押”提供了制度保障。随着科技的进步,利用信息化手段、技术手段侦查已经成为办案的主要方式,降低了对言辞证据和逮捕强制措施的依赖;大数据、视频监控、手机定位、移动支付等现代科技的广泛应用,为非羁押强制措施监管创造了有利条件。

非羁押诉讼是坚持以人民为中心和创新社会治理的必然要求。长期以来,我国审前羁押率偏高,羁押成本较高,不利于社会治理。完善非羁押强制措施适用,进一步统筹好司法的惩罚与修复功能,可以减少社会对抗,化解社会矛盾,修复社会关系。最高人民检察院提出转变“构罪即捕”的理念,牢固树立“少捕慎押”司法理念,减少不必要的逮捕,合理降低逮捕羁押率①,推动取保候审等非羁押措施作为保障诉讼的主要方式,促进司法文明和社会和谐,推进诉讼制度和犯罪治理的现代化。

(二)问题

非羁押诉讼的探索和实践不是一帆风顺的。尽管有司法理念的指导和羁押必要性审查等关联制度的保障,由于在操作层面缺少规范支持,实践中非羁押诉讼运行情况并不乐观。犯罪嫌疑人取保候审后翻供、串供和逃跑行为,影响了非羁押诉讼的正常进行,成为困扰羁押必要性审查工作开展的“绊脚石”。如果对这些人不进行羁押必要性审查而简单地一律采取羁押措施,又会造成事实和程序上的司法不公,也会让羁押必要性审查制度流于形式。

一是非羁押诉讼面临的最大障碍是司法人员观念的更新和提升不到位。

---

① 侦查、检察、审判机关各自对羁押率的统计口径并不一致。对于侦查机关来讲,所有被立案的嫌疑人并非全部移送检察机关,其羁押率的计算有两个口径,不考虑刑事拘留措施,一是侦查机关立案嫌疑人被逮捕的比例,二是移送检察机关起诉的嫌疑人被逮捕比例。检察机关诉前羁押率也是两个口径,一是检察机关受理案件所有嫌疑人(包括检察机关追诉嫌疑人)被逮捕的比例,二是起诉到法院案件嫌疑人(不包括不起诉和退回补充侦查的嫌疑人)被逮捕的比例。审判机关审前羁押率是指审判时嫌疑人被逮捕的比例,也有两个口径,一是检察机关移送的公诉案件嫌疑人审判前被逮捕比例,二是包含自诉刑事案件和公诉案件所有被告人被采取逮捕的比例。因此,不同部门统计口径的差异,各机关公布的“逮捕率”并不完全一样。本文逮捕率除特别是说明的,均指检察机关的逮捕数与起诉人数比。如果考虑不起诉等因素,实际诉前逮捕率还要低。

传统的刑事诉讼当中，司法机关把刑事拘留、逮捕作为对犯罪的一种惩罚措施，利用羁押措施，辅助自己的侦查、审查、审判，迫使犯罪嫌疑人认罪，社会也在一定程度上认同这种做法。司法实践中公安机关为追求高批捕率，将一些可捕可不捕的案件提请逮捕，积极说服检察机关将这些本可以适用非羁押措施的犯罪嫌疑人批准逮捕。要提高审判前的非羁押率，既需要社会层面观念的改变，更需要司法机关及其办案人员观念的重构。司法机关之间没有统一的执法理念，导致同一案件非羁押诉讼不能贯穿始终。司法实践中存在公安机关取保的犯罪嫌疑人到了检察机关被决定逮捕的情形，也有检察环节取保的嫌疑人到了审判环节被逮捕的情形。被逮捕的主要理由是嫌疑人不认罪或者不配合司法机关工作。在现行的司法框架下，将犯罪嫌疑人在取保状态下进行审判，审判以后直接到监狱执行，不仅社会认可度低，司法人员也有不同意见。有的司法人员甚至提出一种观点，认为判前在看守所羁押对于判实刑的被告人来讲是有利的，因为被告人判决前羁押时间可以折抵刑期，可以提前执行完成。从根源上来分析，这就是一种有罪推定思维，与当前“未经法院判决不得确定有罪”的规定是冲突的。所以要推进非羁押诉讼，必须要改变司法人员内心深处的一些执念。

二是非羁押诉讼面临的最大问题是取保后的安全措施。刑事诉讼中对非羁押人员的监督管理由公安机关执行，传统监管方式为嫌疑人定期到派出所报到。非羁押人员增多，执行机关人员有限，犯罪嫌疑人在被取保候审后常常出现不能到案或者不能及时到案的问题。一部分无羁押必要的外来犯罪嫌疑人、无家庭帮教条件的未成年犯罪嫌疑人在被解除羁押后有的“失踪”，还有的嫌疑人翻供，有的打击报复证人、被害人、举报人，甚至再犯罪。这些问题严重影响了刑事诉讼的顺利进行。实践中对无固定居所、符合取保候审条件但无法提出保证人，也无力缴纳保证金的“三无”人员，很多地方采取了继续羁押的方式。这些问题在一定程度上影响了司法机关非羁押诉讼的积极性。非羁押人员的安全、非羁押诉讼的安全性，是制约非羁押诉讼的瓶颈。

三是非羁押诉讼面临的最大阻力是受害人的不解与信访。受害人基于个人利益诉求认为司法机关对犯罪嫌疑人不采取羁押措施就是对犯罪嫌疑人的放纵，也有被害人试图通过羁押措施获取更多赔偿与和解筹码。被害人对非羁押诉讼不理解，不支持公、检、法三机关对犯罪嫌疑人实行非羁押诉讼，甚至认为承办人员存在徇私舞弊的情况，并以此为理由上访，导致一些承办人不愿意采用非羁押诉讼模式办理案件。司法机关迫于信访等压力，一些可捕可不捕的案件就自然采取逮捕强制措施。

(三)现状

法律监督机关这一宪法定位,决定了检察机关在落实少捕慎诉慎押刑事司法政策中应当承担主导责任,通过自身办案理念的转变,引导侦查机关和推动审判机关对非羁押诉讼的支持。侦查机关和审判机关在检察机关的推动下,积极加入到非羁押诉讼程序中来。近年来,疫情暴发、认罪认罚从宽从试点到入法已应用,侦查机关、检察机关对没有逮捕必要的犯罪嫌疑人以取保状态移送起诉成为常态,法院采用速裁程序审理非羁押案件也越来越多。非羁押诉讼的案件得到公正判决,绝大多数取得较好的社会效果、法律效果和政治效果。2020 年以后,非羁押诉讼已经成为市县两级特别是县级司法机关刑事诉讼的常态,非羁押诉讼模式逐渐被接受。

2021 年 1 月 14 日,最高人民检察院公布了全国首批七件检察改革典型案例,山东省东营市人民检察院创建的“三位一体”制度体系打造非羁押诉讼新模式入选并发布,在社会上引起强烈反响,表明最高司法层面对非羁押诉讼基层试点的肯定和鼓励。2021 年 11 月,最高人民检察院选编了“姜某故意伤害案”等 5 件案例作为检察机关贯彻少捕慎诉慎押刑事司法政策的典型。以典型案例引领非羁押诉讼工作在基层司法机关落地生根。

从“少捕慎诉”到“少捕慎诉慎押”,体现了司法理念的进步。非羁押诉讼的实践探索是近几年的事情,在这之前,非羁押仅仅作为一种减少羁押办案的手段。“贯彻少捕慎诉慎押刑事司法政策,要求执法司法机关对于轻罪案件,尽可能地采取非羁押措施,尽可能发挥审查起诉的调节、把关、分流功能,将矛盾化解在诉讼前端,尽量以更为经济、更为快捷的诉讼方式、办案模式实现司法的功能。”[①]非羁押诉讼作为少捕慎诉慎押刑事司法政策的重要组成部分,成为一项制度也指日可待。

二、非羁押诉讼的刑事司法政策演进

(一)“惩办与宽大相结合”刑事司法政策时期——极少数案件非羁押诉讼

我国自古就有“慎杀”“慎刑”的法律思想。我国最早的刑事司法政策是“少捕少杀”,新中国成立后采取了“镇压与宽大相结合”的刑事政策,1979 年《刑法》第一条规定“惩办与宽大相结合”刑事政策,但是严峻的社会治安形势,导致“严

① 孙谦等主编:《刑事检察业务总论》,中国检察出版社 2022 年版,第 37 页。

打”刑事政策的出台。在严打政策下，构罪即捕、构罪即重判决等倾向严重。执法机关重实体、轻程序的司法传统延续多年，不重视对判决前的嫌疑人、被告人权利的保护。我国刑事司法实践中一直存在着逮捕羁押普遍化问题，判决前羁押曾经是司法常态。1993年至1997年五年间，全国检察机关共批准逮捕各类刑事犯罪嫌疑人2893771人，提起公诉2807861人，逮捕率为100.03%。① 1998年至2002年五年间，全国检察机关共批准逮捕各类刑事犯罪嫌疑人3601357人，提起公诉3666142人，逮捕率为98.23%。② 刑事诉讼基本上是大部分嫌疑人在羁押状态下进行的，只有少量嫌疑人可以在非羁押状态下完成。

(二)“宽严相济”刑事司法政策时期——非羁押诉讼理念培育与形成

1997年《刑事诉讼法》中明确规定“未经人民法院依法判决，对任何人不得确定有罪”，彻底否定了以往刑事司法中的有罪推定原则。2004年，人权保障写入《宪法》。刑事诉讼中犯罪嫌疑人、被告人的程序性权利保护引发关注。2006年10月《中共中央关于构建社会主义和谐社会若干重大问题的决定》发布，“宽严相济”刑事司法政策在国家层面逐步确立，并在2009年和2011年《刑法修正案》(七)(八)中予以深化。在宽严相济刑事司法政策的影响下，逮捕率虽然有所下降，但对于公安机关提请批捕的案件，检察机关的批捕率仍保持在85%以上。大多数基层检察机关的批捕率超过90%。如有的地市人民检察院批捕率一直保持在97%以上，无逮捕必要不捕案件所占比例畸低。与此同时，“一捕到底”“一押到底”的现象非常普遍，捕后变更强制措施的比例很低。③

全国检察机关认真贯彻宽严相济的刑事司法政策，坚持该严则严、当宽则宽、区别对待、注重效果。在依法严厉打击严重刑事犯罪的同时，对轻微刑事案件尽量缩短办案时间，建议人民法院适用简易程序；对涉嫌犯罪的未成年人，坚持教育为主、惩罚为辅的原则，采取适合其身心特点的办案方式，建立社会调查、亲情会见等制度；对主观恶性不大、犯罪情节轻微的未成年人、初犯、过失犯，以及因亲友邻里纠纷引发、当事人达成和解的轻微刑事案件，做到可捕可不捕的不批捕，可诉可不诉的不起诉。2003年至2007年，全国检察机关共批准逮捕各类刑事犯罪嫌疑人4232616人，提起公诉4692655人，起诉案件逮捕率为90.19%。

① 参见《最高人民检察院工作报告——1998年3月10日在第九届全国人民代表大会第一次会议上》，2006年2月21日，https://www.spp.gov.cn/spp/gzbg/200602/t20060222_16375.shtml。

② 参见《最高人民检察院工作报告——2003年3月11日在第十届全国人民代表大会第一次会议上》，2006年2月22日，https://www.spp.gov.cn/spp/gzbg/200602/t20060222_16373.shtml。

③ 参见张兆松：《论羁押必要性审查的十大问题》，《中国刑事法杂志》2012年第9期。

对涉嫌犯罪但无逮捕必要的,决定不批准逮捕 149007 人;对犯罪情节轻微,依照刑法规定不需要判处刑罚或者免除刑罚的,决定不起诉 73529 人。①

2007 年最高人民检察院制定《关于在检察工作中贯彻宽严相济刑事司法政策的若干意见》,要求严格把握"有逮捕必要"条件,慎用逮捕措施,对于不采取强制措施或者采取其他强制措施不妨害诉讼顺利进行的,应当不予批捕,对于可捕可不捕的坚决不捕。"少捕慎捕"的执法要求逐步得到贯彻,犯罪嫌疑人、被告人可以在不羁押状态下完成刑事诉讼的案件逐步增多。

2008 年至 2012 年,全国检察机关共批准逮捕各类刑事犯罪嫌疑人约 469.98 万人,提起公诉约 601.76 万人,逮捕率为 78.1%。对轻微刑事犯罪落实依法从宽政策,不批准逮捕 311460 人,不起诉 150309 人。② 有大约 140 万犯罪嫌疑人可以在非羁押状态下完成刑事诉讼。

2013 年至 2017 年,全国检察机关共批准逮捕各类刑事犯罪嫌疑人 453.1 万人,较前五年下降 3.4%,提起公诉 717.3 万人,较前五年上升 19.2%。5 年公诉案件平均羁押率为 62.89%。③ 有大约 266 万犯罪嫌疑人可以在非羁押状态下完成刑事诉讼。

(三)"少捕慎诉慎押"刑事司法政策时期——非羁押诉讼快速发展

犯罪结构的变化,促使慎押理念的形成。从办案实践来看,重罪比例减少,轻罪比例增加,社会危险性较小的行政犯增加,逮捕措施作为一种最为严厉的诉讼方式在司法案件中的占比大大下降。1999 年至 2019 年,检察机关起诉严重暴力犯罪年均下降 4.8%(见图 1);被判处三年有期徒刑以上刑罚的占比从 45.4%降至 21.3%(见图 2)。与此同时,新类型犯罪增多,"醉驾"取代盗窃成为刑事追诉第一犯罪,扰乱市场秩序犯罪增长 19.4 倍,生产、销售伪劣商品犯罪增长 34.6 倍(见图 3),侵犯知识产权犯罪增长 56.6 倍。严重暴力犯罪及重刑率下降,反映了社会治安形势持续好转,人民群众安全感提高;新型危害经济社会管理秩序犯罪上升,表明社会治理进入新阶段,人民群众对社会发展内涵有新期待。刑事犯罪从立法规范到司法追诉发生深刻变化,刑事检察理念和政

① 参见《最高人民检察院工作报告——2008 年 3 月 10 日在第十一届全国人民代表大会第一次会议上》,2012 年 8 月 20 日,https://www.spp.gov.cn/spp/gzbg/201208/t20120820_2495.shtml。

② 参见《最高人民检察院工作报告——2013 年 3 月 10 日在第十二届全国人民代表大会第一次会议上》,2013 年 3 月 22 日,https://www.spp.gov.cn/spp/gzbg/201303/t20130316_57131.shtml。

③ 参见《最高人民检察院工作报告——2018 年 3 月 9 日在第十三届全国人民代表大会第一次会议上》,2018 年 3 月 25 日,https://www.spp.gov.cn/spp/gzbg/201803/t20180325_372171.shtml。

策必须全面适应、努力跟进。[①] 特别是最高刑只有拘役的醉驾案件占比达到20%，取保候审状态下诉讼占比逐年增加。2020年全国检察长会议上，最高人民检察院检察长张军指出，随着社会的发展尤其是科技的进步，扩大非羁押手段适用完全可行且势在必行。要进一步降低逮捕率、审前羁押率，能不捕的不捕，能不羁押的不羁押，有效减少社会对立面。

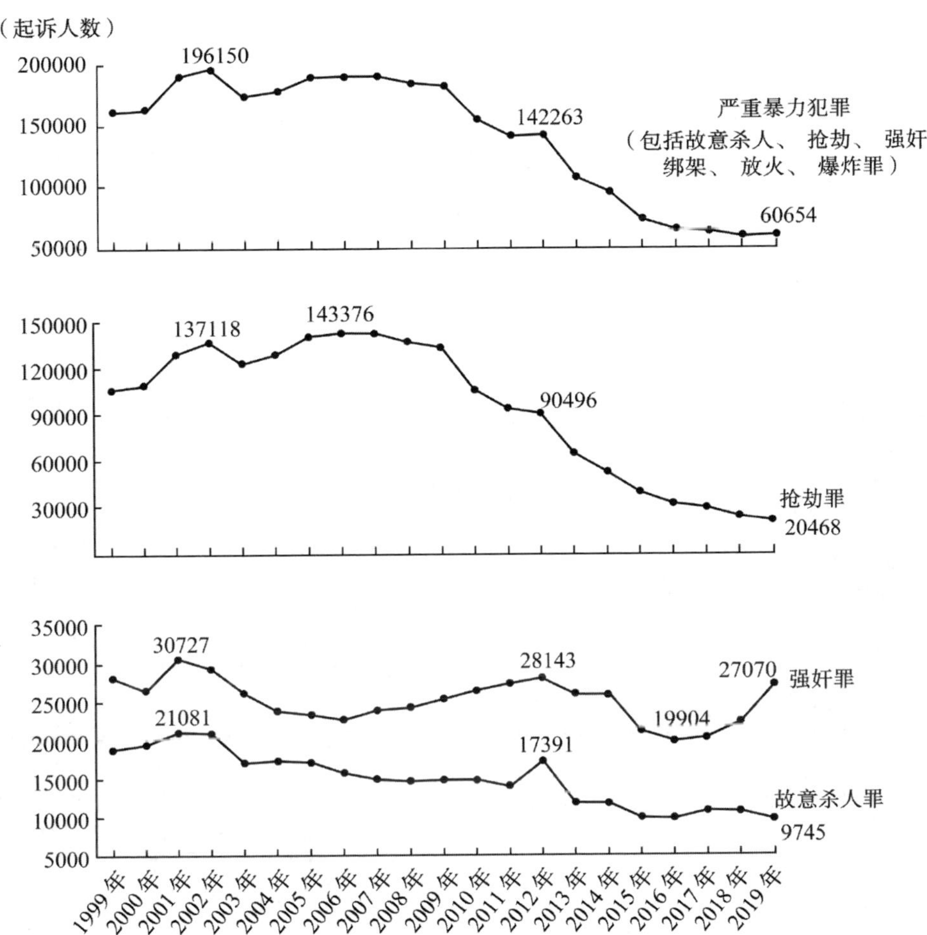

图1　1999年至2019年严重暴力犯罪变化

① 参见《最高人民检察院工作报告——2020年5月25日在第十三届全国人民代表大会第三次会议上》，2020年6月1日，https://www.spp.gov.cn/spp/gzbg/202006/t20200601_463798.shtml。

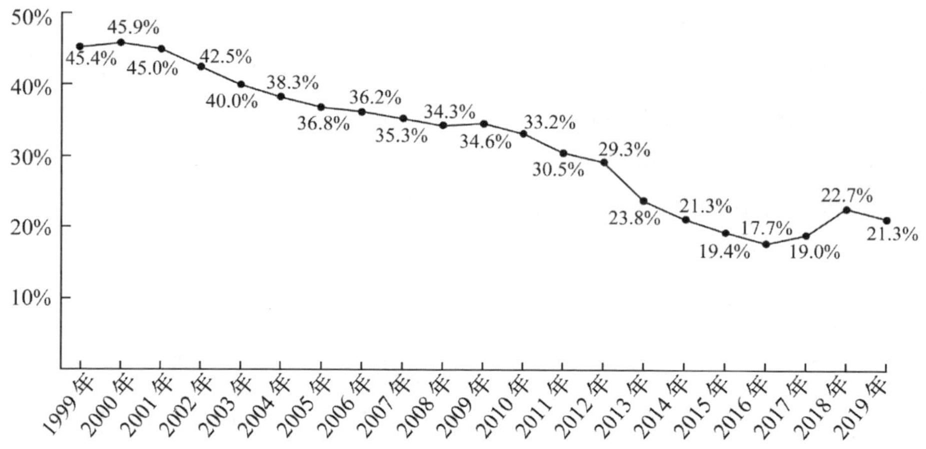

图2　1999年至2019年判处三年有期徒刑以上刑罚比例变化

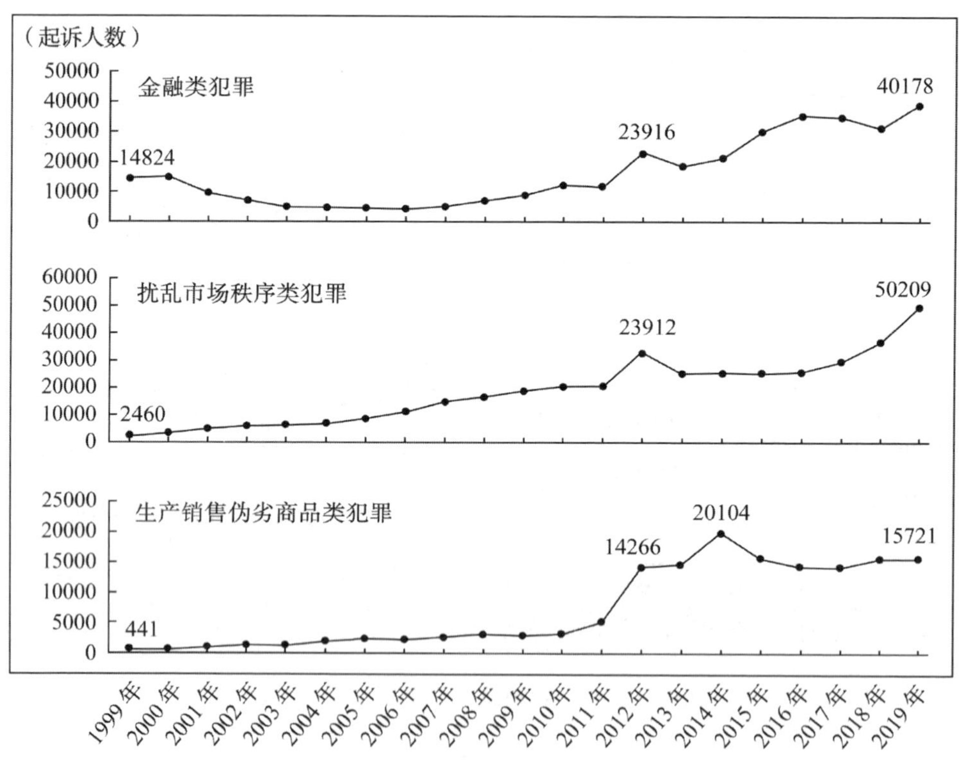

图3　1999年至2019年危害经济社会管理秩序犯罪变化[①]

① 以上图表引自最高人民检察院官方微信公众号。

2021年4月，中央全面依法治国委员会把“少捕慎诉慎押”刑事司法政策列入2021年工作要点，上升为党和国家的刑事司法政策。2021年6月，《中共中央关于加强新时代检察机关法律监督工作的意见》发布，明确将“严格依法适用逮捕羁押措施，促进社会和谐稳定”作为检察机关的一项重要任务。近年来，随着少捕慎诉慎押司法理念日益发挥指导作用，以及认罪认罚从宽制度全面实施、高比例适用，检察机关不捕率、不诉率以及诉前羁押率均发生了明显变化。“少捕慎诉慎押”从刑事司法理念上升为刑事司法政策，是适应我国刑事犯罪结构发生重大变化，深化适用宽严相济刑事政策，扎实落实“以人民为中心”的发展思想，助力推进国家治理体系和治理能力现代化的必然要求。

2018年，全国检察机关共批准逮捕各类犯罪嫌疑人1056616人，提起公诉1692846人，同比分别下降2.3%和0.8%；逮捕率为62.4%。贯彻宽严相济刑事政策，对涉嫌犯罪但无需逮捕的决定不批捕116452人，对犯罪情节轻微、依法可不判处刑罚的决定不起诉102572人，同比分别上升4.5%和25.5%。对不构成犯罪或证据不足的决定不批捕168458人、不起诉34398人，同比分别上升15.9%和14.1%。[①]

2019年，全国检察机关共批准逮捕各类犯罪嫌疑人1088490人、提起公诉1818808人，同比分别上升3%和7.4%，逮捕率为59.7%。2019年，全国检察机关对不构成犯罪或证据不足的决定不批捕191290人、不起诉41409人，较5年前分别上升62.8%和74.6%。对侦查、审判中不需要继续羁押的，建议取保候审75457人，较5年前上升279%。[②]

2020年，全国检察机关共批准逮捕各类犯罪嫌疑人770561人、提起公诉1572971人，逮捕率为48.98%。对依法可不批捕和犯罪情节轻微、不需要判处刑罚的，不批捕8.8万人、不起诉20.2万人，占已办结案件比例分别增加0.8和3.9个百分点。捕后认罪认罚可不继续羁押的，建议释放或变更强制措施2.5万人。审前羁押从2000年占96.8%降至2020年的53%。[③]

2021年共批准和决定逮捕各类犯罪嫌疑人868445人，同比上升12.7%；不捕38.5万人，同比上升65%，不捕率31.2%，同比增加7.9个百分点。共决

---

① 参见《最高人民检察院工作报告——2019年3月12日在第十三届全国人民代表大会第二次会议上》，2019年3月19日，https://www.spp.gov.cn/spp/gzbg/201903/t20190319_412293.shtml。

② 参见《最高人民检察院工作报告——2020年5月25日在第十三届全国人民代表大会第三次会议上》，2020年6月1日，https://www.spp.gov.cn/spp/gzbg/202006/t20200601_463798.shtml。

③ 参见《最高人民检察院工作报告——2021年3月8日在第十三届全国人民代表大会第四次会议上》，2021年3月15日，https://www.spp.gov.cn/spp/gzbg/202103/t20210315_512731.shtml。

定起诉174.9万人,同比上升11.2%;决定不起诉34.8万人,同比上升39.4%,不起诉率16.6%,同比增加2.9个百分点。不批捕不起诉比2018年分别上升28.3%和1.5倍;辅以公开听证、释法说理、司法救助等促进形成共识,公安机关提出不同意见、提请复议复核下降37.4%,被害人不服提出申诉下降11.2%。①

三、非羁押诉讼的探索与规范

改变和纠正原有的对逮捕羁押强制措施的过度依赖,对办案机关来说,是一个从理念到制度再到能力提升的系统工程,对社会大众来说,也需要一个更新认识、逐步理解和支持的过程。改变办案人员"以捕代侦""构罪即捕"的执法理念,更需要提高侦查能力,以获取客观证据和提升技术手段作为证明犯罪的主要方法,减少对口供的依赖。办案人员逐渐认识到,非羁押措施不仅有利于保障刑事诉讼的顺利进行,更是犯罪嫌疑人、被告人享有的免受羁押的合法权益。改变广大群众特别是被害人对非羁押诉讼的错误认识,才能更好地推行非羁押诉讼工作。

(一)非羁押诉讼的理论研究日臻成熟

非羁押诉讼的实践主要由检察机关进行,理论研究学界参与较多,公安机关、审判机关对非羁押诉讼的研究较少。目前公开文献和文件中,检察机关对非羁押诉讼理论研究结合实践探索比较多,公安机关和审判机关对非羁押诉讼研究和规定公开文件更少。

以"非羁押诉讼"为关键词查询,篇名中含有该关键词的知网收录论文数为38篇(期刊21篇、报纸13篇、硕士学位论文3篇、会议论文1篇);以此关键词为主题检索,共计发现文章63篇(期刊35篇、报纸13篇、硕士学位论文12篇、会议论文2篇、案例1件)。

以"羁押必要性审查"为关键词查询,篇名中含有该关键词的知网收录论文数为708篇(期刊393篇、报纸170篇、硕士学位论文107篇、会议论文37篇、司法解释及文件1篇);以此关键词为主题检索,共计发现文章973篇(期刊553篇、硕士学位论文198篇、报纸170篇、会议论文46篇、案例6件、司法解释及文件1篇)。②

---

① 参见《最高人民检察院工作报告——2022年3月8日在第十三届全国人民代表大会第五次会议上》,2022年3月15日,https://www.spp.gov.cn/spp/gzbg/202203/t20220315_549267.shtml。

② 以上数据采集时间节点为2012年1月1日至2022年6月6日。

根据数据可知，当前学界研究重点是“羁押必要性审查”等具体措施，对“非羁押诉讼”的系统性研究较少。两者数据相比，非羁押诉讼相关论文篇数仅为羁押必要性审查的5%～6%。在硕士学位论文研究上，这一数据差距更大。在实务中，非羁押诉讼作为承接羁押必要性审查的关键步骤，两者是相辅相成的。对非羁押诉讼进行系统深刻的研究，厘清与羁押必要性审查的联系是很必要的。

2017年来，最高人民检察院每年的重大检察理论课题中均有非羁押诉讼方面的研究。《轻刑案件适用非羁押强制措施的难点及对策》[①]、《检察环节非羁押诉讼研究》[②]、《非羁押诉讼公诉环节若干问题研究》[③]、《“枫桥经验”引领下非羁押诉讼模式的构建——以浙江省诸暨市检察院办案实践为例》[④]等非羁押诉讼理论研究成果在《人民检察》相继发表，为非羁押诉讼实践提供理论支撑。2020年，许多法学专家在《检察日报》发文解读“少捕慎诉慎押”诉讼理念，为非羁押诉讼实践探索提供理论支持。

(二)非羁押诉讼适用范围和条件更加精准

关于非羁押诉讼的适用范围，目前还没有统一的规定，散见于一些关于审查批捕、羁押必要性审查、未成年人犯罪案件办理的特殊规定中。如何打消社会上对少捕慎诉慎押刑事司法政策存在的疑虑，改变贯彻非羁押就是纵容犯罪嫌疑人、被告人的偏见，必须澄清几个错误认识。

1.少捕慎诉慎押不等于不捕不诉不押，适用条件严格限制

非羁押诉讼的适用对象应当是罪行较轻，可能判处三年以下有期徒刑、拘役(均含缓刑)、管制、单处附加刑或免于刑事处罚的犯罪嫌疑人、被告人。主要包括：一是可能判处三年有期徒刑以下刑罚的轻微犯罪案件。二是罪行较轻，可能判处三年有期徒刑以上刑罚，但是系过失犯罪，共同犯罪中的从犯、胁从犯。三是犯罪嫌疑人、被告人认罪认罚，没有其他恶劣情节的案件。四是未成年人、老年人、在校学生、重大科研项目关键岗位的科研人员、没有社会危险性

---

① 参见刘润发：《轻刑案件适用非羁押强制措施的难点及对策》，《人民检察》2017年第18期。

② 参见张志杰等：《检察环节非羁押诉讼研究》，《人民检察》2019年第14期，

③ 参见张树壮、韩旭：《非羁押诉讼公诉环节若干问题研究》，《人民检察》2019年第16期。

④ 参见谢剑等：《“枫桥经验”引领下非羁押诉讼模式的构建——以浙江省诸暨市检察院办案实践为例》，《人民检察》2020年第16期。浙江省诸暨市人民检察院多年来不断传承发展“捕人少、治安好”的内涵和实践经验，通过强化捕前把关、严控提请逮捕案件，细化捕中对接、提高逮捕案件质量，落实捕后监督、严防不羁押失管逃诉等，实现了“以非羁押为原则、以羁押为例外”的良好效果。

的企业经营者等,不予羁押不致产生社会危险,且更符合社会公共利益的案件。[①] 当然,适用非羁押诉讼还必须同时满足以下条件:罪行经查证属实未涉嫌其他重大犯罪;如实供述,有悔罪表现;有监管或帮教条件;没有干扰侦查人员调查取证或实施打击报复等行为;没有社会危险性等。以未成年人犯罪为例,近年来未成年人犯罪逮捕率低于普通犯罪,未成年人非重大犯罪的一般不采取羁押措施,多数在非羁押状态下完成诉讼。2020 年,全国检察机关共受理审查逮捕未成年犯罪嫌疑人 37681 人,批捕 22902 人,不捕 14709 人,不捕率为 39.1%,受理起诉 54954 人,起诉 33219 人,不起诉 16062 人,不起诉率 32.59%。羁押率为 41.67%。[②] 2021 年,全国检察机关共受理审查逮捕未成年犯罪嫌疑人 55379 人,受理审查起诉 73998 人,经审查,批准逮捕 27208 人,不批准逮捕 27673 人;提起公诉 35228 人(含附条件不起诉考验期满后起诉人数),不起诉 22585 人(含附条件不起诉考验期满后不起诉人数),附条件不起诉 19783 人,不捕率、不诉率、附条件不起诉率分别为 50.4%、39.1%、29.7%。2021 年羁押率为 36.77%。[③]

2.非羁押诉讼案件不能等同于轻微刑事案件,是否羁押还要考虑社会效果

刑事诉讼法关于适用速裁程序的轻微刑事案件是指犯罪事实清楚,证据确实、充分,可能判处三年有期徒刑以下刑罚的刑事案件。非羁押诉讼案件并非都是轻微刑事案件,一部分是事实简单的案件,一部分可能是有争议的案件,有些非羁押诉讼案件并不容易办理。非羁押诉讼案件中既存在少量因证据问题而未予羁押的重大疑难复杂案件,也存在大量轻微但“简案难办”的案件。因此,非羁押诉讼的案件标准是嫌疑人有没有社会危险性,需要不需要羁押。不是所有轻微案件一律采用非羁押方式进行,有些轻罪案件因其社会影响恶劣也被采取羁押措施。如涉及疫情犯罪,法定量刑区间并不高,基于疫情防控形势要求,2020 年 2 月至 4 月,共批准逮捕涉疫刑事犯罪 3751 人、起诉 2521 人[④],此类犯罪的逮捕率阶段性超过 100%。2020 年,全国检察机关受理审查逮捕妨害

---

① 参见《少捕慎诉慎押,如何正确理解、精准适用?》,2022 年 2 月 9 日,https://baijiahao.baidu.com/s?id=1724292809733042223&wfr=spider&for=pc。

② 参见《2020 年全国检察机关主要办案数据》,2021 年 3 月 8 日,https://www.spp.gov.cn/xwfbh/wsfbt/202103/t20210308_511343.shtml#1。

③ 参见最高人民检察院:《未成年人检察工作白皮书(2021)》,2022 年 6 月 1 日,https://www.spp.gov.cn/spp/xwfbh/wsfbt/202206/t20220601_558766.shtml#2。

④ 参见《最高人民检察院工作报告——2020 年 5 月 25 日在第十三届全国人民代表大会第三次会议上》,2020 年 6 月 1 日,https://www.spp.gov.cn/spp/gzbg/202006/t20200601_463798.shtml。

新冠肺炎疫情防控犯罪 8743 人；经审查，批准和决定逮捕 7227 人，逮捕人数占审结的 81.7%，较总体刑事犯罪高 5 个百分点。受理审查起诉 14445 人；经审查，决定起诉 11229 人，起诉人数占审结的 88.9%，较总体刑事犯罪高 2.6 个百分点。[①] 起诉案件羁押率 64.36%，高于全部刑事案件的羁押率（检察环节羁押率 50%）。

3.非羁押诉讼案件不是一律从宽，适用中应当坚持宽严相济

在扩大非羁押强制措施和不起诉适用的同时，并不是羁押的比例越低越好，更不是对所有案件都从宽处理。对恐怖活动、涉黑涉恶等严重危害国家安全、公共安全的犯罪，故意杀人、强奸、绑架等严重暴力犯罪，以及部分虽然罪行较轻，但情节恶劣，主观恶性、人身危险性大的案件，应当实施逮捕。甚至对一些后果不严重但是情节恶劣、社会影响大的案件，也应当采取羁押措施。检察机关并不是一味地少捕、不捕，而是在逮捕适用过程中更加精准、审慎，确保逮捕适用于社会危险性较大的犯罪嫌疑人，充分发挥逮捕保障诉讼的作用。在扫黑除恶专项斗争中，全国检察机关始终保持高压态势，2018～2020 年，共批捕涉黑恶犯罪 148936 人、起诉 230271 人；坚持"打伞破网"，批捕黑恶势力"保护伞" 1489 人、起诉 2987 人，涉及黑恶案件的起诉案件羁押率为 64.68%[②]，明显高于普通刑事案件。

（三）非羁押诉讼的实践不断深入

羁押性强制措施作为对公民基本权利——人身自由进行限制的诉讼保障措施，其适用必须慎之又慎。司法实践中，"一捕到底"的诟病在一些无罪案件中凸显，减少审前羁押和羁押后再审查的呼声越来越高。1997 年和 2012 年两次《刑事诉讼法》修改，都聚焦强制措施适用标准，确立了羁押措施的两个阶段审查机制，即逮捕必要性审查和捕后羁押必要性审查。这一开创性的规定是我国刑事诉讼"尊重和保障人权"的重要体现，是对我国现行逮捕羁押制度的一项重大改革。非羁押诉讼的探索也伴随着该制度的建立和完善而展开。2021 年羁押听证制度的出台，将非羁押诉讼制度的完善又向前推进了一步。

1.逮捕必要性审查制度改变了有罪即捕的传统做法

1997 年《刑事诉讼法》修改，对逮捕条件进行具体化，对"社会危险性"认定

---

① 参见《2020 年全国检察机关主要办案数据》，2021 年 3 月 8 日，https://www.spp.gov.cn/xwfbh/wsfbt/202103/t20210308_511343.shtml#1。

② 参见孙凤娟：《最高检案管办负责人就 2020 年全国检察机关主要办案数据答记者问》，2021 年 3 月 8 日，http://news.jcrb.com/jsxw/2021/202103/t20210308_2258835.html。

更加细化。检察机关坚持"少捕慎捕"理念,不断推进逮捕规范化、精细化。2015年《最高人民检察院、公安部关于逮捕社会危险性条件若干问题的规定(试行)》细化了提捕案件社会危险性证明标准,将一部分无社会危险性的轻罪案件过滤出逮捕环节。各级检察机关认真贯彻落实最高人民检察院关于逮捕工作的有关要求,积极转变逮捕理念,恪守客观公正义务,不断完善工作机制,促使审查逮捕工作更加规范化、精细化,对推动非羁押诉讼和降低审前羁押率起到了积极作用。突出审查逮捕的诉讼属性,开展逮捕案件公开审查、公开宣告制度、不逮捕说理等,积极探索对无社会危险性不捕、刑事和解不捕以及有重大影响的案件等进行公开审查和宣告,以公开促公正、促和谐,减少社会对抗,避免适用不必要的逮捕措施。实践中,公开审查逮捕案件和公开宣告案件,未出现引发上访或公安机关提请复议复核以及不捕嫌疑人"脱保"、重新犯罪等情况。坚持能不捕的不捕,能不羁押的不羁押,有效减少社会对立面,体现了"捕人少、治安好"的司法目标。

2.羁押必要性审查制度改变了一押到底的羁押诉讼格局

司法实践要求司法机关树立审慎羁押的理念,辩证看待非羁押措施与诉讼风险的关系,完善羁押必要性审查制度,整体扩大非羁押性强制措施的适用比例。2016年,《人民检察院办理羁押必要性审查案件规定(试行)》发布,为非羁押诉讼走向制度规范奠定了基础。2012年《刑事诉讼法》修改确立了羁押必要性审查[①],批准逮捕的核心条件发生变化,从逮捕必要性审查转向社会危险性评估。检察机关在审查逮捕时严格把握逮捕条件,作出不逮捕前要进行社会危险性评估和动态考察,结合案件事实、在案证据和法律要件,综合判断决定是否继续羁押,根据诉讼需要依法及时变更强制措施。羁押必要性审查,能有效减少不必要、不适当的审前羁押,充分保障被追诉人权利。2012年《人民检察院刑事诉讼规则(试行)》第六百一十六条至第六百二十一条、2019年《人民检察院刑事诉讼规则》第五百七十三条至五百八十二条,均对羁押必要性审查作了细化,规定了开展羁押必要性审查的工作方法,细化了经羁押必要性审查后可以提出予以释放或者变更强制措施的建议的具体情形,明确了检察院内部办理羁押必要

① 2012年《刑事诉讼法》第九十三条规定:"犯罪嫌疑人、被告人被逮捕后,人民检察院仍应当对羁押的必要性进行审查。对不需要继续羁押的,应当建议予以释放或者变更强制措施。有关机关应当在十日以内将处理情况通知人民检察院。"第九十五条规定:"犯罪嫌疑人、被告人及其法定代理人、近亲属或者辩护人有权申请变更强制措施。人民法院、人民检察院和公安机关收到申请后,应当在三日以内作出决定;不同意变更强制措施的,应当告知申请人,并说明不同意的理由。"

性审查工作的主体根据诉讼阶段分别为侦监部门、公诉部门与监所部门，后来又将办理主体统一为监所检察部门。2020 年捕诉合一以后，羁押必要性审查统一由捕诉部门行使，改变过去多头审查现象。[①] 2019 年的《人民检察院刑事诉讼规则》第五百七十九、五百八十条将羁押必要性审查条件细化为“应当提出建议”和“可以提出建议”两种，使得羁押必要性审查更具有可操作性。

2008 年至 2012 年实施对轻微犯罪落实依法从宽政策，决定不批准逮捕 311460 人、不起诉 150309 人。[②] 2013 年到 2016 年，依法保护在押人员合法权益，认真履行羁押必要性审查职责，对逮捕后不需要继续羁押的 115560 名犯罪嫌疑人，建议予以释放或者变更强制措施，有关部门采纳率达到 92.3%。[③]

2021 年 7 月，最高检在全国检察机关开展羁押必要性审查专项活动，针对重点案件开展全流程、全覆盖羁押必要性审查。通过重点审查、综合施策，依法建议释放或变更强制措施 5.6 万人，诉前羁押率从 2018 年的 54.9%降至 2021 年的 42.7%。[④] 无逮捕必要不捕人数占不捕比例首次超过 50%，不起诉率同比增加 2.9 个百分点。[⑤]

羁押必要性审查作为一项司法审查制度的构建，有助于克服实践中长期存在的对犯罪嫌疑人、被告人一捕了之的弊端，解决了过度依赖羁押的问题，分清了办案需要与羁押必要性的界限，加大了检察机关对审前羁押的审查监督力度。对限制人身自由的强制措施的审查从逮捕延伸到逮捕后羁押全过程，在保障诉讼的同时控制和减少判前羁押，对于降低判前羁押率、节约司法资源、落实尊重和保障人权、维护犯罪嫌疑人和被告人的合法权益、防止冤假错案发挥了积极作用。

3.羁押听证制度为非羁押诉讼程序规范提供遵循

为进一步贯彻落实少捕慎诉慎押刑事司法政策，加强和规范检察机关羁押审查工作，准确适用羁押措施，依法保障犯罪嫌疑人、被告人的合法权利，2021

① 参见 2019 年《人民检察院刑事诉讼规则》将对应条款修改为第五百七十四条至五百七十七条。

② 参见《最高人民检察院工作报告——2013 年 3 月 10 日在第十二届全国人民代表大会第一次会议上》，2013 年 3 月 22 日，https://www.spp.gov.cn/spp/gzbg/201303/t20130316_57131.shtml。

③ 参见《最高检：对逮捕后不需要继续羁押的 115560 名犯罪嫌疑人 建议予以释放或者变更强制措施》，2016 年 11 月 5 日，https://www.spp.gov.cn/spp/zdgz/201611/t20161105_171718.shtml。

④ 参见《最高人民检察院工作报告——2022 年 3 月 8 日在第十三届全国人民代表大会第五次会议上》，2022 年 3 月 15 日，https://www.spp.gov.cn/spp/gzbg/202203/t20220315_549267.shtml。

⑤ 参见《最高检检委会专委宫鸣：少捕慎诉慎押须坚持宽严相济》，2022 年 3 月 8 日，https://www.bjnews.com.cn/detail/164663793214546.html。

年4月8日最高人民检察院第十三届检察委员会第六十五次会议制定通过《人民检察院羁押听证办法》[①]。《人民检察院羁押听证办法》共18条，明确了人民检察院在依法办理审查逮捕、审查延长侦查羁押期限、羁押必要性审查三类案件时，可以通过组织召开听证会的方式听取各方意见，结合开展听证和审查，依法准确作出是否适用羁押强制措施的决定。《人民检察院羁押听证办法》在明确羁押听证的案件类型和范围的同时，对听证审查的具体程序进行了细化规定。根据侦查办案实践需要，对羁押听证的参加人员进行了严格限定，明确了羁押听证不公开的基本原则。通过听证进一步优化案件审查方式，强化司法审查属性，接受社会监督和评判。最高检将羁押听证作为政法队伍教育整顿和党史学习教育"检察为民办实事"，并以此为契机不断完善羁押性强制措施相关制度，更好地实现惩罚犯罪与保障人权的有机统一，为经济社会高质量发展创造良好的法治环境。[②] 开展羁押听证工作，加强案件释法说理。羁押听证将慎押的理念又大大向前推动了一步，由逮捕危险性评估转向羁押必要性审查评判，将危险性评估纳入逮捕考察内容，没有危险性的嫌疑人可以不羁押逐步成为共识。检察机关通过羁押听证程序听取侦查机关、辩护人、受害人等各方意见，以相对公开的程序进行审查，对案件当事人开展释法说理，有助于增强当事人对非羁押措施适用的理解与认可。

4.延长羁押期限的审查更加严格

刑事诉讼法规定，对逮捕后两个月不能侦查终结的重大复杂犯罪案件，可以经上级检察机关批准后延长一定的羁押期限。为防止办案拖延，检察机关严格限制侦查机关延长侦查羁押期限，督促侦查机关积极开展侦查活动。2019年最高人民检察院印发《人民检察院刑事诉讼规则》，明确规定侦查机关在对犯罪嫌疑人执行逮捕后未有效开展侦查工作或者侦查取证工作没有实质进展的，人民检察院可以作出不批准延长侦查羁押期限的决定。该规则完善了不批准逮捕后监督撤案的规定。明确人民检察院对于犯罪嫌疑人没有犯罪事实或者不应当追究刑事责任的，在作出不批准逮捕决定的同时，应当要求侦查机关撤销案件或者对有关人员终止侦查，促使侦查机关对罪行较轻、无社会危险性的嫌疑人不再提请逮捕。通过延长羁押期限的严格审查，促使侦查机关提高工作效

---

① 羁押听证是指人民检察院办理审查逮捕、审查延长侦查羁押期限、羁押必要性审查案件，以组织召开听证会的形式，就是否决定逮捕、是否批准延长侦查羁押期限、是否继续羁押听取各方意见的案件审查活动。

② 参见史兆琨:《最高检发布〈人民检察院羁押听证办法〉》,《检察日报》2021年11月12日。

率，对于羁押期限内不能侦查终结的一般案件，采用取保候审方式完成诉讼。侦查机关也学会在非羁押状态下开展侦查工作，固定证据，推进诉讼，从“先抓人后破案”到“先破案后抓人”，再到“不抓人也破案”“破了案也不一定抓人”，逐渐实现工作模式和观念的转变。

5.持续不断开展超期羁押专项清理活动

在减少审前羁押的同时，在押嫌疑人、被告人的权利保障也引发关注，一些超期羁押、长期不处理的案件引发人们关注。2003 年 11 月，“两高一部”下发《关于严格执行刑事诉讼法，切实纠防超期羁押的通知》，对全国超期羁押案件进行彻底清理。在全国人大常委会的支持下，开展集中清理纠正超期羁押工作，解决了一批历史遗留的超期羁押问题，并在此基础上建立健全防止和纠正超期羁押长效机制。侦查、起诉、审判各环节新发生的超期羁押从 2003 年的 24921 人次下降到 2007 年的 85 人次。[①] 从 2013 年开始，按照中央政法委部署，最高检又在全国检察机关开展为期三年的清理纠正“久押不决”案件专项清理，核查出羁押 3 年以上未结案的 4459 人，对念某某、李某某等羁押 8 年以上的案件挂牌督办，至 2016 年 3 月下降为 6 人，至 2016 年 10 月全部清理纠正完毕。[②] 2019 年后又开展了一轮超期羁押专项清理。2019 年 10 月，最高检部署开展针对民营企业刑事案件挂案清理。2020 年 10 月到 2021 年 9 月，最高检联合公安部开展新一轮针对涉民营企业经济犯罪案件专项清理工作。2019 年排查的 2687 件已督促办结 2315 件；2020 年再次会同公安部排查督办 5088 件，为企业解绊，促其放手发展。[③] 最高人民法院也在 2020 年集中清理涉企业和企业家久拖不决、久押不决案件。通过对在押案件高效办理和超期羁押案件的督办，依法保障嫌疑人、被告人人权和诉讼权利，倒逼非羁押诉讼观念的养成。

6.非羁押诉讼在危险驾驶案件中普遍适用

我国非羁押诉讼案件的数量逐年递增，特别是危险驾驶罪入刑之后，部分地区的非羁押诉讼案件已经占到刑事案件总数的一半以上，2021 年危险驾驶案件起诉量已经达到 35 万人。危险驾驶罪的大量出现，基于司法成本控制与效率要求，绝大多数危险驾驶案件是在非羁押状态下完成诉讼的。危险驾驶罪入

---

① 参见《最高人民检察院工作报告——2008 年 3 月 10 日在第十一届全国人民代表大会第一次会议上》，2012 年 8 月 20 日，https://www.spp.gov.cn/spp/gzbg/201208/t20120820_2495.shtml。

② 参见王治国、徐盈雁：《检察机关坚持不懈推进久押不决案件专项清理》，2016 年 11 月 5 日，http://news.jcrb.com/jxsw/201611/t20161105_1670383.html。

③ 参见《最高人民检察院工作报告——2021 年 3 月 8 日在第十三届全国人民代表大会第四次会议上》，2021 年 3 月 15 日，https://www.spp.gov.cn/spp/gzbg/202103/t20210315_512731.shtml。

刑以来，经历一个从严到宽严相济的过程，诉讼模式也不断变化。危险驾驶罪入刑初期，基于维护公共安全的需要和危险驾驶社会危害性的表现，司法机关本着从严的要求，判处拘役且不能适用缓刑，这就造成了大量取保候审的犯罪嫌疑人在一审判决后立即被收监执行，出现大量醉驾案件拘留后取保判决再收监的“两头羁押”的现象。为了解决这个问题，司法机关曾探索采用“刑拘直诉”的方法，使侦查、公诉和审判三个刑事诉讼环节在刑事拘留期限内完成。但是，随着危险驾驶案件的增多和司法资源的紧张，“刑拘直诉”作为一种快审机制也只是在局部做了一些探索，并没有全面推开。随着认罪认罚从宽制度和轻微刑事犯罪轻刑化处理的发展，对危险驾驶罪的刑事处罚由原来的一律判处拘役不适用缓刑，开始适用缓刑。有些地方司法机关对在一定立案标准之上幅度之下的危险驾驶案件适用相对不起诉。实践证明，对大量危险驾驶案件犯罪嫌疑人再羁押显然没有必要，非羁押状态下的危险驾驶案件诉讼取得良好效果，为非羁押诉讼提供了类案经验积累。

7.疫情常态化下的办案实践统一了司机机关的认识

2020 年开始的疫情常态化下办案，给司法机关提出了一个新课题。疫情期间，很多犯罪嫌疑人、被告人羁押的案件，提审、会见、开庭都受到影响，诉讼程序无法正常进行，有的案件因此多次延长办案期限。相反，那些采取取保候审措施的案件可以正常诉讼和判决。疫情期间，公安机关侦查案件的犯罪嫌疑人无法在看守所羁押，绝大多数都是采用取保候审的方式，只有极少数案件采取了监视居住方式。大量案件不得不在非羁押状态下进行诉讼，非羁押诉讼模式为司法机关和社会逐步接受。受疫情影响，2020 年全国检察机关办理刑事犯罪案件数量较 2019 年同期有所下降，特别是上半年办理刑事案件数量同比下降明显，随着下半年疫情进入常态化防控阶段，案件数量回升。2020 年以来疫情常态下办案模式已经形成，侦查机关接受了犯罪嫌疑人不羁押也能正常诉讼的现状，诉前羁押率下降到 50%以下。疫情期间，有的侦查机关主动和检察机关联系，提出取保候审建议，这在以前是很少见的情况。例如，山东省东营市在打击电信诈骗专项行动中，侦查机关一次性抓捕犯罪嫌疑人 396 名，他们散居于全国各地，受疫情影响不便于在办案地集中羁押，在充分审查评估后，对其中 262 人采取取保候审措施，同时采取了手机 App 数字监控措施，统筹保障了疫情防控与新型网络犯罪非羁押诉讼的顺利进行。

四、非羁押诉讼的创新与成效

检察机关主动担当解决了非羁押探索的牵头问题。一些基层检察院在上级检察院统一指导下试点，主动协调审判、公安、司法等部门，创新完善制度规范、强化基础保障，尝试赔偿保证金提存、“电子手铐”、轻微刑事案件快速办理等非羁押诉讼措施。司法机关加强宣传引导，发挥典型案例作用，引入社会力量，推动社区、事业单位、公益组织参与涉罪人员监管、改造，化解社会矛盾，消除风险隐患，不断探索“司法机关＋社会支持”体系的非羁押诉讼可行之路。刑事案件提捕率、逮捕率等均有不同程度的下降，逐步实现逮捕措施由普遍适用到必要适用、合乎比例的转变。

(一)创新羁押替代措施

非羁押诉讼的实践探索，首先是从一些地方检察机关开始的。探索中遇到的问题也是多种多样的，各地探索解决问题的方法和途径也不尽相同。比较成功的创新就是非羁押诉讼安全保障机制。一是场所帮教模式；二是电子监管模式，如佩戴 GPS 定位设备；三是利用智能手段监控模式；四是引入第三方力量的社会支持模式。这些模式的创新主要解决基层取保候审人员无人监管、监管不到位、一放即跑等影响非羁押诉讼安全的问题。随着实践探索的深入和非羁押诉讼理论的成熟，一些地方在非羁押诉讼中引入社会支持体系，为安全保障和矛盾实质性化解注入新活力。

1.场所帮教模式——建立帮教场所，解决流动人员犯罪取保后居所问题

一些司法机关说服国有企业、社会组织创建临时居住生活的场所，免费为取保候审的“两无”(无居所、无收入)嫌疑人提供居所和就业岗位，入驻后，开展心理矫正、亲情感化、法律教育等活动，保障非羁押诉讼的顺利进行。为保证场所帮教模式的规范有序运行，防止入驻人员脱逃、继续犯罪等，制定严格的入驻人员行为准则、与入驻人员及其家属签订遵守制度和管理的承诺约定。帮教应本着自愿入驻的原则，在严格审查的基础上，听取入驻人员家属、被害人、案件承办人等多方的意见。通过自愿性有效解决了人权保障与司法管控之间的矛盾和分歧。比较早的有 2013 年前后的浙江嘉兴秀洲区“涉罪新居民帮教基地”、山东东营河口区“黄河中途驿站”、江苏常州武进区“金球驿站”等，这种场所帮教方式在全国起到了良好的示范作用。

2.电子监管模式——强制佩戴定位设备,通过电子监控,实现对非羁押嫌疑人、被告人的实时监管

场所帮教模式适用范围很窄,大多数取保候审人员是居家执行,还要兼顾工作、学习、生活。网络技术和数字技术的发展为非羁押诉讼提供安全性保障方案。检察机关牵头推广运用大数据电子监管手段,推进社会危险性量化评估试点,用科技手段破解监管难题。各地在探索实践中将场所帮教模式逐渐转变为技术手段约束模式,将 GPS 定位和手机功能结合,从最初的手机定位服务、佩戴"电子手铐"发展到"电子手环"。

电子监管模式需要建设电子监管平台,其主要依托互联网与平台配套使用的监控手表等定位设备连接,具有跟踪定位和轨迹显示功能,公安、司法行政和检察机关可以分别登录平台,履行强制措施执行、刑罚执行和法律监督职能。定位电子表内安装电子锁,可以进行越界报警(无法定位报警和破坏报警)。如果擅自离开规定的区域或强行破坏手表,平台会自动向办案人或监管人的手机发送短信,报警情况会在平台上同步显示。这样,公安机关就可以通过平台对取保候审、监视居住人员进行实时监控、准确定位,及时掌握其行踪。检察机关可以通过平台查询被监督对象的相关信息,如果发现监管措施不到位,可及时提出纠正意见。

非羁押性强制措施电子监管平台在各地探索中广泛应用。上海市徐汇区最早将电子手铐应用到缓刑人员执行监管中。2013 年,山东东营河口检察院试点将电子手铐应用到取保候审人员。2016 年,山东率先在全国安排 20 个检察院试点开展非羁押嫌疑人电子手铐监控,试点中取保候审无一人失联。①

3.智能监管模式——嫌疑人通过注册非羁码程序,实现动态监管

随着大数据、区块链、人脸识别、定位追踪等科技手段的成熟,借助"健康码"理念,依托"非羁码"手机 App 数字监控系统,通过设置外出提醒、违规预警、定时打卡和不定时抽检等功能,在不影响非羁押人员正常工作生活的情况下进行适度监控。通过大数据分析可以对监管对象实行红、黄、绿三色"非羁码"预警和动态评估。智能监管模式与电子监管模式的最大区别在于:电子监管模式只有越界报警;智能监管模式则可以随时互动,设定条件自动报警。浙江省检察机关已将"非羁码"纳入一体化办案体系,推进非羁押人员监管大场景应用,

① 参见高昌洁:《山东检察机关在全国率先推行"电子手铐"监控试点》,2016 年 12 月 2 日,http://news.iqilu.com/shandong/yuanchuang/2016/1202/3223883.shtml。

切实降低羁押率。2020年杭州多部门联合会签《对刑事诉讼非羁押人员开展数字监控的规定》,“非羁码”App正式上线使用。公检法机关可以以“非羁码”为载体,确保被监管人能够在必要的管控下回归日常生活。杭州地区适用“非羁码”人数已达19138人,无一人脱管。[①]

随着监管模式的进步,非羁押智能监管平台[②]也应运而生,平台依托大数据、区块链、人工智能等信息技术,弥补了传统监管方式成本高、效率低、易脱管和“电子手铐”“标签化”明显、使用范围有限等不足,实现从定时、定点监管到全天候、全时段监管的转变。

4.社会支持模式——引入第三方力量帮教化解社会矛盾

在非羁押诉讼管理过程中,为了促使嫌疑人认罪和悔罪,仅靠司法机关的力量不能满足大量非羁押犯罪嫌疑人、被告人的需求,可以吸收社会力量,提升帮教水平。司法机关引导建立社会志愿者队伍,聘请工会、妇联、律师、教师、心理咨询师等社会各界人士担任志愿者,提供有针对性的服务,为犯罪嫌疑人解疑释惑,使其自愿认罪悔罪,尽快回归社会。2013年,福建省晋江、南安做过此方面的探索。晋江市人民检察院针对涉罪外来务工未成年子女这一特殊群体,创建“非羁押诉讼帮教基地”,联合政、企、社会力量共同参与,将司法工作专业化与社会化衔接融合,让外来涉罪未成年人在企业务工,边候审边接受帮教,既避免了因拘留、逮捕等羁押措施带来的社会隔离、二次感染等不良后果,又解决了外来涉罪未成年人监管难、帮教难的困扰,实现了“非羁押”与“帮教”的有机结合,取得了显著成效,引起了社会各界的广泛关注,取得了良好的社会反响,并受到时任中国关工委主任顾秀莲、时任最高人民检察院检察长曹建明的高度肯定。

在探索中,各地不断取长补短,采用多模式融合,提升非羁押监管措施的系统性。场所帮教模式因为需要投入巨大的人力物力,逐渐被技术模式所替代,场所主要用于流动人员临时居住和非羁押人员的集中报到教育。以技术手段为主的非羁押管理在探索中逐步建立了分级监管模式,有的地方细化社会危险

---

① 《浙江检察通报“少捕慎诉慎押”工作情况》,《杭州日报》2021年10月28日。

② 取保候审人员监管平台是公安、检察院、法院等针对被取保候审对象进行全方位的监管、监控,落实取保候审相关管理工作,确保监管安全的一款综合性管理系统。系统支持电子定位腕表(电子手铐)以及手机客户端刷脸签到等多种手段多重监管。同时,通过手机客户端提醒取保候审对象需要履行的义务(如定期汇报、每日签到等),并提醒管理人员,协助双方落实法律规定的相关义务。系统所有管理信息,均具备不可编辑、不可修改的特性,在落实监管工作的同时,具备证据属性,在遇到责任时,可提供履职免责的相关证据和工作记录。

性量化评估,建立“三级”监管体系,对非羁押人员进行分级处置。主要措施是对犯罪情节轻微、社会危险性较小的人员,采取传统监管模式;对大部分非羁押人员依托“非羁码”手机 App,在确保正常工作生活的情况下进行适度监管;对具有一定社会危险性,但依法不能羁押的人员,进行较为严格的电子智能监管,佩戴“电子手表(环)”。

有些试点地方创新建立负向惩罚机制和正向激励机制。对违反监管规定的及时制止,并视情提高监管强度或变更为羁押措施,确保试点探索效果。对符合变更强制措施条件的在押人员和因外出务工、营商等确需降低监管强度的非羁押人员,经严格评估后视情变更监管方式,非羁押监管措施适用更加科学、精准。2020 年,杭州市经济技术开发区检察院在审查潘某某等人组织卖淫案时发现,潘某某等人可能判处十年有期徒刑以上刑罚,且拒不认罪,存在串供或毁灭、伪造证据的风险,在取保候审期间,不按时在“非羁码”App 上打卡,违反非羁押期间相关监管规定,经“非羁码”综合评定为零分。该检察院决定,依法逮捕潘某某。[①]

(二)山东东营“三位一体”非羁押诉讼模式观察

山东省东营市检察机关多年来一直致力于非羁押诉讼工作的探索,创建以羁押必要性全流程审查、非羁押诉讼全方位保障、全社会支持为主要内容的“三位一体”非羁押诉讼模式,将降低审前羁押率的制度和举措贯穿到刑事诉讼全过程,形成“案件办理+司法协作+社会参与”的中国特色非羁押诉讼制度实践样本。

山东省东营市河口区人民检察院从 2012 年起,针对在本地无固定住所、无经济来源的人员,创设“黄河中途驿站”作为无羁押必要人员帮教基地。2013 年 12 月,“羁押必要性审查暨黄河中途驿站运行”专题研讨会在山东省东营市人民检察院召开。来自检察机关、司法行政部门和学界的代表围绕“羁押必要性审查后续配套机制”这一主题,结合“黄河中途驿站”前期运行情况展开深入研讨,形成进一步探索的意见。2014 年起,“黄河中途驿站”整合取保候审、监视居住、社区矫正等功能,开发了刑事智能监督平台,升级为“黄河驿站”,并在东营市推广应用。2017 年起,由公安、检察和政府有关行政机关以及企业、志愿服务团队共同参与,河口区在“黄河驿站”基础上创建“刑事执行人权保障中心”。通过对非羁押人员各项诉讼权利的保障,解决实际困难,进行心理疏导,消除对抗情绪。

---

① 参见《浙江落实“少捕慎诉慎押”研发的“非羁码”赋能监管起作用》,《潇湘晨报》2021 年 10 月 27 日。

2016年，东营市垦利区创新建设了集社区服务、集中教育、公益劳动及困难帮扶于一体的非羁押诉讼人员帮教基地——新航基地，为其提供法律援助、心理疏导、劳动就业等社会救助服务，帮助其改正恶习，加快回归社会。建立政府、企业、社会组织、街道社区、律师团队等各方联动机制，提供技能培训、就业安置等通道，对于生活困难、无劳动能力的人员，根据其意愿安排入住关爱基地。开展了非羁押人员纳入社会治理网格化管理服务试点，将犯罪嫌疑人表现情况纳入网格化监管内容，有效解决了警力不足、难以全面有效监管的难题，实现了全方位管控。

2018年后，东营深化探索“三位一体”非羁押诉讼模式，逐步形成电子手铐、非羁码、保证金、社会支持体系的综合模式，做法得到最高人民检察院的肯定。2021年，山东省检察机关非羁押诉讼现场会在东营召开。2021年1月14日，最高人民检察院公布了全国首批七件检察改革典型案例，东营市人民检察院创建“三位一体”制度体系，打造非羁押诉讼新模式成功入选。其主要做法如下：

一是构建羁押必要性全流程审查机制。建立捕前分流，从源头上减少羁押；捕中听证过滤，依法严控羁押；捕后跟踪过滤，及时变更羁押，审慎适用羁押措施。东营市检察机关率先在全省建立“三层过滤”审查机制，开展审查逮捕诉讼化试点工作，构建了“阶梯式”审查听证机制，采取网络听证、书面听证、当面听证、公开听证等多种方式，充分听取犯罪嫌疑人、辩护人意见，适度听取人大代表、政协委员等社会公众意见，做到“社会危险性”动态评估跟踪，实现羁押必要性全流程审查。

二是构建非羁押诉讼全方位保障机制。通过电子手表智能监控、赔偿保证金提存、繁简分流快速办理三项保障机制建设，保障非羁押诉讼正常进行。依托“电子手表”和“非羁码”，辅助刑事赔偿金、罚金和生态环境修复金“三金”提存制度，形成“两依托一辅助”配套保障方案，防止被取保候审、监视居住的犯罪嫌疑人脱管漏管以及妨碍干扰诉讼。对一般取保人员采用“非羁码”监督，对具有一定社会危险性但依法不适合羁押的，以及社会危险性尚不明确但自愿认罪认罚的犯罪嫌疑人，通过佩戴电子手表进行较为严格的电子监控。依托“电子手表”智能监控系统，实现了对部分非羁押人员的全天候、全方位监管。针对犯罪嫌疑人认罪认罚且积极赔偿，但因被害方“漫天要价”等无法达成赔偿协议的情况，探索赔偿保证金、罚金和刑事附带民事公益诉讼生态环境修复金第三方提存制度，解决了审判机关财产刑“空判”和执行乏力问题。通过创新“集中审理、打包起诉”快诉快审模式实现非羁押案件的繁简分流，促进了刑事和解，降低轻微刑事案件逮捕率,提高诉讼效率。

三是构建非羁押诉讼社会支持体系。通过人权保障中心、新航基地、检调对接平台等载体,动员社会各界参与非羁押诉讼帮教和矛盾化解工作,针对犯罪嫌疑人认罪认罚但与被害人赔偿上存在争议、非羁押诉讼难以推进的问题,东营市检察机关依托人民调解中心设立检察和解中心,与公安、法院、信访等部门和基层社区构建联勤联动机制,充分发挥人民调解员、值班律师、社区网格员、基层组织作用,必要时启动公开听证,尽最大可能促使刑事诉讼当事人达成刑事和解、认罪认罚,实现从“结案了事”到“案结事了”,在保障被害人权益和被告人诉讼权利等方面具有示范性。

(三)非羁押诉讼创新成效

一是人权司法保障落得更实了。轻罪案件羁押率高、构罪即捕、一押到底等现象得到明显改善,羁押办案的常态正在逐步扭转。二是犯罪治理效率、效果提升了。少捕慎诉慎押刑事司法政策、宽严相济刑事政策和认罪认罚从宽制度产生叠加效应,促使更多的犯罪嫌疑人放弃对抗,自愿认罪悔罪,刑事司法改造罪犯与预防犯罪的效果更明显了。三是社会和谐的基础更牢了。对于一些初犯、过失犯、特殊群体犯罪,综合其犯罪行为、社会危害等情节作出不批准逮捕决定,有利于社会关系的修复和矛盾化解。

1.创新工作模式不断深化

非羁押诉讼模式的转变是一项系统工程,需要统筹施策。例如,广州南沙、徐州云龙等地的羁押必要性审查社会危险性量化评估机制,山东东营的电子手环,浙江的轻微刑事案件赔偿保证金和杭州市的“非羁码”等司法改革创新,有效保障了非羁押状态下刑事诉讼的顺利进行,为非羁押诉讼从理念到实践的进一步转变积累了有益经验。[①] 一些基层探索的经验和方法被省级层面认可和推广。到2021年,全国很多省份非羁押诉讼探索已经实现理论、实践和技术三方面集合,在全国能动司法推动综合治理方面,产生了良好的示范效应。

山东实施“三层过滤”审查。捕前分流过滤,从源头上减少羁押。捕中听证过滤,依法严控羁押。捕后跟踪过滤,及时变更羁押。探索建立“认罪认罚+社会危险性”动态评估跟踪机制。

广西适用智能监控平台,为犯罪嫌疑人佩戴电子定位手环,实现24小时的

---

① 参见《以宽严相济为指导,依法充分准确适用少捕慎诉慎押刑事司法政策》,2021年12月3日,https://www.spp.gov.cn/spp/xwfbh/wsfbt/202112/t20211203_537605.shtml#3。

"云"监控。该电子手环具有实时定位、行动轨迹、电子围栏设定等功能,实现对取保候审人员轨迹追踪、实时监管。

内蒙古2021年3月印发《全区检察机关开展非羁押诉讼工作的指导意见》,7月在全区部署开展了羁押必要性审查专项行动并组织三级检察院视频培训,9月制定对羁押必要性审查案件开展专项评查的工作方案。

辽宁建立轻微刑事案件赔偿保证金提存制度,轻微刑事案件的犯罪嫌疑人有赔偿意愿,但未能达成和解协议,主动表明赔偿意愿并向公证机构缴存一定数额的赔偿保证金后,对其作出不批准逮捕决定或变更为非羁押强制措施。

浙江出台《浙江省检察机关刑事案件捕诉一体办理工作规则》,研发"非羁码"App作为非羁押人员智能监管系统,利用外出提醒、违规预警等多重功能,确保被监管人能够在必要的管控下回归日常生活。

四川省检察院全面推行非羁押措施电子监控工作,结合本地情况,推广电子手环、"非羁码"App等智能化应用。推广侦诉审"一站式"简案快办工作平台,实现司法公正、司法效率与人权保障的多赢。①

2.诉前羁押率持续降低

全国检察机关积极贯彻少捕慎诉慎押刑事司法政策,适应刑事犯罪结构变化,在严惩严重刑事犯罪的同时,对大多数轻罪、初犯、偶犯等依法从宽处理,有利分化犯罪、减少社会对立面。对决定不起诉的犯罪嫌疑人,应给予行政处罚的,移送主管机关。山西、广东、甘肃等地检察机关对不起诉醉驾案件提出检察意见,转请行政处罚,推进从严综合整治。社会在进步,不"关起来"也能管得住。② 在不捕、不诉率上升的同时,案件复议复核量下降,受害方申诉率也在下降,政策实施总体情况良好,社会各界认可度较高。

2021年,全国检察机关诉前羁押率下降至42.7%,比2018年下降了12.2个百分点,无逮捕必要不捕人数占比首次超过50%。③ 江苏苏州审前羁押率从2007年的86%降到2020年的30%左右。④ 山东日照、东营河口的审前羁押率多年保持在20%以下。

某市2018~2021年诉前羁押率变化(见表1):

① 各地做法可参见《2021检察新图景3:少捕慎诉慎押》,《检察日报》2022年2月24日。

② 参见《最高人民检察院工作报告——2022年3月8日在第十三届全国人民代表大会第五次会议上》,2022年3月15日,https://www.spp.gov.cn/spp/gzbg/202203/t20220315_549267.shtml。

③ 参见《2021检察新图景3:少捕慎诉慎押》,《检察日报》2022年2月24日。

④ 参见王勇:《从党的光辉历史中看少捕慎诉慎押刑事司法政策》,2022年4月22日,http://news.jcrb.com/jsxw/2022/202204/t20220422_2392069.html。

表1　某市2018年至2021年诉前羁押及批捕、起诉人数比变化情况

	起诉人数	不起诉人数	退查未重报人数	移送机关撤回人数	逮捕人数	不捕人数	诉前羁押率	提诉和报捕总人数	逮捕/起诉人数比
2018年	2482	147	12	72	1120	368	23.25%	4201	45.12%
2019年	3347	185	15	110	1234	408	21.33%	5299	36.87%
2020年	3080	184	10	53	533	117	16.46%	3977	17.31%
2021年	3680	634	3	111	945	336	20.82%	5709	25.68%

注:该统计将检察机关不起诉退回补充侦查等因素统计在内。

3.程序价值不断彰显

一是非羁押诉讼程序在认罪认罚从宽制度中得到落实。认罪认罚从宽制度从2016年开始试点并在2018年刑事诉讼法的修改中予以确立,促进了非羁押诉讼制度的发展。认罪认罚从宽既包括实体从宽也包括程序从宽。将非羁押诉讼作为全面贯彻落实认罪认罚从宽制度的重要抓手,对认罪认罚的轻罪嫌疑人原则上适用非羁押诉讼,实现认罪认罚的程序从宽。五部门联合发布《关于适用认罪认罚从宽制度的指导意见》,规定犯罪嫌疑人认罪认罚,公安机关认为罪行较轻、没有社会危险性的,应当不再提请人民检察院审查逮捕。对提请逮捕的,人民检察院认为没有社会危险性、不需要逮捕的,应当作出不批准逮捕的决定。已经逮捕的犯罪嫌疑人、被告人认罪认罚的,人民法院、人民检察院应当及时审查羁押的必要性,经审查认为没有继续羁押必要的,应当变更为取保候审或者监视居住。大量认罪认罚案件采取非羁押诉讼,节约了司法资源,降低了审前羁押率,也取得较好的社会效果、法律效果和政治效果。2021年,全国检察机关全年认罪认罚从宽制度适用率超过80%;量刑建议采纳率超过95%;一审服判率为96.5%,高出其他刑事案件22个百分点。[①]

二是非羁押诉讼案件犯罪嫌疑人、被告人的程序选择权得到保障,快速审结机制形成。最高人民检察院在《2018～2022年检察改革工作规划》中指出,要"完善羁押必要性审查制度,减少不必要的羁押;健全与多层次诉讼体系相适应的公诉模式,完善速裁程序、简易程序和普通程序相互衔接的多层次诉讼体系"。繁简分流、简案快办,诉讼模式和审判方式都在发生变化,催生了新的执法理念和方式。对大量轻微刑事案件的嫌疑人采取非羁押的诉讼方式,大量无

① 参见《2021检察新图景3:少捕慎诉慎押》,《检察日报》2022年2月24日。

争议、事实清楚的案件需要快速处理，采取非羁押措施的犯罪嫌疑人、被告人基于自己对犯罪事实的认可程度，可以选择不同的审判程序，而羁押嫌疑人则不享有这种权利。在认罪认罚从宽制度背景下构建与刑事案件速裁程序相配套的非羁押诉讼，是推进刑事案件办理繁简分流、实现案件办理提质增效的有效途径。[①] 五部门联合发布的《关于适用认罪认罚从宽制度的指导意见》规定，对可能适用速裁程序的案件，公安机关应当快速办理，对犯罪嫌疑人未被羁押的，可以集中移送审查起诉，审判机关也可以对非羁押速裁案件的被告人采取集中开庭，分别审理。浙江省海宁市人民检察院全程监督推进轻刑案件非羁押诉讼，采用组建专门办案组，集中办理，简化文书，对翻供案件采取更换承办人的方式快速推进，简化开庭，无异议案件宣读起诉量刑建议后可当庭判决。[②] 集中移送、集中审查、集中开庭，成为非羁押诉讼新办案模式。

三是非羁押诉讼在企业合规试点案件中程序保障功能凸显。最高检持续深化平等保护措施，2019 年 12 月 3 日最高检举行开放日，张军检察长在致辞中提出，对涉案民营企业负责人"依法能不捕的不捕、能不诉的不诉、能不判实刑的就提出适用缓刑建议"[③]的工作要求。2021 年最高检开展企业刑事合规试点工作，2022 年全面铺开试点。积极推进检察司法保护企业合法权益，服务民营企业经济健康发展。企业合规整改的时间很长，传统羁押办案期限不能满足合规期限要求，对涉案人员采取非羁押措施是必然选择。在合规整改期间，对企业犯罪涉及企业案件的负责人、高级管理人员和科研人员，在强制措施上积极采取非羁押措施，为企业发展和改正问题留出充足的时间，让问题企业通过非羁押诉讼完成合规整改，从宽处理。从长远看，企业刑事合规案件可能要设置非羁押诉讼特别程序。

五、非羁押诉讼制度的完善建议

非羁押诉讼既是贯彻宽严相济刑事政策和少捕慎诉慎押刑事司法政策、落实司法文明的重要内容，也是凸显审前分流价值、修复社会关系的重要载体，更是防范冤假错案、提升司法公信力的重要抓手。从全国情况看，在减少审前羁

① 参见郑博：《构建与刑事案件速裁程序相配套的非羁押诉讼——访中国政法大学诉讼法学研究院教授顾永忠》，《人民检察》2017 年第 20 期。

② 参见张斯亮：《全程监督推进轻刑案件非羁押诉讼》，《检察日报》2018 年 9 月 14 日。

③ 邱春艳、闫晶晶：《以宪法的名义，服务保障中国之治——最高人民检察院第 33 次检察开放日活动侧记》，2019 年 12 月 3 日，https://www.spp.gov.cn/zdgz/201912/t20191203_440395.shtml。

押上已经具备良好的司法工作环境和社会环境，电子手表监控、赔偿保证金提存等保障非羁押诉讼安全方面积累了成功经验，前期探索成绩卓著。然而，受办案理念的偏差以及配套制度措施未能及时跟进等因素的影响，非羁押诉讼的实际运行状况与其蕴含的制度价值之间仍然存在较大差距，司法实践中存在对非羁押诉讼的刑事政策适用难把握、诉讼效率不高、诉讼权利保障不到位等问题，应健全法律帮助、安全规制、程序约束等配套制度，完善羁押替代措施，加强对非羁押案件办理流程和质量的监管。借助电子手铐等现代科技手段，探索建立司法机关与社区、学校、企业、嫌疑人所在单位等社会力量协同监管的机制，强化非羁押安全保障措施。进一步推动在刑事诉讼中"非羁押诉讼成为一般、羁押诉讼成为例外"的观念成为法律共同体和社会的共识。

（一）完善非羁押诉讼评价机制

一是改变责任评价体系，确立无徇私不追责原则。弱化强制措施适用和办案人员、办案机关之间的责任关系。当前司法人员之所以不愿意适用非羁押措施，是因为一旦取保候审后产生了不良的后果，办案人要承担责任甚至被追究刑责。承办人更喜欢采取逮捕强制措施，防止将来出现不良后果，承担责任。扩大非羁押措施适用需要各政法机关的协作配合，要在思想认识上取得最大共识。当我们把观念转过来，只有具备人身危险性的犯罪嫌疑人、被告人才需要羁押，一般嫌疑人一律不羁押，因此，即使在取保候审期间嫌疑人出现意外，与司法机关没有直接关系、不具备追究承办人责任的基础。就是说，不羁押成为一种常态以后，只要没有徇私情节，即使出现不羁押后的不良后果，如犯罪嫌疑人、被告人出现违法行为、再犯罪或者逃跑，也不追究办案人的责任。公安机关、人民检察院、人民法院办理非羁押诉讼案件，对由客观原因造成案件不能正常诉讼，承办人没有徇私枉法、故意帮助行为的，不追究责任。办案人员有了积极性，制度才有推广实施的可能。

二是改变质效评价体系，防止人为制造羁押。要对司法机关案件质量评价体系进行同步调整，统一侦查机关、检察机关、审判机关的执法理念，畅通非羁押诉讼的运行渠道。发挥侦查监督与协作配合办公室的捕前分流作用，从源头上减少逮捕羁押。在侦查初期，尽量促成犯罪嫌疑人认罪认罚走非羁押直诉程序，去除侦查机关对刑拘率、报捕率和逮捕率的高指标追求，更多地评价侦查机关的结案效率、低退查率和有罪处理结果，让更多嫌疑人在非羁押状态下完成侦查、调查取证工作。在审查逮捕环节，把犯罪嫌疑人是否认罪认罚、是否具有社会危险性的审查逐步转向人身危险性的审查，对不具有人身危险的嫌疑人一般依法作出不捕决定。不断完善逮捕后的羁押必要性持续审查机制，避免“一押到底”。强化捕后判轻刑制约制度，弱化追捕数量要求，把捕后判轻刑作为评价司法办案的负向指标。要完善刑事案件的捕诉衔接和诉审衔接机制，审查起诉阶段重点审查犯罪嫌疑人在审查逮捕环节认罪认罚情况及后续非羁押强制措施执行情况。提起公诉前后，对于无羁押必要的，应当及时提出变更强制措施的决定或建议。审判环节则需要对轻微刑事犯罪的初犯、偶犯多适用缓免刑，多用罚金等其他替代刑罚措施，保证非羁押诉讼到非羁押执行，促进犯罪嫌疑人、被告人认罪悔罪、非羁押改造和尽快回归社会。

三是改变社会评价体系，以典型案例促进社会认同。应大力宣传刑事诉讼与强制措施特别是与羁押性强制措施之间的关系，改变人们关于刑事诉讼与羁押是必然关系的认识，让群众认识到非羁押诉讼不是放纵犯罪，而是保障人权、提高诉讼效率、节约司法资源的有效措施。树立和贯彻“不羁押是原则，羁押是例外”的理念。只有让人民群众了解非羁押诉讼的真正内涵，看到非羁押诉讼结果，他们才能理解并自觉配合司法机关做好非羁押诉讼的相关工作，最终形成“非羁押诉讼是常态，羁押诉讼是例外”的法治氛围。

（二）完善非羁押诉讼的配套措施

一是改造监视居住的执行方式，融入信息化的元素。对采取取保候审案件不足以防止危险性的，有串供可能、采取逮捕措施又证据不足的，监视居住是一种替代方案。但是目前的监视居住基本上都是采用在定点监视居住的方式，成本很高，被监视居住人意见还大。只要不是在定点监视居住的，基本上都是改成取保候审。而真正的监视居住的含义，是要在其居所内对其进行监视居住，这种要求以前实现较难，当前信息化发展为实现这种方式提供了支撑。比如，我们通过在犯罪嫌疑人住所内安装监控，将被监视居住人的行动置于摄像头的监督之下，辅助佩戴定位设备，既符合刑事诉讼法的规定，又节约人力财力。因此，可以将更多的没有人身危险性但是具有串供等影响办案的犯罪嫌疑人用监视居住替代当前的逮捕措施。

二是建立与案件性质、损害后果相适应的保证金制度。2020 年《公安机关办理刑事案件程序规定》规定的犯罪嫌疑人的保证金起点数额为一千元（未成年人为五百元），司法实践中一般为五千元，大额保证金要上报审批，在实践中很少适用。该做法已经无法适应现实需要，与一些侵犯财产类犯罪数额已经不成比例。因此规范改变取保候审执行模式和提高部分案件保证金缴纳标准已经非常必要，建议扩大取保候审保证金内涵，根据不同案件提高保证金的金额，可以采取与犯罪数额相当的保证金,也可以预缴赔偿金,由此增加非羁押犯罪嫌疑人不到案的成本和信誉保障。根据前期司法实践中探索的经验,可以针对不同损害后果的案件,建立赔偿保证金、修复保证金、惩罚保证金等多种形式的保证金模式,确保非羁押诉讼案件判决后,财产刑和赔偿金都能够足额执行。

三是加大违反取保候审和监视居住规定的处罚力度。在非羁押诉讼中,办案人应当加强对非羁押案件的释法说理力度,向犯罪嫌疑人及其保证人充分告知权利和义务,详细阐明非羁押诉讼的有关法律政策,使其真正理解并自觉配合司法机关做好非羁押措施,杜绝各种形式的“不到案”。把严重“违反取保候审规定变更为逮捕”这个法条规定应用起来,对于严重违反和多次违反取保候审、监视居住规定的嫌疑人、被告人依法变更为逮捕羁押措施,后续的诉讼中不再适用非羁押措施。因此,促使嫌疑人、被告人自觉严格遵守非羁押的规定,有利于非羁押诉讼制度的施行。

四是有效解决因“羁押不能”妨碍诉讼的难题。当前“羁押不能”成为司法实践中的一个突出现象,主要表现有:个别犯罪嫌疑人因患有严重疾病不能羁押;有的嫌疑人在被抓捕前自残,致生活不能自理不能羁押;个别女性犯罪嫌疑人在案发前后交替处于怀孕和哺乳期两个阶段,长期无法收押;个别犯罪嫌疑人患有艾滋病等传染性疾病不敢收押。上述情况只能采取取保候审或监视居住。这些“羁押不能”的情形,常出现在虚开增值税、诈骗、毒品犯罪、盗窃等团伙犯罪案件中,虽然总量很少,但对非羁押诉讼造成的负面影响较大。针对上述情况,建议给不适宜羁押的人员建立特殊居所,给患有传染性疾病的犯罪嫌疑人建立特殊关押场所,确保其能够及时到案并不再危害社会,也防止其故意制造条件获得非羁押待遇。

五是加强社会支持体系建设。前期司法机关探索的措施,都是为了确保不羁押的犯罪嫌疑人能够遵守取保候审期间的规定,确保案件能够顺利进行,主要目的是达到安全性保障。今后在制度深化层面的措施应当采取非羁押的犯罪嫌疑人、被告人到社区报到和定期到派出所报到相结合的方式,这样既有利于对特殊人群的管控帮教,更有利于非羁押人群认罪悔罪。实践证明,一个犯了错的人在熟人生活环境当中更有负罪感。通过到社区报到,促使犯罪嫌疑人悔罪,对其他人也有教育意义。继续深化总结各地探索的经验,针对外地流动人员,设立法人化管理的“非羁押诉讼帮教基地”,为取保候审人员等待判决结果期间的正常工作、生活提供必要条件。可以依托社区矫正体系,在审查逮捕、审查起诉、羁押必要性审查等环节,形成专门机关和社会力量相结合的教育模式。在司法机关内部建立专门部门负责非羁押嫌疑人取保候审（监视居住）的监管力量，在社会层面上建立由嫌疑人（被告人）所在单位、学校、社区、亲友以及公益组织参加的帮教组织，开展心理辅导和预矫正，修复社会矛盾，让犯罪嫌疑人提早回归社会；对于非羁押的安全性，建议建立完善科学有效的非羁押社会风险评估机制，设立专门的风险评估辅助机构开展社会调查，为司法人员采取非羁押措施提供判断依据。

在非羁押诉讼制度探索发展过程中，所产生的职业风险也不容忽视。非羁押诉讼是对嫌疑人强制措施弱化的程序从宽，司法人员面临的"围猎"也自然而来。司法机关通过完善监督制约机制，确保政策严格依法实施。科学设置案件审查决定程序，加强流程监控，实现对司法人员依法放权与加强监督的统一，防止司法不规范行为发生，确保办案质量。

（三）完善非羁押诉讼法律规范

一是进一步放宽不逮捕的条件。细化完善逮捕羁押社会危险性条件审查判断标准，规范审查逮捕程序，确立人身危险性考量因素与操作标准，提升司法能力和办案水平。纠正过去只要是犯罪行为就有社会危害性的评价标准，将犯罪构成的社会危害与羁押评估中的社会危险性等同。很多案件对逮捕的必要性进行了社会危险性的分析，实质上这种社会危险性是没有意义的。很多犯罪嫌疑人，特别是一些法定犯、行政犯（如一些破坏市场经济秩序犯罪、企业单位犯罪）基本上没有人身危险性。从这个角度来看，真正有人身危险性的犯罪嫌疑人是极少数的。所以有必要对逮捕的条件作实质性修改。比如，过去构罪不批捕的案件一般是量刑预期在三年以下，建议结合当前认罪认罚从宽制度程序从宽的要求；对犯罪事实无争议、刑期五年以下的一般不逮捕；对刑期五年到十年的，进行羁押必要性分析；只对那些有组织犯罪和共同犯罪（犯罪集团）当中有串供可能的进行逮捕羁押。对于嫌疑人、被告人不认罪的案件，更应该慎重适用逮捕措施。过去很多有争议的案件，因为错误逮捕导致国家赔偿，捕后判轻刑的案件的社会效果、法律效果、政治效果都不好。不羁押不是不诉讼，建议对有争议的案件均应在取保候审状态下进行诉讼，法院最终作出有罪判决且生效后方可收监执行，逐步建立非羁押案件一审判决后上诉不收押制度，真正落实未经人民法院判决不得确定有罪的规定。

二是开展羁押必要性审查听证和说理。从逮捕必要性判断逐步转为羁押必要性判断，把人身危险作为羁押的前提，对于没有羁押必要的一律不羁押，让羁押必要性从司法判断走向大众判断。探索羁押诉讼的双向说理制度，由过去的《不批准逮捕理由说明书》,改为批捕的诉讼化审查和羁押必要性说理,必要时开展公开听证,参考听证结果作出决定。对羁押必要性和人身危险性进行说理,并将理由予以公开,对被害方做好答疑说理工作。让羁押听证制度成为阻止随意逮捕犯罪嫌疑人的坚实屏障,而不是加速逮捕的助推器。

三是建立律师全程参与制度。刑事辩护律师全覆盖是维护当事人权益的最有效措施。认罪认罚从宽制度确立了律师值班制度,扩大了律师参与刑事诉讼的范围,但是参与广度、深度仍不够。结合刑事辩护全覆盖试点,建议非羁押诉讼案件律师全程参与,必要时也可以采取值班律师出庭制度。在律师参与下,由律师为非羁押诉讼当事人提供程序和实体的法律服务,保障犯罪嫌疑人、被告人不被羁押的合法权益。防止因非羁押案件当事人认罪认罚而简化程序,将无罪案件当成有罪案件处理。

四是构建非羁押诉讼快捷程序。逐步构建羁押诉讼和非羁押诉讼两套诉讼模式,对于认罪认罚的非羁押诉讼案件,建立一套快速审查判决机制,让更多人尽快从诉讼中解脱出来,彻底改变非羁押的案件办案周期过长的积弊,让司法机关腾出更多精力处理羁押案件和疑难争议案件。对事实无争议的非羁押案件,建议侦查期限不能超过 2 个月,起诉、判决期限更应当缩短,不得擅自延长。进一步研究繁简分离的办案模式,对于认罪的简单案件,建立公安机关、检察机关、审判机关的联动机制,从案件立案侦查起就进入非羁押诉讼的"快车道",真正实现非羁押诉讼与速裁程序的有机结合,实现司法公正、司法效率与人权保障的三赢。当前,公安机关正在推进执法办案管理中心建设,可以探索在公安机关的执法办案管理中心设置速裁法庭,设置常驻检察官和法官,对非羁押状态的认罪认罚轻微刑事案件适用速裁程序快速办理。

五是推动非羁押保障措施的立法。前期探索实践证明了"电子手表"、"非羁码"App 等手段在非羁押诉讼保障方面的积极作用,唯一的疑虑是基层探索的场所帮教模式和定位管理模式中是否存在侵犯隐私和自由权的问题。场所帮教模式中,入驻人员如果发生工伤、意外伤害等事件,责任由谁承担?如果发生脱逃甚至再犯罪如何处理?给犯罪嫌疑人佩戴电子手铐的法律依据是什么?不佩戴的法律后果是什么?这就需要在实践中进一步研究非羁押诉讼的程序、模式和安全性,充分发挥信息科技手段在非羁押强制措施中的作用,以平衡人权保障与诉讼安全之间的冲突。建议在法律没有明确规定之前,在全国扩大试点范围,以犯罪嫌疑人自愿为前提,继续采取与犯罪嫌疑人签订协议的方式来解决法律依据问题,积累相关经验后,尽快向有关部门提出立法建议。

过去非羁押诉讼的探索主要是检察机关主导，非羁押诉讼制度完善与发展，需要其他司法机关和社会力量参与行动。各司法机关应当坚持目标导向、问题导向、系统思维和辩证思维，不断探索实践，积累经验。结合我国刑事犯罪变化趋势，在贯彻少捕慎诉慎押刑事司法政策过程中，同以前开展的刑事和解、羁押必要性审查结合起来，同近几年开展的公开听证、制发综合治理司法建议、推动企业合规试点等结合起来，能动司法。逐步构建一套司法机关主导、社会力量参与协助、嫌疑人自愿配合、数字智能手段监管、制度体系完备、高效安全的非羁押诉讼制度，以高质量司法履职助力国家治理体系和治理能力现代化建设。

刑事检察“案-件比”指标的适用实践

聊城市人民检察院课题组*

党的十八大以来，习近平总书记多次强调以人民为中心的发展理念。检察机关作为国家法律监督机关，必须顺应新时代人民群众对司法工作的新期待，丰富监督手段，提升监督能力，做优检察产品。2021年11月11日，党的十九届六中全会《中共中央关于党的百年奋斗重大成就和历史经验的决议》指出，努力让人民群众在每一项法律制度、每一个执法决定、每一宗司法案件中都感受到公平正义。“案-件比”是最高人民检察院提出的衡量办案质量的核心指标，着力破解“迟来的正义”，被形象地称为衡量司法办案质效的绿色“GDP”，对我国司法制度的完善和发展有着重大意义。

作为检察机关的新生检察产品，“案-件比”指标在强化法律监督职能、消灭超期羁押隐患等方面，被寄予极高的价值期待。经过3年多时间的运行，“案-件比”指标的积极作用显著：一是规范了司法办案活动，通过减少赘余流程和环节，大大提高了司法效率；二是提升了社会公众对司法工作的认可度，“为民司法”理念在司法办案中得到真切践行；三是增强了“四大检察”协同发展的意识，以指标为引导，倒逼检察官提升从业能力，以“求极致”精神实现司法资源利用率最优。深入分析当前司法实践，指标运行还存在不容忽视的问题，如地区间不均衡。在自媒体高度发展的时代，司法执法效率会被“当事者”进行权衡比对，影响总体司法形象。又如指标体系运行保障措施不足，动态反映、及时校正的时效性不足，数字检察、智慧检察在指标运行中的作用尚未获得到充分发挥。

* 课题组成员：袁家鹏，聊城市高唐县人民检察院党组副书记、副检察长；张慧，聊城市人民检察院第七检察部主任；王玉新，聊城市东昌府区人民检察院侦监协作办公室负责人，一级检察官。

再如检察官的认识问题存在偏差，既有“片面化”“孤立化”认识从而脱离案件整体和检察整体工作的现象，又有片面追求数据“完美”而忽略办案质量的问题。

基于“案-件比”指标运行情况，本文对过去3年的指标适用实践进行总结和展现成果的同时，分析存在的问题，以期通过更新办案理念、强化内部监管、建立惩戒机制、加强队伍素能，实现检察办案“看得见的正义”。

一、“案-件比”指标概况

刑事案件的办理通常经历立案、侦查、审查起诉、审判和执行等诉讼环节。长久以来，由于案件办理难度大、办案效率低等，办案机关之间存在“两退三延”“互借时间”“多案久办”等难以消除的顽瘴痼疾，这些顽疾在消耗当事人正义“期待感”的同时，也弱化了检察机关的法律监督职能。案件在诉讼中经历的环节越多，程序回转越频繁，用时越长，当事人对案件的评价就越低，“三个效果”的实现情况也就越差。因而，检察机关应当着力破解办案流程中的顽瘴痼疾，提升人民群众对司法工作的满意度，提升检察机关法律监督质效。

（一）“案-件比”指标的内涵

2018年底，最高人民检察院提出了案件质量评价指标体系的重构问题。经过一段时间的深入研讨、专项调研、报告完善，2019年10月，“案-件比”评价指标的含义、计算公式、内容设置等已初具雏形。2020年4月，“案-件比”作为核心指标被纳入《检察机关案件质量主要评价指标》（以下简称《评价指标》）并下发至全国检察机关，要求各级检察机关结合实际贯彻落实。2021年10月，最高检再次进行评价指标的修订。其中，对“案-件比”指标进行了系统完善，增加了控告申诉和公益诉讼检察“案 件比”，针对刑事检察分设了普通犯罪（1∶1.3）、重大犯罪（1∶1.6）、职务犯罪（1∶1.6）和经济犯罪（1∶1.8）等具体的“案-件比”参考值，分设了全国和基层检察院刑事检察“案-件比”参考值，全国刑事检察“案-件比”通报值设为1∶1.33，全国基层检察院设为1∶1.25。刑事检察“案-件比”中的“件”由原来的16个业务活动变为15个，去掉了“被告人上诉”。如今，“案-件比”已成为评价“四大检察”“十大业务”工作成效的关键性指标。本文仅从刑事检察角度进行分析。

《评价指标》规定，刑事检察“案-件比”，是指一案与该案进入司法程序后经历的诉讼环节统计出来“件数”的比值。“案”是指发生在人民群众身边的具体案件。刑事检察以办理审查逮捕和审查起诉案件为主，减去先后经历两个环节的重合案件，“案”的基准数即为受理的审查逮捕案件数与扣除采取逮捕强制措施的审查起诉案件数之和。“件”是指这些具体案件进入司法程序后所经历的所有诉讼环节的总和。除去“案”的基准数,《评价指标》选取的15个关于“件”的业务活动分别为:批捕(不批捕)申诉、不批捕复议、不批捕复核、一次延长审查起诉期限、二次延长审查起诉期限、三次延长审查起诉期限、一次退回补充侦查、二次退回补充侦查、不起诉复议、不起诉复核、不起诉申诉、撤回起诉、法院退回、检察机关建议延期审理、国家赔偿。

(二)“案-件比”评价指标的意义

检察机关既是刑事诉讼程序的推动者、公平正义的维护者,也是诉讼质效的监督者、人民群众司法获得感的保障者。“案-件比”评价指标作为最高检新近提出的衡量办案质量的核心评价指标,被形象地称为衡量司法办案质效的“GDP”,对宏观检察工作有着直观的反映。在提质增效理念引领下,检察机关的法律监督水平得到显著提升,为检察制度的长足发展开启了新的篇章。当然,“案-件比”并非孤立指标,它关涉检察机关案件质量评价指标体系中的60余项指标,通过相互牵制与平衡,反映办案活动的数量效率,引导和体现办案活动的质量效果。

为实现“有数量的质量、效率和有质量、效率的数量”的办案目标,在制定和实践过程中,要坚持以人民为中心,实现“三个效果”有机统一。选择纳入“件”的业务活动,应考虑该业务活动是否为前一环节工作做到极致也无法避免的必经程序,是否主要反映检察机关办案质量或者效率,是否能够缩短诉讼时限。“案-件比”中“件”数越高,说明“案”经历的诉讼环节越多,办案时间越长;反之,则办案时间越短。理想状态下,“案-件比”的比值为1∶1,即案件进入司法程序后次第前移,无程序回转、倒流,无申诉、复议、复核等环节。“理想状态”并非客观现实,有些案件如危险驾驶类犯罪早已达到1∶1的理想状态且没有付出过多办案成本;而有些案件即使做到极致,因为疑难或者复杂,也依然会出现新的“件”数。因而,“案-件比”的重点评价对象依然是那些不必要发生但却发生了的业务活动。

(三)“案-件比”评价指标的统计方式

根据统计数据获取方式的不同,计算方式主要有两种:一种是同时段概算法。该方法以“时间”为考量导向,是将同时间段内所办理的刑事案件数与该时间段内存在的诉讼环节案件数进行比对所得出的数值。该测算法反映的是各项业务活动在同时段的数量对比,而非同批案件的跟踪和反映。另一种是跟踪测算法。该方法以“案件”为考量对象，是将某时间段内终结的诉讼活动与其之前所经历的有关诉讼环节进行比对所得出的数值。不难看出，该测算法体现了“案”与“件”的直接对应关系，也最能直观体现指标设置意图。此种方式也属于相对的“理想测算法”。

囿于常态化跟踪的技术难题尚未攻克，目前依然以同时段概算法为通用统计方式。因而，“案-件比”是一段时间以来办案效率的趋势判断，是一个相对宏观的评价指标。它虽不可能完美地体现办案质效和检察官办案能力，但是能够揭示司法运行的一般规律。对于检察机关而言，“件”的下降带来了工作作风的转变、工作方式的升级、工作理念的提升，促使程序公正的指导思想走上了正轨，在更高层次上追求程序公正与实体公正相统一。[①]

二、“案-件比”评价指标运行前后的数据变化与总体效果

（一）数据看变化

1.全国检察机关数据情况

根据官方通报或会议内容梳理，近年来与“案-件比”有关的数据如下：2018年，全国检察机关刑事检察“案-件比”为1∶1.895。当年基准“案”为133.8万余件，经测算，多出的“件”数为119.7万。[②] 2019年，全国检察机关刑事检察“案-件比”为1∶1.87。“件”数同比下降0.02，减少约3万个办案环节。2020年，全国检察机关刑事检察“案-件比”为1∶1.43。“件”同比下降0.32，相当于减少41.2万个程序环节。当年，检察机关提前介入侦查的案件上升1.4倍，对移送审查起诉的案件开展自行补充侦查同比上升22.3倍。2021年1月至11月，全国检察机关刑事检察“案-件比”为1∶1.14，同比减少0.32个点，相当于减少了46.3万个“件”数。

2.部分省市检察机关数据情况和具体实践

（1）长三角一体化示范区的上海青浦区、江苏苏州吴江区、浙江嘉善的“案-件比”三年间数据对比如下：2019年为1.71、1.56、2.01；2020年为1.23、1.07、1.33；2021年为1.04、1.04、1.22。三年来，三地数值均呈下降趋势且三地间的

① 参见孙宪忠：《“案-件比”是衡量司法办案质效的绿色“GDP”》，《人民检察》2021年第6期。

② 参见董桂文、郑成方：《“案-件比”——新时代检察机关办案质效的“风向标”》，《人民检察》2020年第11期。

差距也越来越小。①

(2)山东检察机关2020年1～8月上旬刑事检察“案-件比”为1∶1.51,上年同期数值为1∶1.76。该时段内的一次退查率、二次退查率同比下降6个百分点和4个百分点,延长审查起诉期限率同比下降了22个百分点。②

(3)2021年1～11月,上海市崇明区刑事检察“案-件比”为1∶1.06,2021年1～10月,青浦区刑事检察“案-件比”为1∶1.04。2021年1～11月,虹口区刑事检察“案-件比”为1∶1.12。③

(4)江苏省张家港市检察院在研究构建刑事诉讼全流程“案-件比”评价指标理论成果的基础上,开发出刑事诉讼全流程“案-件比”系统,以信息化赋能数据分析。选定贯穿刑事立案、侦查、检察、审判、执行的49个办案环节作为“件”,从每个刑事案件立案起,在后台进行编码排号,各环节产生的“件”均纳入该案的统一编码标签,建立起刑事办案全流程“生命树”。④

3.聊城检察机关数据分析

(1)2019年,全市刑事检察“案-件比”为1∶1.65,2020年为1∶1.05;2021年为1∶1.08。2020年以来,经济犯罪“案-件比”均控制在1.3以下。具体影响“案-件比”较为直接的是补充侦查和延长审查起诉期限,2021年以来,全市检察机关审查起诉案件补充侦查情况如表1所示。

表1　2021年聊城市检察机关审查起诉案件补充侦查情况

	案件数(件)	占受案数比率
受案数	4034	/
一次退回补充侦查数	202	5.00%
二次退回补充侦查数	31	0.70%
自行补充侦查数	295	7.30%
建议法院延期审理数	43	1.10%

① 参见刘军、郑永生:《长三角一体化示范区检察机关“案-件比”实证分析》,《中国检察官》2022年第13期。

② 参见卢金增、何卫华:《把案件办到极致办得最好》,《检察日报》2020年9月15日。

③ 参见《2021年1～11月上海市崇明区人民检察院主要办案数据》,2021年12月26日,https://baijiahao.baidu.com/s? id=1720194606855727701&wfr=spider&for=pc。

④ 参见《10进2!首届“江苏智慧法治十大优秀案例”揭晓》,2021年12月20日,https://m.thepaper.cn/baijiahao_15925422。

(2)东昌府区检察机关数据分析

聊城市人民检察院下辖8个基层院,东昌府区检察院刑事检察办案数量在全市占比约为30%,东昌府区检察院的办案情况对全市案件质量和办案数据指标具有重要意义,故本文以东昌府区人民检察院为例进行分析。2018年以来,东昌府区检察院"案-件比"分别为1∶1.97、1∶1.48、1∶1.06、1∶1.06、1∶1.05,自"案-件比"评价指标设置以来呈平稳下降趋势。

数据的良性发展必然离不开各项刑事司法政策的落实,离不开司法机关的良性互动。东昌府区检察院形成了系统化方案:一是引导侦查实质化。制定提前介入实施办法,明确介入的启动方式、介入要求、跟踪监督等内容。二是专题研讨实质化。针对日益增多的新型犯罪案件,就证据标准、定性、强制措施、量刑情节等有争议的内容,开展同堂培训、专题研讨、联席会议。二是类案指导实质化。针对交通肇事、危险驾驶等多发案件,制作清单式取证指引,以"口袋书"的方式配发到所有一线执法人员,从源头上强化证据收集的全面、及时和规范。四是繁简分流实质化。侦查监督与协作配合办公室加强受前把关,从入口做好分流,确保刑检部门集中优势力量办理重大疑难复杂案件。五是落实提存保证金制度。对部分案件适用提存保证金,保障诉讼顺利进行。六是构建大监督平台。七是内外协调理清"责任线"。对接公安机关,明确与法制部门的责任线,对内明确内设部门责任线。八是完善体系,拓宽"监督面"。改变刑事检察官个别监督、分散监督、点对点监督等传统模式,建立类案监督、协同监督、立体监督全新体系。九是加强信息共享。检察人员使用法制权限查阅公安机关执法办案系统,对公安机关进行专项监督。

(二)"案-件比"评价指标运行后的效果

1.积极效果

"案-件比"评价指标的价值取向以效率为主,兼顾质量。关于刑事诉讼的效率问题,自1996年修改刑事诉讼法起,大量刑事司法政策的调整都是基于关注效率的考量,如简易程序、认罪认罚从宽和刑事速裁等,但以上多以审判环节为主。检察机关作为法律监督机关,更应适应"以审判为中心"的刑事诉讼制度改革,协同其他司法机关,形成闭环效应,共同提升办案效率,实现"质量与效率并重"。经过近三年的运行实践,"案-件比"评价指标所蕴含的"程序优化、诉讼便捷、效率提升、当事人满意"价值取向得到充分释放。类似于广为检察系统引以为戒的盛某某案[①]的情况,已经从制度上实现了杜绝。

其一,对检察机关而言,摒弃了“重实体轻程序”“重质量轻效率”的传统办案思维。“认罪认罚从宽”“捕诉一体”“少捕慎诉慎押”“加强和规范补充侦查”“侦查监督与协作配合”“繁简分流”等程序环节良性运转,与“案-件比”评价指标的运行相辅相成、互为助力。检察机关充分发挥“捕诉一体”优势,进一步强化诉前主导。将提前介入引导侦查作为解决证据问题的重要举措,对重大疑难复杂案件进一步做实提前介入,积极引导侦查取证,帮助固定完善证据。严格遵守办案期限规定,进一步加强和规范补充侦查工作,提高补侦的针对性和可操作性。理清案件类型和数量,合理配置司法资源,进一步实现繁简分流,提高办案效率。在此基础上,程序空转、效率低下等弊病得到根治,检察官办案素能、工作作风得到质的提升。

其二,对公安机关而言,认同检察机关“依法规范高效”推进“案-件比”评价指标的同时,也感受到了指标运行对自身的直接影响。一是挤压和过滤掉大量不必要的办案环节,提升了案件办理效率;二是检察机关引导侦查、提前介入的积极性和主动性不断增强,提前介入后的直观效果更加明显,介入的针对性、有效性提升,帮助公安机关侦查人员提高了证据意识、程序意识和素质能力;三是大幅减少的退补时间,使得公安机关“借用”检察机关时间的做法无法实现,倒逼公安机关侦查人员规范化推进检察机关提前介入引导侦查工作,规范化开展办案工作。

其三,对法院而言,最直观的变化是“检察机关建议延期审理”的适用不再如从前随意进行。法院向检察机关“借用”时间所致的程序回转现象在审判阶段大幅度减少,审判环节的办案效率得到提升。此外,提前介入和案件办理流程的高效完成,有助于快速构建高质效证据体系,有助于实现案结事了和“三个效果”的有机统一。

---

① 1988年,盛某某与他人合作建房,获当地城建部门批准后却被国土部门处以没收等行政处罚。此后当事人申请行政复议被否定,所涉房屋又遇到行政拆迁。当事人无奈,从此走上“马拉松”式的诉讼之路,历经行政诉讼、民事诉讼,多次反复,利益也没有得到保障。直到最高检于2016年向最高法提出抗诉,2019年5月最高法开庭审理该案。经过最高检、最高法反复做工作,2020年12月,当地政府向盛某某支付200万元,此案终得解决。但是,该案历时31年,当事人从55岁申诉至86岁,相关机关和部门先后作出4个行政决定和16个司法决定、裁判,才真正了结。如果依据“案-件比”的分析方法,该案的“案-件比”是1∶20。这意味着盛某某自己的一个“案”子,在司法机关办成了20个“件”。虽然此案最终解决,但其中的问题不能不引人深思:前19个“件”本质上属于程序空转,是司法资源的极大浪费,当事人几乎在诉讼中度过了半生。参见孙宪忠:《“案-件比”是衡量司法办案质效的绿色“GDP”》,《人民检察》2021年第6期。

2.不足之处

最高检提出的“案-件比”评价指标已经取得了较好的实践效果，解决了办案过程中的能力不足、作风散漫或释法说理不足等问题，但目前仍存在不足。

其一，部分检察官对“案-件比”评价指标的认识存在片面化、孤立化情形。没有认识到提高工作效率与“为人民司法”的直接关联，没有认识到“案-件比”评价指标的变化对其他核心数据，如认罪认罚从宽、退回补充侦查、少捕慎诉慎押的直接影响，没有足够的责任心，以至于在“案-件比”评价指标之下，逃避疑难复杂案件，追求“简单案件”，或者是“复杂案件简单办”，片面认识“案-件比”评价指标，该退不退、该补不补，导致重大疑难复杂案件办案质量下降，到草率起诉后直至判决前再行不间断地补充完善证据，办案风险无形中增大。

其二，部分检察机关为追求考核数据“完美”，进行数据管理“一刀切”。一是导致涉众型经济犯罪案件、职务犯罪案件等办理重效轻质，耗费了办案检察官的较大精力。二是部分检察机关将“案-件比”评价指标落实情况纳入检察官绩效考评，与个人提拔晋升、奖金发放、评先评优等挂钩，导致指标数据无限下行。三是案件管理和业务部门之间的衔接不畅，缺乏专门的规范办案程序的监督管理机制，统计报表的全面性、准确性有待提升，对涉疫类、性侵类、反诈类等案件数据的抓取困难，对每个检察官的“案-件比”抓取也难以实现。若进行单项调研，准确度和效率都不能保证。

其三，据侦查机关反馈，部分检察机关的提前介入和引导侦查仍存在“形式化”“走过场”等问题。目前，引导侦查取证率有待提升，自行补充侦查作用发挥不足。检察机关过度追求“案-件比”，部分侦查人员选择消极侦查或者快速组织证据移送起诉，检察机关又追求效率快速结案，导致释法说理不足，继而仍会增加“案-件比”的复议复核等“件”数。

其四，据审判机关反馈，部分案件依然存在片面追求办案效率、起诉质量不高的情况，增加了法院审理的难度。尤其是在此类案件中，检察机关往往会以“案-件比”为说辞，坚持不再“建议延期审理”，导致了法院审判工作的困难。

综上，“案-件比”评价指标并非“效率”这一唯一价值的展现，而是包含以效率促质量的内涵。如果片面、孤立地看待“案-件比”，案件质量低下只会导致“案-件比”的不降反增。总之，根治“诉讼拖延”的同时要避免草率起诉。

三、“案-件比”评价指标与具体检察业务的互动

(一)认罪认罚从宽制度

2018年10月26日新修订的《刑事诉讼法》正式确立了认罪认罚从宽制度,该制度是在立法上推动国家治理体系和治理能力现代化的重大举措。认罪认罚从宽制度在有效惩治犯罪、提升诉讼效率、化解社会矛盾、促进社会和谐等方面发挥了重要作用,尤其是具有“提升诉讼效率”功用,与“案-件比”评价指标互为促进。“案-件比”评价指标公布之前,检察官对认罪认罚从宽制度的适用情况无法进行科学、规范的评估,而在“案-件比”评价指标公布之后,认罪认罚从宽制度成为优化“案-件比”的有效“武器”。办案实践中适用认罪认罚从宽制度的案件,“案-件比”明显低于未适用该制度的案件。随着“制度磨合”的推进和司法理念的提升,“案-件比”与认罪认罚从宽制度已经形成了良性循环,前者有助于提升后者的适用率,而后者的适用也有助于降低前者中“件”的比值。①

当然,实践中不乏投机性适用认罪认罚从宽制度的情况,被告人出于各种不良动机而“技术性上诉”,从而引发更多诉讼环节,“案-件比”评价指标再次增加。因而,强化认罪认罚从宽制度的规范化适用,是降低“案-件比”的有效路径。这需要做到以下几点:一是全面审查确保制度适用的自愿性、真实性、合法性。二是用好大数据平台,分析既往数据,制定相对完备的量刑建议标准和程序规范,确保精准量刑的提出和采纳率。三是加强释法说理,讲清认罪认罚从宽制度之于犯罪嫌疑人、被告人的重要意义。四是综合运用听证、被害人救助、刑事和解等方式,促使犯罪分子真诚认罪悔罪,促成案结事了。以聊城市阳谷县办理的某强奸案为例,被告人许某某从不认罪到面对证据无话可辩,再到面对公诉机关量刑建议后认为偏重,主动要求认罪认罚且再次开庭后如实供述,签订具结书,一审判决作出后,继而在上诉期内又以“不构成犯罪”“量刑偏重”为理由提出上诉,造成该案适用认罪认罚从宽制度的基础不复存在。阳谷县法院提出抗诉,市检察院依法支持抗诉,经二审开庭审理,许某某面对出庭检察官发表的意见,再次向法庭提出撤回上诉,认同原判决。法院建议检察机关撤回抗诉,维持原判,经研判及汇报上级,均认为许某某利用认罪认罚从宽制度投机取巧,浪费司法资源,挑衅司法权威,系“失信被告人”,应坚决通过抗诉手段予

---

① 参见樊崇义、李思远:《由理念走向制度——评检察机关以“案-件比”为核心的案件质量评价指标体系》,《人民检察》2020年第9期。

以惩戒，切实维护制度的健康运行，维护因办案过程不断反复遭受身心双重伤害的被害人的合法权益。最终，该案二审获改判，许某某的量刑增加一年。

（二）补充侦查制度

自1979年《刑事诉讼法》施行以来，补充侦查制度经历了长足的发展。1979年《刑事诉讼法》第九十九条规定："人民检察院审查案件，对于需要补充侦查的，可以自行侦查，也可以退回公安机关补充侦查。对补充侦查的案件，应当在一个月内补充侦查完毕。"据此，检察机关的自行退回补充侦查权正式确立。1996年，立法者根据理论研究和办案实践的现实情况，对《刑事诉讼法》的补充侦查规定进行了较大幅度的修改。将退回公安机关补充侦查放在了选择的首位，将自行补充侦查放在了第二位；赋予检察机关更多灵活把握的权力，规定了审查起诉阶段可以要求公安机关提供法庭审判所必需的证据；对退回补充侦查的次数进行了"两次"的限制，退补重报案件的审查起诉期限或审判期限则重新计算；对建议法院延期审理并补充侦查的时间作了一个月的限定；取消了法院对退回补充侦查程序的启动权。对次数、时限的明确界定，避免了案件在审查起诉阶段无限且无效地反复。[①]

"案-件比"评价指标施行前，退回补充侦查案件在所有补充侦查案件数量的占比居高不下。2000年至2004年间，北京市检察机关的退回补充侦查率在20%～30%之间，自行补充侦查率在1%以下，部分年份甚至为0。[②] 当时的退回补充侦查不但占比高，而且实效低，多为检察机关办案人员为缓解办案期限的压力，找借口和理由将案件退回补充侦查，向公安机关"借"时间。例如，有的对案件管辖、诉讼文书补正等不需要通过补充侦查解决问题的案件适用补充侦查；有的出于非退回补充侦查程序目的适用退回补充侦查，补侦提纲质量不高，影响补侦效果；有的退补提纲内容过于简单，只写要求，不写理由，或只写工作目的，不写开展工作的方法，导致侦查人员难以领会补侦意图，影响补查工作。最高人民检察院于2019年9月派员对部分基层检察院案件进行实地阅卷，发现有的案件退补提纲仅表述为一句话，即"在案证据显示，×××尚有部分犯罪事实未查清，请继续侦查"；有的缺乏及时有效沟通，"文来文往"多、"面对面"交

---

① 参见金石：《"案-件比"正向辐射下补充侦查制度的结构转型与发展》，《中国刑事法杂志》2022年第2期。

② 参见徐航：《退回补充侦查制度的实证分析——以审查起诉环节为视角的观察》，《中国刑事法杂志》2007年第3期。

流少,在证据的把握和补充上存在隔阂,导致补充侦查质量不高。

“案-件比”评价指标包含的因素体现在刑事诉讼的全过程各环节。其中,退回补充侦查类对“案-件比”的影响最大,在实践中占比也是最大,如果侦查不够充分细致,则案件无法进入下一环节。[①] “案-件比”评价指标的设立,为补充侦查制度运行带来积极影响,发挥“案-件比”评价指标正向辐射作用,有助于完善补充侦查制度,提升检察办案质效。2020 年 4 月,在前期调研基础上,最高检、公安部结合补充侦查工作实际,共同印发《关于加强和规范补充侦查工作的指导意见》,明确了适用范围、补充侦查工作的原则和补充侦查提纲入卷要求等内容,对司法实务起到明确指引和规范作用。[②]

(三)少捕慎诉慎押及捕诉一体机制

少捕慎诉慎押政策与“案-件比”评价指标具有关联性。实践中,部分检察官对犯罪嫌疑人被羁押的案件会加快办案节奏,对其他未被羁押的犯罪嫌疑人则采取缓办、慢办态度。但当案情重大或复杂时,若盲目追求速度,势必会影响质量,产生“案-件比”评价指标升高的风险。而采取取保候审或监视居住强制措施的案件,难度相对不大,社会危险性相对较小,如长拖半年或一年,势必也会在客观上影响“案-件比”评价指标。

落实好少捕慎诉慎押刑事司法政策,服务于“案-件比”评价指标,关键在于降低诉前羁押率。东昌府区检察机关采取多种措施降低诉前羁押率。一是充分发挥数字监管平台作用,实现对非羁押犯罪嫌疑人全覆盖、全天候精准管控。通过智能化管理,实现捕前分流案件“全天候”监督,解除公安机关的后顾之忧,促使公安机关主动不提请批准逮捕。二是积极适应办案新形势,建立非羁押风险动态评估机制。比如,合规不起诉过程中,涉案企业负责人和工作人员经常要因公出差,特别是对重罪案件进行合规整改过程中,取保候审必须配套数字化监管 App,建立非羁押风险动态评估机制。三是推进不捕不诉同城化待遇。外地籍的犯罪嫌疑人符合取保候审条件、同时愿意被数字化监管的,也可以不批捕。

---

① 参见天津市人民检察院第三分院课题组:《以“案-件比”为核心的办案质量考评机制研究》,《法律实务思考与交流》2021 年第 2 期。

② 参见张晓津、尚洪涛、陈敏、刘涛:《最高人民检察院、公安部〈关于加强和规范补充侦查工作的指导意见〉理解与适用》,《刑事检察工作指导》2020 年第 1 辑。

(四)侦查监督与协作配合机制

2021年12月,最高人民检察院与公安部联合发布《关于健全完善侦查监督与协作配合机制的意见》,提出进一步健全完善侦查监督与协作配合机制。随着各地"侦查监督与协作配合办公室"挂牌成立,检警协作迈入新的发展阶段。检察机关有效发挥平台优势,与公安机关实现良性互动,共同推动公安机关执法办案更加规范化,将有效实现"案-件比"评价指标的下降。

东昌府区人民检察院与公安机关会签《侦查监督与协作配合机制实施细则》,明确了提前介入、取保候审与动态监管同步适用、数据信息共享等制度,确保检察触角延伸、监督到位,提高公安机关适用非羁押措施的积极性。对公安机关拟提捕案件,坚持引导侦查取证与捕前分流相结合,在降低提捕率的基础上降低诉前羁押率。在提前介入环节,就事实认定、法律适用、证据收集、是否有羁押必要等提出意见和建议,严格把关,有效降低了提捕率,从源头上控制了诉前羁押率。

四、提升"案-件比"评价指标质效的做法

(一)统一思想认识,贯彻"案-件比"评价指标

以"案-件比"为核心的案件质量评价体系,要求各级检察院切实把"案-件比"作为内在导向,把追求极致的"工匠精神"贯彻到司法办案的每个环节。办案人员要及时转变办案理念,坚持"人民至上",切实让人民群众在每一个司法案件中感受到公平正义。要准确理解"案-件比"的科学内涵,不因盲目增速而忽视办案质量。做好主动介入引导侦查工作,对重大疑难复杂案件、性侵未成年人案件做到提前介入全覆盖,通过案件研讨、补侦提纲等,帮助侦查人员明晰办案方向、取证目的和法律适用。用足用好侦查监督与协作配合办公室平台作用。建立案件会商、信息通报、联席会议等制度,规范介入引导侦查工作,引导公安机关侦查人员梳理更为体系的证据标准和更为规范的取证意识。建立和规范不捕、不诉听证制度,通过听证解疑答惑、释法说理。审慎适用建议法院延期审理,检察官对法定情形以外的"借时间"建议,不得随意提出,避免不必要的程序回转。

(二)优化技术保障,以信息化赋能数据分析

加强对"案"和"人"的管理,向科学管理要检察生产力。完善检察官业绩考

核评价体系。发挥考核指挥棒、风向标作用,将以“案-件比”为核心的案件质量评价指标纳入检察官业绩考核体系,对延期、退补等30余项影响“案-件比”的核心指标予以量化计分,实行量化考核、动态管理,通过激励倒逼检察官提高办案质效。实施检察大数据战略,赋能新时代法律监督。[①] 通过检察业务应用系统和近三年的指标运转,设计推出“案-件比”评价指标预警系统,实现参考标准的界定和数据抓取,对办案部门、案件繁简度、罪名类型等进行分析,找准问题症结和问题人员所在,通过内部谈话、内网公示排序等方式进行根治,避免滥竽充数和拖沓应付。案件管理部门在办案各流程节点实行动态监控,发现问题并及时预警。业务部门严格执行案件内部审批程序,规范退回补充侦查和延长审查期限适用,尽量减少不必要的程序性“案件”。探索建立司法全流程“案-件比”,将其适用在公安侦查、法院审判等刑事司法环节,将“案”与全流程所经历的所有司法环节统计的“件”进行对比,构建全流程“案-件比”,实现对刑事案件办案质效的全方位量化评价。有研究发现,“案-件比”并非检察机关专有的考核指标,它与程序正义理念在理论、价值和内容上均能吻合。[②] 例如,张家港市人民检察院在研究构建刑事诉讼全流程“案-件比”评价指标理论成果的基础上,开发出刑事诉讼全流程“案-件比”系统,选定贯穿刑事立案、侦查、检察、审判、执行的49个办案环节作为“件”,从每个刑事案件立案起,在后台进行编码排号,各环节产生的“件”均纳入该案的统一编码标签,建立起刑事办案全流程“生命树”。

(三)强化质量管控,以规范化倒逼办案质效

建立省、市、县三级纵向常态化指标分析机制。省检察院案管部门对全省案件质量评价指标进行定期汇总统计和分析通报,各条线及时跟进本条线内具体的案件指标。市人民检察院对本辖区质量评价指标实行动态管理,以月度通报、季度分析、半年总结、年度总结等方式,使得市人民检察院业务条线、各基层检察院及时、精准掌握指标变化情况,及时自纠自省、固强补弱。规范内部流程审批管控机制。案件管理部门在用足用好指标预警系统的同时,不定期开展随机抽查,实现“案-件比”宏观趋势判断对微观趋势引领的积极作用。运用大数据平台,做好“案-件比”评价指标的年度分析研判,实现指标的动态、科学发展和指标幅度的及时调整。以督导评查,引导和激励检察官在提升办案质效上

---

① 参见《最高人民检察院工作报告——2022年3月8日在第十三届全国人民代表大会第五次会议上》,2022年3月15日,https://www.spp.gov.cn/spp/gzbg/202203/t20220315_549267.shtml。

② 参见刘荣军:《程序正义视野下的检察机关“案-件比”制度》,《人民检察》2020年第9期。

“求极致”。对“案-件比”理念贯彻落实不力、相关工作长期落后的地区约谈、通报,严肃监督问责,推动落实案件质效提升。

(四)完善提前介入,细化检察引导侦查工作

提高提前介入的积极性、主动性,将疑难复杂案件、涉众型案件、舆论关注案件、性侵未成年人案件等作为提前介入的优先级,及时介入、规范引导,在证据收集、事实认定、案件定性等方面进行研判指导,明晰侦查方向,系统运用“三同步”,确保案件处理高效,及时回应社会关注。要规范落实最高人民检察院、公安部《关于加强和规范补充侦查工作的指导意见》,坚持必要性原则,不得以与案件事实、证据无关的原因,随意退回补充侦查。坚持说理性原则,补充侦查提纲应当写明补充侦查的理由、案件定性的考虑、补充侦查的方向、每一项补证的目的和意义,对复杂问题、争议问题作适当阐明,具备条件的,可以写明补充侦查的渠道、线索和方法。2020 年 4 月,最高检为进一步加强和规范补充侦查工作,根据《人民检察院刑事诉讼规则》和《关于加强和规范补充侦查工作的指导意见》的规定,进一步规范了补充侦查工作中《调取证据材料通知书》《补充侦查提纲》《继续侦查提纲》和《退回补充侦查提纲》四个工作文书样式,并编选了三个不同类型的补充侦查案例,在介绍简要案情的基础上列出补充侦查提纲作为范例,供各级检察机关在开展补充侦查工作时参照。两年多的文书适用和案例参照实践中,检察官真切认同“规范化”在补充侦查工作中的重要意义,认同最高检自上而下完善相关制度、实施细节的良苦用心,《调取证据材料通知书》的广泛适用,彻底取代了传统的电话沟通等不规范工作模式。

(五)强化繁简分流,规范类案办理标准化

坚持简单案件快速办、复杂案件精细办。对危险驾驶、交通肇事等事实简单的案件,成立专门的检察官办案组或由独任检察官专门审查、集中起诉、集中出庭,发挥刑事速裁、简易程序等轻微刑事案件快速办理优势,确保“小案不占大时间”。对于经济犯罪案件特别是涉众型犯罪、知识产权犯罪、职务犯罪等重大疑难复杂案件,要从思想上高度重视,在价值取向上,“质量”优先于“效率”,确保经得起时间的检验。福建漳州芗城区检察院“针对事实清楚、证据充分的危险驾驶案件,简化文书制作和讯问过程,对符合条件的统一采用表格化审查报告,简化认罪认罚和适用速裁程序文书审批程序,精简法律文书制作流程。开辟认罪

认罚从宽制度、适用速裁程序案件的‘绿色通道’,实现类案快速流转”[①]。

(六)强化释法说理,真正实现“案结事了”

法律文书的可接受性在于听众,如果其不能准确地将理念传达给听众,必将引起强烈的反对。过去,学界在司法文书说理方面可能更多地侧重于对法院裁判文书说理的研究,认为这才是最终起到“拍板定案”作用的。但从保护当事人权利和节约司法资源的角度来看,检察院的批捕(不批捕)决定书、不起诉决定书等也是相当重要的。实践中,有不少针对不批准逮捕的申诉复议、不起诉的复议复核案件,大多以维持原决定结案,实际上反映了案件可能在法律处理上是正确的,问题可能出在检察官没有及时、主动地与案件参与人员沟通、进行释法说理,或是说理不到位,导致有关人员对办案结果不服而上访、缠访,拖长了案件的办理时间,降低了案件的质量和效率。[②]“案-件比”评价指标将批捕(不批捕)申诉、不批捕复议复核、不起诉复议复核申诉评价为消极的诉讼活动,实际上是在倒逼作出决定的检察官,事前加强对决定的规范性释法说理,细化说理内容,让决定真正经得起推敲;同时,决定作出后,为了避免有关人员对决定不理解而申诉、复议,让本已终结的程序倒流,检察人员也会主动关心有关人员对决定的接受理解度。因此,“案-件比”评价指标有利于让检察人员正视释法说理的重要性,尤其是对于不起诉和不批捕的案件,能够在诉前实现“案结事了”。

下降的是数字,上升的是司法温度。“案-件比”评价指标作为检察机关案件质量评价的核心,是实现新时代检察业务能力现代化的重要举措,把党对司法工作的要求落在实处,体现了检察系统对案件质量的价值追求,是以人民为中心理念的生动体现。通过司法办案让人民群众感受到公平正义。“案-件比”评价指标要求每一个办案环节都坚持最高质量标准,每一起案件都努力办到极致,不能任由司法统计的“件”增加,甘于低效、无效甚至负效的办案状态,让正义不再“迟到”,归根到底就是政治责任与工作责任的统一,是政治效果、法律效果和社会效果的统一。

“案-件比”评价指标作为我国检察工作中的原创性事物,总体上达到了简

---

① 吴莹、张怡:《芗城检察:把脉化解刑事案件诉累“顽疾”》,2020年12月19日,https://m.thepaper.cn/baijiahao_10465779.

② 参见董桂文、郑成方:《“案-件比”——新时代检察机关办案质效的“风向标”》,《人民检察》2020年第11期。

化办案流程、提高办案效率的效果。处理好“案-件比”评价指标与其他配套制度之间的衔接关系，构建科学合理的“案-件比”评价指标，需要久久为功，根据实践情况不断调整，以使“案-件比”评价指标既能从内扭转检察办案理念，又能从外产生提高办案质效、提升人民群众司法获得感的溢出效应。在理论研究不断深入、司法实践不断探索以及最高人民检察院的调和鼎鼐之下，“案-件比”评价指标一定能更加完善、真正发挥其预期效能。

第三编

法律文件

中共中央关于加强新时代检察机关法律监督工作的意见

（2021 年 6 月 15 日）

人民检察院是国家的法律监督机关，是保障国家法律统一正确实施的司法机关，是保护国家利益和社会公共利益的重要力量，是国家监督体系的重要组成部分，在推进全面依法治国、建设社会主义法治国家中发挥着重要作用。党的十八大以来，在以习近平同志为核心的党中央坚强领导下，各级检察机关认真贯彻党中央决策部署，依法忠实履行法律监督职责，为促进经济社会发展作出了积极贡献。进入新发展阶段，与人民群众在民主、法治、公平、正义、安全、环境等方面的新需求相比，法律执行和实施仍是亟需补齐的短板，检察机关法律监督职能作用发挥还不够充分。为进一步加强党对检察工作的绝对领导，确保检察机关依法履行宪法法律赋予的法律监督职责，现就加强新时代检察机关法律监督工作提出如下意见。

一、总体要求

坚持以习近平新时代中国特色社会主义思想为指导，全面贯彻党的十九大和十九届二中、三中、四中、五中全会精神，深入贯彻习近平法治思想，增强“四个意识”、坚定“四个自信”、做到“两个维护”，紧紧围绕统筹推进“五位一体”总体布局、协调推进“四个全面”战略布局，讲政治、顾大局、谋发展、重自强，以高度的政治自觉依法履行刑事、民事、行政和公益诉讼等检察职能，实现各项检察工作全面协调充分发展，推动检察机关法律监督与其他各类监督有机贯通、相互协调，全面深化司法体制改革，大力推进检察队伍革命化、正规化、专业化、职业化建设，着力提高法律监督能力水平，为坚持和完善中国特色社会主义制度、推进国家治理体系和治理能力现代化不断作出新贡献。

二、充分发挥法律监督职能作用，为大局服务、为人民司法

1.坚决维护国家安全和社会大局稳定。坚持总体国家安全观，积极投入更高水平的平安中国建设。坚决防范和依法惩治分裂国家、颠覆国家政权、组织实施恐怖活动等犯罪，提高维护国家安全能力。常态化开展扫黑除恶斗争，实现常治长效。依法惩治和有效预防网络犯罪，推动健全网络综合治理体系，营造清朗的网络空间。根据犯罪情况和治安形势变化，准确把握宽严相济刑事政策，落实认罪认罚从宽制度，严格依法适用逮捕羁押措施，促进社会和谐稳定。积极参与社会治安防控体系建设，促进提高社会治理法治化水平。

2.服务保障经济社会高质量发展。准确把握新发展阶段，深入贯彻新发展理念，服务构建新发展格局，充分发挥检察职能作用，为经济社会高质量发展提供有力司法保障。依法参与金融风险防范化解工作，服务巩固拓展脱贫攻坚成果和全面推进乡村振兴，加强生态文明司法保护。依法维护企业合法权益。加强知识产权司法保护，服务保障创新驱动发展。加强区域执法司法协作，服务保障国家重大战略实施。深化国际司法合作，坚决维护司法主权、捍卫国家利益。

3.切实加强民生司法保障。坚持以人民为中心的发展思想，顺应新时代人民对美好生活的新需求，依法从严惩治危害食品药品安全、污染环境、危害安全生产等犯罪，切实保障民生福祉。抓住人民群众反映强烈的执法不严、司法不公等问题，加大法律监督力度，维护社会公平正义。坚持和发展新时代“枫桥经验”，健全控告申诉检察工作机制，完善办理群众信访制度，引入听证等方式审查办理疑难案件，有效化解矛盾纠纷。强化未成年人司法保护，完善专业化与社会化相结合的保护体系。

4.积极引领社会法治意识。将社会主义核心价值观融入法律监督，通过促进严格执法、公正司法，规范社会行为、引领社会风尚。定期分析公布法律监督工作有关情况，深化检务公开，提升司法公信力，以司法公正引领社会公正。落实“谁执法谁普法”普法责任制，及时发布指导性案例和典型案例，加强法律文书说理和以案释法，深化法治进校园、进社区等活动，促进全民法治观念养成。

三、全面提升法律监督质量和效果，维护司法公正

5.健全行政执法和刑事司法衔接机制。完善检察机关与行政执法机关、公

安机关、审判机关、司法行政机关执法司法信息共享、案情通报、案件移送制度，实现行政处罚与刑事处罚依法对接。对于行政执法机关不依法向公安机关移送涉嫌犯罪案件的，检察机关要依法监督。发现行政执法人员涉嫌职务违法或者职务犯罪线索的，移交监察机关处理。健全检察机关对决定不起诉的犯罪嫌疑人依法移送有关主管机关给予行政处罚、政务处分或者其他处分的制度。

6.强化刑事立案、侦查活动和审判活动监督。及时发现和纠正应当立案而不立案、不应当立案而立案、长期“挂案”等违法情形，坚决防止和纠正以刑事手段插手民事纠纷、经济纠纷。增强及时发现和纠正刑讯逼供、非法取证等侦查违法行为的能力，从源头上防范冤假错案发生。规范强制措施和侦查手段适用，切实保障人权。落实以审判为中心的诉讼制度改革要求，秉持客观公正立场，强化证据审查，严格落实非法证据排除规则，坚持疑罪从无，依法及时有效履行审查逮捕、审查起诉和指控证明犯罪等职责。加强保障律师执业权利法律监督，纠正阻碍律师依法行使诉讼权利的行为。综合运用抗诉、纠正意见、检察建议等监督手段，及时纠正定罪量刑明显不当、审判程序严重违法等问题。进一步加强死刑复核法律监督工作。

7.加强检察机关与监察机关办案衔接和配合制约。健全衔接顺畅、权威高效的工作机制，推动刑事司法与监察调查的办案程序、证据标准衔接。落实检察机关与监察机关办理职务犯罪案件互相配合、互相制约原则，完善监察机关商请检察机关派员提前介入办理职务犯罪案件工作机制，以及检察机关退回补充调查和自行补充侦查机制。加强检察机关立案侦查司法工作人员相关职务犯罪与监察机关管辖案件的衔接协调、线索移送和办案协作，不断增强依法反腐合力。

8.完善刑事执行和监管执法监督。健全对监狱、看守所等监管场所派驻检察与巡回检察相结合的工作机制，加强对社区矫正和财产刑执行的监督，促进严格依法监管，增强罪犯改造成效。加强对刑罚交付执行、强制医疗执行的监督，维护司法权威。完善对刑罚变更执行的同步监督机制，有效防止和纠正违法减刑、假释、暂予监外执行。加强与监管场所信息联网建设，强化对超期羁押、在押人员非正常死亡案件的监督。

9.精准开展民事诉讼监督。以全面实施民法典为契机，进一步加强民事检察工作，畅通司法救济渠道，加强对损害社会公共利益、程序违法、裁判显失公平等突出问题的监督，依法保护公民、法人和其他组织的合法权益。健全检察机关依法启动民事诉讼监督机制，完善对生效民事裁判申诉的受理审查机制，完善案卷调阅制度。健全抗诉、检察建议等法律监督方式,增强监督的主动性、精准度和实效性。深入推进全国执行与监督信息法检共享,推动依法解决执行难问题,加强对损害国家利益或者社会公共利益、严重损害当事人合法权益、造成重大社会影响等违法执行行为的监督。加强检察机关与审判机关、公安机关协作配合,健全对虚假诉讼的防范、发现和追究机制。

10.全面深化行政检察监督。检察机关依法履行对行政诉讼活动的法律监督职能,促进审判机关依法审判,推进行政机关依法履职,维护行政相对人合法权益;在履行法律监督职责中发现行政机关违法行使职权或者不行使职权的,可以依照法律规定制发检察建议等督促其纠正;在履行法律监督职责中开展行政争议实质性化解工作,促进案结事了。

11.积极稳妥推进公益诉讼检察。建立公益诉讼检察与行政执法信息共享机制,加大生态环境和资源保护、食品药品安全、国有财产保护、国有土地使用权出让和英烈权益保护、未成年人权益保护等重点领域公益诉讼案件办理力度。积极稳妥拓展公益诉讼案件范围,探索办理安全生产、公共卫生、妇女及残疾人权益保护、个人信息保护、文物和文化遗产保护等领域公益损害案件,总结实践经验,完善相关立法。

12.完善审判监督工作机制。加强对审判工作中自由裁量权行使的监督。完善对人民法院巡回法庭和跨行政区划审判机构等审判活动的监督机制,确保法律监督不留死角。

13.进一步提升法律监督效能。检察机关要加强对监督事项的调查核实工作,精准开展法律监督。检察机关依法调阅被监督单位的卷宗材料或者其他文件,询问当事人、案外人或者其他有关人员,收集证据材料的,有关单位和个人应当协助配合。依法向有关单位提出纠正意见或者检察建议的,有关单位应当及时整改落实并回复,有不同意见的,可以在规定时间内书面说明情况或者提出复议。对于无正当理由拒绝协助调查和接受监督的单位和个人,检察机关可以建议监察机关或者该单位的上级主管机关依法依规处理。检察机关在法律监督中发现党员涉嫌违犯党纪或者公职人员涉嫌职务违法、职务犯罪的线索,应当按照规定移送纪检监察机关或者有关党组织、任免机关和单位依规依纪依法处理。

四、加强过硬检察队伍建设,全面落实司法责任制

14.旗帜鲜明把加强党的政治建设放在首位。强化政治机关意识,不断提高

检察人员政治判断力、政治领悟力、政治执行力。深入开展社会主义法治理念教育，确保检察人员绝对忠诚、绝对纯洁、绝对可靠。扎实开展检察队伍教育整顿，推动解决顽瘴痼疾。加强检察机关党风廉政建设，严格落实中央八项规定精神。完善检察权运行制约监督机制，建立健全廉政风险防控体系。强化内部监督，严格执行领导干部干预司法活动、插手具体案件处理的记录、通报和责任追究等规定。

15.着力提升检察人员专业素养。围绕检察机关专业化建设目标，全面提升检察人员专业知识、专业能力、专业作风、专业精神。按照政法队伍人才发展规划要求，加快实施检察领军人才培养计划，健全检察业务专家制度，深化检察人才库建设。健全检察人员职业培训制度，建立检察官与法官、人民警察、律师等同堂培训制度，统一执法司法理念和办案标准尺度。

16.深化司法责任制综合配套改革。健全检察官、检察辅助人员和司法行政人员分类招录、管理、保障制度，畅通三类检察人员职业发展通道，严格控制编制外聘用人员。完善检察官遴选入额和员额退出机制及其配套政策。建立健全检察官惩戒和权益保障制度，落实检察人员履行法定职责保护机制和不实举报澄清机制。

五、加强对检察机关法律监督工作的组织保障

17.坚持和完善党对检察机关法律监督工作的领导。严格执行《中国共产党政法工作条例》，最高人民检察院党组要认真履行领导责任，贯彻落实党中央决策部署，对于检察机关法律监督工作中的重大问题和重大事项，按照规定向党中央和总书记以及中央政法委请示报告。地方各级检察机关党组要严格执行向同级党委及其政法委请示报告工作的制度。各级党委要定期听取检察机关工作情况汇报，研究解决检察机关法律监督工作中的重大问题。各级党委政法委要指导、支持、督促检察机关在宪法法律规定的职责范围内开展工作。坚持党管干部原则，把政治标准作为选配领导干部的第一标准，选优配强各级检察机关领导班子。按照有关规定，做好上级检察机关党组对下级检察机关领导班子协管工作。落实检察机关领导班子成员任职回避及交流轮岗制度，根据实际情况对任职时间较长的副职进行异地交流、部门交流。

18.加强对检察机关法律监督工作的监督制约。各级人民代表大会及其常委会要通过听取和审议检察机关工作报告、专项工作报告以及开展法律实施情况检查、询问和质询、特定问题调查等方式，监督和支持检察机关依法履行职

责。各级政协要加强对检察机关的民主监督。各级纪检监察机关要加强对检察人员履职行为的监督,健全调查处置违纪违法检察人员与检察官惩戒制度的衔接机制,确保检察权依法规范行使。完善人民监督员制度,拓宽群众有序参与和监督司法的渠道。审判机关、检察机关、公安机关按照有关规定分工负责、互相配合、互相制约,保证准确有效执行法律。

19.加强对检察机关法律监督工作的支持保障。各级政府及其工作部门要支持检察机关依法开展法律监督工作。加强对检察机关履行职责的经费保障和办案业务装备建设。加强检察机关信息化、智能化建设,运用大数据、区块链等技术推进公安机关、检察机关、审判机关、司法行政机关等跨部门大数据协同办案,实现案件数据和办案信息网上流转,推进涉案财物规范管理和证据、案卷电子化共享。因地制宜,有序推进省以下检察院财物省级统管改革,完善市、县级检察院公用经费保障标准。根据经济社会发展和案件数量变化,适应检察机关法律监督工作需要,优化编制布局,强化编制动态管理,加强省级行政区划内编制动态调整。完善符合基层实际的人才招录政策,加强检察机关基层基础建设。加大对边远、欠发达、条件艰苦地区基层检察院帮扶援建力度。按照重心下移、检力下沉要求,加强基层检察院办案规范化建设,全面提高做好新时代法律监督工作的能力和水平。

最高人民检察院关于推进行政执法与刑事司法衔接工作的规定

（2021 年 10 月 11 日）

第一条 为了健全行政执法与刑事司法衔接工作机制，根据《中华人民共和国人民检察院组织法》《中华人民共和国行政处罚法》《中华人民共和国刑事诉讼法》等有关规定，结合《行政执法机关移送涉嫌犯罪案件的规定》，制定本规定。

第二条 人民检察院开展行政执法与刑事司法衔接工作，应当严格依法、准确及时，加强与监察机关、公安机关、司法行政机关和行政执法机关的协调配合，确保行政执法与刑事司法有效衔接。

第三条 人民检察院开展行政执法与刑事司法衔接工作由负责捕诉的部门按照管辖案件类别办理。负责捕诉的部门可以在办理时听取其他办案部门的意见。

本院其他办案部门在履行检察职能过程中，发现涉及行政执法与刑事司法衔接线索的，应当及时移送本院负责捕诉的部门。

第四条 人民检察院依法履行职责时，应当注意审查是否存在行政执法机关对涉嫌犯罪案件应当移送公安机关立案侦查而不移送，或者公安机关对行政执法机关移送的涉嫌犯罪案件应当立案侦查而不立案侦查的情形。

第五条 公安机关收到行政执法机关移送涉嫌犯罪案件后应当立案侦查而不立案侦查，行政执法机关建议人民检察院依法监督的，人民检察院应当依法受理并进行审查。

第六条 对于行政执法机关应当依法移送涉嫌犯罪案件而不移送，或者公安机关应当立案侦查而不立案侦查的举报，属于本院管辖且符合受理条件的，人民检察院应当受理并进行审查。

第七条 人民检察院对本规定第四条至第六条的线索审查后，认为行政执法机关应当依法移送涉嫌犯罪案件而不移送的，经检察长批准，应当向同级行政执法机关提出检察意见，要求行政执法机关及时向公安机关移送案件并将有关材料抄送人民检察院。人民检察院应当将检察意见抄送同级司法行政机关，行政执法机关实行垂直管理的，应当将检察意见抄送其上级机关。

行政执法机关收到检察意见后无正当理由仍不移送的，人民检察院应当将有关情况书面通知公安机关。

对于公安机关可能存在应当立案而不立案情形的，人民检察院应当依法开展立案监督。

第八条 人民检察院决定不起诉的案件，应当同时审查是否需要对被不起诉人给予行政处罚。对被不起诉人需要给予行政处罚的，经检察长批准，人民检察院应当向同级有关主管机关提出检察意见，自不起诉决定作出之日起三日以内连同不起诉决定书一并送达。人民检察院应当将检察意见抄送同级司法行政机关，主管机关实行垂直管理的，应当将检察意见抄送其上级机关。

检察意见书应当写明采取和解除刑事强制措施，查封、扣押、冻结涉案财物以及对被不起诉人予以训诫或者责令具结悔过、赔礼道歉、赔偿损失等情况。对于需要没收违法所得的，人民检察院应当将查封、扣押、冻结的涉案财物一并移送。对于在办案过程中收集的相关证据材料，人民检察院可以一并移送。

第九条 人民检察院提出对被不起诉人给予行政处罚的检察意见，应当要求有关主管机关自收到检察意见书之日起两个月以内将处理结果或者办理情况书面回复人民检察院。因情况紧急需要立即处理的，人民检察院可以根据实际情况确定回复期限。

第十条 需要向上级有关单位提出检察意见的，应当层报其同级人民检察院决定并提出，或者由办理案件的人民检察院制作检察意见书后，报上级有关单位的同级人民检察院审核并转送。

需要向下级有关单位提出检察意见的，应当指令对应的下级人民检察院提出。

需要异地提出检察意见的，应当征求有关单位所在地同级人民检察院意见。意见不一致的，层报共同的上级人民检察院决定。

第十一条 有关单位在要求的期限内不回复或者无正当理由不作处理的，经检察长决定，人民检察院可以将有关情况书面通报同级司法行政机关，或者提请上级人民检察院通报其上级机关。必要时可以报告同级党委和人民代表大会常务委员会。

第十二条 人民检察院发现行政执法人员涉嫌职务违法、犯罪的，应当将案件线索移送监察机关处理。

第十三条 行政执法机关就刑事案件立案追诉标准、证据收集固定保全等问题咨询人民检察院，或者公安机关就行政执法机关移送的涉嫌犯罪案件主动听取人民检察院意见建议的，人民检察院应当及时答复。书面咨询的，人民检察院应当在七日以内书面回复。

人民检察院在办理案件过程中，可以就行政执法专业问题向相关行政执法机关咨询。

第十四条 人民检察院应当定期向有关单位通报开展行政执法与刑事司法衔接工作的情况。发现存在需要完善工作机制等问题的，可以征求被建议单位的意见，依法提出检察建议。

第十五条 人民检察院根据工作需要，可以会同有关单位研究分析行政执法与刑事司法衔接工作中的问题，提出解决方案。

第十六条 人民检察院应当配合司法行政机关建设行政执法与刑事司法衔接信息共享平台。已经接入信息共享平台的人民检察院，应当自作出相关决定之日起七日以内，录入相关案件信息。尚未建成信息共享平台的人民检察院，应当及时向有关单位通报相关案件信息。

第十七条 本规定自公布之日起施行，《人民检察院办理行政执法机关移送涉嫌犯罪案件的规定》(高检发释字〔2001〕4 号)同时废止。

人民检察院办理网络犯罪案件规定

（2021年1月25日）

第一章　一般规定

第一条　为规范人民检察院办理网络犯罪案件，维护国家安全、网络安全、社会公共利益，保护公民、法人和其他组织的合法权益，根据《中华人民共和国刑事诉讼法》《人民检察院刑事诉讼规则》等规定，结合司法实践，制定本规定。

第二条　本规定所称网络犯罪是指针对信息网络实施的犯罪，利用信息网络实施的犯罪，以及其他上下游关联犯罪。

第三条　人民检察院办理网络犯罪案件应当加强全链条惩治，注重审查和发现上下游关联犯罪线索。对涉嫌犯罪，公安机关未立案侦查、应当提请批准逮捕而未提请批准逮捕或者应当移送起诉而未移送起诉的，依法进行监督。

第四条　人民检察院办理网络犯罪案件应当坚持惩治犯罪与预防犯罪并举，建立捕、诉、监、防一体的办案机制，加强以案释法，发挥检察建议的作用，促进有关部门、行业组织、企业等加强网络犯罪预防和治理，净化网络空间。

第五条　网络犯罪案件的管辖适用刑事诉讼法及其他相关规定。

有多个犯罪地的，按照有利于查清犯罪事实、有利于保护被害人合法权益、保证案件公正处理的原则确定管辖。

因跨区域犯罪、共同犯罪、关联犯罪等原因存在管辖争议的，由争议的人民检察院协商解决，协商不成的，报请共同的上级人民检察院指定管辖。

第六条　人民检察院办理网络犯罪案件应当发挥检察一体化优势，加强跨区域协作办案，强化信息互通、证据移交、技术协作，增强惩治网络犯罪的合力。

第七条　人民检察院办理网络犯罪案件应当加强对电子数据收集、提取、保全、固定等的审查,充分运用同一电子数据往往具有的多元关联证明作用,综合运用电子数据与其他证据,准确认定案件事实。

第八条 建立检察技术人员、其他有专门知识的人参与网络犯罪案件办理制度。根据案件办理需要,吸收检察技术人员加入办案组辅助案件办理。积极探索运用大数据、云计算、人工智能等信息技术辅助办案,提高网络犯罪案件办理的专业化水平。

第九条 人民检察院办理网络犯罪案件,对集团犯罪或者涉案人数众多的,根据行为人的客观行为、主观恶性、犯罪情节及地位、作用等综合判断责任轻重和刑事追究的必要性,按照区别对待原则分类处理,依法追诉。

第十条 人民检察院办理网络犯罪案件应当把追赃挽损贯穿始终,主动加强与有关机关协作,保证及时查封、扣押、冻结涉案财物,阻断涉案财物移转链条,督促涉案人员退赃退赔。

第二章 引导取证和案件审查

第十一条 人民检察院办理网络犯罪案件应当重点围绕主体身份同一性、技术手段违法性、上下游行为关联性等方面全面审查案件事实和证据,注重电子数据与其他证据之间的相互印证,构建完整的证据体系。

第十二条 经公安机关商请,根据追诉犯罪的需要,人民检察院可以派员适时介入重大、疑难、复杂网络犯罪案件的侦查活动,并对以下事项提出引导取证意见:

(一)案件的侦查方向及可能适用的罪名;

(二)证据的收集、提取、保全、固定、检验、分析等;

(三)关联犯罪线索;

(四)追赃挽损工作;

(五)其他需要提出意见的事项。

人民检察院开展引导取证活动时,涉及专业性问题的,可以指派检察技术人员共同参与。

第十三条 人民检察院可以通过以下方式了解案件办理情况:

(一)查阅案件材料;

(二)参加公安机关对案件的讨论;

(三)了解讯(询)问犯罪嫌疑人、被害人、证人的情况;

(四)了解、参与电子数据的收集、提取;

(五)其他方式。

第十四条 人民检察院介入网络犯罪案件侦查活动,发现关联犯罪或其他新的犯罪线索,应当建议公安机关依法立案或移送相关部门;对于犯罪嫌疑人不构成犯罪的,依法监督公安机关撤销案件。

第十五条 人民检察院可以根据案件侦查情况,向公安机关提出以下取证意见:

(一)能够扣押、封存原始存储介质的,及时扣押、封存;

(二)扣押可联网设备时,及时采取信号屏蔽、信号阻断或者切断电源等方式,防止电子数据被远程破坏;

(三)及时提取账户密码及相应数据,如电子设备、网络账户、应用软件等的账户密码,以及存储于其中的聊天记录、电子邮件、交易记录等;

(四)及时提取动态数据,如内存数据、缓存数据、网络连接数据等;

(五)及时提取依赖于特定网络环境的数据,如点对点网络传输数据、虚拟专线网络中的数据等;

(六)及时提取书证、物证等客观证据,注意与电子数据相互印证。

第十六条 对于批准逮捕后要求公安机关继续侦查、不批准逮捕后要求公安机关补充侦查或者审查起诉退回公安机关补充侦查的网络犯罪案件,人民检察院应当重点围绕本规定第十二条第一款规定的事项,有针对性地制作继续侦查提纲或者补充侦查提纲。对于专业性问题,应当听取检察技术人员或者其他有专门知识的人的意见。

人民检察院应当及时了解案件继续侦查或者补充侦查的情况。

第十七条 认定网络犯罪的犯罪嫌疑人,应当结合全案证据,围绕犯罪嫌疑人与原始存储介质、电子数据的关联性、犯罪嫌疑人网络身份与现实身份的同一性,注重审查以下内容:

(一)扣押、封存的原始存储介质是否为犯罪嫌疑人所有、持有或者使用;

(二)社交、支付结算、网络游戏、电子商务、物流等平台的账户信息、身份认证信息、数字签名、生物识别信息等是否与犯罪嫌疑人身份关联;

(三)通话记录、短信、聊天信息、文档、图片、语音、视频等文件内容是否能够反映犯罪嫌疑人的身份;

(四)域名、IP 地址、终端 MAC 地址、通信基站信息等是否能够反映电子设备为犯罪嫌疑人所使用;

(五)其他能够反映犯罪嫌疑人主体身份的内容。

第十八条 认定犯罪嫌疑人的客观行为，应当结合全案证据，围绕其利用的程序工具、技术手段的功能及其实现方式、犯罪行为和结果之间的关联性，注重审查以下内容：

（一）设备信息、软件程序代码等作案工具；

（二）系统日志、域名、IP 地址、WiFi 信息、地理位置信息等是否能够反映犯罪嫌疑人的行为轨迹；

（三）操作记录、网络浏览记录、物流信息、交易结算记录、即时通信信息等是否能够反映犯罪嫌疑人的行为内容；

（四）其他能够反映犯罪嫌疑人客观行为的内容。

第十九条 认定犯罪嫌疑人的主观方面，应当结合犯罪嫌疑人的认知能力、专业水平、既往经历、人员关系、行为次数、获利情况等综合认定，注重审查以下内容：

（一）反映犯罪嫌疑人主观故意的聊天记录、发布内容、浏览记录等；

（二）犯罪嫌疑人行为是否明显违背系统提示要求、正常操作流程；

（三）犯罪嫌疑人制作、使用或者向他人提供的软件程序是否主要用于违法犯罪活动；

（四）犯罪嫌疑人支付结算的对象、频次、数额等是否明显违反正常交易习惯；

（五）犯罪嫌疑人是否频繁采用隐蔽上网、加密通信、销毁数据等措施或者使用虚假身份；

（六）其他能够反映犯罪嫌疑人主观方面的内容。

第二十条 认定犯罪行为的情节和后果，应当结合网络空间、网络行为的特性，从违法所得、经济损失、信息系统的破坏、网络秩序的危害程度以及对被害人的侵害程度等综合判断，注重审查以下内容：

（一）聊天记录、交易记录、音视频文件、数据库信息等能够反映犯罪嫌疑人违法所得、获取和传播数据及文件的性质、数量的内容；

（二）账号数量、信息被点击次数、浏览次数、被转发次数等能够反映犯罪行为对网络空间秩序产生影响的内容；

（三）受影响的计算机信息系统数量、服务器日志信息等能够反映犯罪行为对信息网络运行造成影响程度的内容；

（四）被害人数量、财产损失数额、名誉侵害的影响范围等能够反映犯罪行为对被害人的人身、财产等造成侵害的内容；

(五)其他能够反映犯罪行为情节、后果的内容。

第二十一条 人民检察院办理网络犯罪案件,确因客观条件限制无法逐一收集相关言词证据的,可以根据记录被害人人数、被侵害的计算机信息系统数量、涉案资金数额等犯罪事实的电子数据、书证等证据材料,在审查被告人及其辩护人所提辩解、辩护意见的基础上,综合全案证据材料,对相关犯罪事实作出认定。

第二十二条 对于数量众多的同类证据材料,在证明是否具有同样的性质、特征或者功能时,因客观条件限制不能全部验证的,可以进行抽样验证。

第二十三条 对鉴定意见、电子数据等技术性证据材料,需要进行专门审查的,应当指派检察技术人员或者聘请其他有专门知识的人进行审查并提出意见。

第二十四条 人民检察院在审查起诉过程中,具有下列情形之一的,可以依法自行侦查:

(一)公安机关未能收集的证据,特别是存在灭失、增加、删除、修改风险的电子数据,需要及时收集和固定的;

(二)经退回补充侦查未达到补充侦查要求的;

(三)其他需要自行侦查的情形。

第二十五条 自行侦查由检察官组织实施,开展自行侦查的检察人员不得少于二人。需要技术支持和安全保障的,由人民检察院技术部门和警务部门派员协助。必要时,可以要求公安机关予以配合。

第二十六条 人民检察院办理网络犯罪案件的部门,发现或者收到侵害国家利益、社会公共利益的公益诉讼案件线索的,应当及时移送负责公益诉讼的部门处理。

第三章　电子数据的审查

第二十七条 电子数据是以数字化形式存储、处理、传输的,能够证明案件事实的数据,主要包括以下形式:

(一)网页、社交平台、论坛等网络平台发布的信息;

(二)手机短信、电子邮件、即时通信、通讯群组等网络通讯信息;

(三)用户注册信息、身份认证信息、数字签名、生物识别信息等用户身份信息;

(四)电子交易记录、通信记录、浏览记录、操作记录、程序安装、运行、删除记录等用户行为信息;

(五)恶意程序、工具软件、网站源代码、运行脚本等行为工具信息;

(六)系统日志、应用程序日志、安全日志、数据库日志等系统运行信息;

(七)文档、图片、音频、视频、数字证书、数据库文件等电子文件及其创建时间、访问时间、修改时间、大小等文件附属信息。

第二十八条 电子数据取证主要包括以下方式:收集、提取电子数据;电子数据检查和侦查实验;电子数据检验和鉴定。

收集、提取电子数据可以采取以下方式:

(一)扣押、封存原始存储介质;

(二)现场提取电子数据;

(三)在线提取电子数据;

(四)冻结电子数据;

(五)调取电子数据。

第二十九条 人民检察院办理网络犯罪案件,应当围绕客观性、合法性、关联性的要求对电子数据进行全面审查。注重审查电子数据与案件事实之间的多元关联,加强综合分析,充分发挥电子数据的证明作用。

第三十条 对电子数据是否客观、真实,注重审查以下内容:

(一)是否移送原始存储介质,在原始存储介质无法封存、不便移动时,是否说明原因,并注明相关情况;

(二)电子数据是否有数字签名、数字证书等特殊标识;

(三)电子数据的收集、提取过程及结果是否可以重现;

(四)电子数据有增加、删除、修改等情形的,是否附有说明;

(五)电子数据的完整性是否可以保证。

第三十一条 对电子数据是否完整,注重审查以下内容:

(一)原始存储介质的扣押、封存状态是否完好;

(二)比对电子数据完整性校验值是否发生变化;

(三)电子数据的原件与备份是否相同;

(四)冻结后的电子数据是否生成新的操作日志。

第三十二条 对电子数据的合法性,注重审查以下内容:

(一)电子数据的收集、提取、保管的方法和过程是否规范;

(二)查询、勘验、扣押、调取、冻结等的法律手续是否齐全;

(三)勘验笔录、搜查笔录、提取笔录等取证记录是否完备;

(四)是否由符合法律规定的取证人员、见证人、持有人(提供人)等参与,因

客观原因没有见证人、持有人(提供人)签名或者盖章的,是否说明原因;

(五)是否按照有关规定进行同步录音录像;

(六)对于收集、提取的境外电子数据是否符合国(区)际司法协作及相关法律规定的要求。

第三十三条 对电子数据的关联性,注重审查以下内容:

(一)电子数据与案件事实之间的关联性;

(二)电子数据及其存储介质与案件当事人之间的关联性。

第三十四条 原始存储介质被扣押封存的,注重从以下方面审查扣押封存过程是否规范:

(一)是否记录原始存储介质的品牌、型号、容量、序列号、识别码、用户标识等外观信息,是否与实物一一对应;

(二)是否封存或者计算完整性校验值,封存前后是否拍摄被封存原始存储介质的照片,照片是否清晰反映封口或者张贴封条处的状况;

(三)是否由取证人员、见证人、持有人(提供人)签名或者盖章。

第三十五条 对原始存储介质制作数据镜像予以提取固定的,注重审查以下内容:

(一)是否记录原始存储介质的品牌、型号、容量、序列号、识别码、用户标识等外观信息,是否记录原始存储介质的存放位置、使用人、保管人;

(二)是否附有制作数据镜像的工具、方法、过程等必要信息;

(三)是否计算完整性校验值;

(四)是否由取证人员、见证人、持有人(提供人)签名或者盖章。

第三十六条 提取原始存储介质中的数据内容并予以固定的,注重审查以下内容:

(一)是否记录原始存储介质的品牌、型号、容量、序列号、识别码、用户标识等外观信息,是否记录原始存储介质的存放位置、使用人、保管人;

(二)所提取数据内容的原始存储路径,提取的工具、方法、过程等信息,是否一并提取相关的附属信息、关联痕迹、系统环境等信息;

(三)是否计算完整性校验值;

(四)是否由取证人员、见证人、持有人(提供人)签名或者盖章。

第三十七条 对于在线提取的电子数据,注重审查以下内容:

(一)是否记录反映电子数据来源的网络地址、存储路径或者数据提取时的进入步骤等;

（二）是否记录远程计算机信息系统的访问方式、电子数据的提取日期和时间、提取的工具、方法等信息，是否一并提取相关的附属信息、关联痕迹、系统环境等信息；

（三）是否计算完整性校验值；

（四）是否由取证人员、见证人、持有人（提供人）签名或者盖章。

对可能无法重复提取或者可能出现变化的电子数据，是否随案移送反映提取过程的拍照、录像、截屏等材料。

第三十八条 对冻结的电子数据，注重审查以下内容：

（一）冻结手续是否符合规定；

（二）冻结的电子数据是否与案件事实相关；

（三）冻结期限是否即将到期、有无必要继续冻结或者解除；

（四）冻结期间电子数据是否被增加、删除、修改等。

第三十九条 对调取的电子数据，注重审查以下内容：

（一）调取证据通知书是否注明所调取的电子数据的相关信息；

（二）被调取单位、个人是否在通知书回执上签名或者盖章；

（三）被调取单位、个人拒绝签名、盖章的，是否予以说明；

（四）是否计算完整性校验值或者以其他方法保证电子数据的完整性。

第四十条 对电子数据进行检查、侦查实验，注重审查以下内容：

（一）是否记录检查过程、检查结果和其他需要记录的内容，并由检查人员签名或者盖章；

（二）是否记录侦查实验的条件、过程和结果，并由参加侦查实验的人员签名或者盖章；

（三）检查、侦查实验使用的电子设备、网络环境等是否与发案现场一致或者基本一致；

（四）是否使用拍照、录像、录音、通信数据采集等一种或者多种方式客观记录检查、侦查实验过程。

第四十一条 对电子数据进行检验、鉴定，注重审查以下内容：

（一）鉴定主体的合法性。包括审查司法鉴定机构、司法鉴定人员的资质，委托鉴定事项是否符合司法鉴定机构的业务范围，鉴定人员是否存在回避等情形；

（二）鉴定材料的客观性。包括鉴定材料是否真实、完整、充分，取得方式是否合法，是否与原始电子数据一致；

(三)鉴定方法的科学性。包括鉴定方法是否符合国家标准、行业标准,方法标准的选用是否符合相关规定;

(四)鉴定意见的完整性。是否包含委托人、委托时间、检材信息、鉴定或者分析论证过程、鉴定结果以及鉴定人签名、日期等内容;

(五)鉴定意见与其他在案证据能否相互印证。

对于鉴定机构以外的机构出具的检验、检测报告,可以参照本条规定进行审查。

第四十二条 行政机关在行政执法和查办案件过程中依法收集、提取的电子数据,人民检察院经审查符合法定要求的,可以作为刑事案件的证据使用。

第四十三条 电子数据的收集、提取程序有下列瑕疵,经补正或者作出合理解释的,可以采用;不能补正或者作出合理解释的,不得作为定案的根据:

(一)未以封存状态移送的;

(二)笔录或者清单上没有取证人员、见证人、持有人(提供人)签名或者盖章的;

(三)对电子数据的名称、类别、格式等注明不清的;

(四)有其他瑕疵的。

第四十四条 电子数据系篡改、伪造、无法确定真伪的,或者有其他无法保证电子数据客观、真实情形的,不得作为定案的根据。

电子数据有增加、删除、修改等情形,但经司法鉴定、当事人确认等方式确定与案件相关的重要数据未发生变化,或者能够还原电子数据原始状态、查清变化过程的,可以作为定案的根据。

第四十五条 对于无法直接展示的电子数据,人民检察院可以要求公安机关提供电子数据的内容、存储位置、附属信息、功能作用等情况的说明,随案移送人民法院。

第四章 出庭支持公诉

第四十六条 人民检察院依法提起公诉的网络犯罪案件,具有下列情形之一的,可以建议人民法院召开庭前会议:

(一)案情疑难复杂的;

(二)跨国(边)境、跨区域案件社会影响重大的;

(三)犯罪嫌疑人、被害人等人数众多、证据材料较多的;

(四)控辩双方对电子数据合法性存在较大争议的;

(五)案件涉及技术手段专业性强,需要控辩双方提前交换意见的;

(六)其他有必要召开庭前会议的情形。

必要时,人民检察院可以向法庭申请指派检察技术人员或者聘请其他有专门知识的人参加庭前会议。

第四十七条 人民法院开庭审理网络犯罪案件,公诉人出示证据可以借助多媒体示证、动态演示等方式进行。必要时,可以向法庭申请指派检察技术人员或者聘请其他有专门知识的人进行相关技术操作,并就专门性问题发表意见。

公诉人在出示电子数据时,应当从以下方面进行说明:

(一)电子数据的来源、形成过程;

(二)电子数据所反映的犯罪手段、人员关系、资金流向、行为轨迹等案件事实;

(三)电子数据与被告人供述、被害人陈述、证人证言、物证、书证等的相互印证情况;

(四)其他应当说明的内容。

第四十八条 在法庭审理过程中,被告人及其辩护人针对电子数据的客观性、合法性、关联性提出辩解或者辩护意见的,公诉人可以围绕争议点从证据来源是否合法,提取、复制、制作过程是否规范,内容是否真实完整,与案件事实有无关联等方面,有针对性地予以答辩。

第四十九条 支持、推动人民法院开庭审判网络犯罪案件全程录音录像。对庭审全程录音录像资料,必要时人民检察院可以商请人民法院复制,并将存储介质附检察卷宗保存。

第五章 跨区域协作办案

第五十条 对跨区域网络犯罪案件,上级人民检察院应当加强统一指挥和统筹协调,相关人民检察院应当加强办案协作。

第五十一条 上级人民检察院根据办案需要,可以统一调用辖区内的检察人员参与办理网络犯罪案件。

第五十二条 办理关联网络犯罪案件的人民检察院可以相互申请查阅卷宗材料、法律文书,了解案件情况,被申请的人民检察院应当予以协助。

第五十三条 承办案件的人民检察院需要向办理关联网络犯罪案件的人

民检察院调取证据材料的,可以持相关法律文书和证明文件申请调取在案证据材料,被申请的人民检察院应当配合。

第五十四条 承办案件的人民检察院需要异地调查取证的,可以将相关法律文书及证明文件传输至证据所在地的人民检察院,请其代为调查取证。相关法律文书应当注明具体的取证对象、方式、内容和期限等。

被请求协助的人民检察院应当予以协助,及时将取证结果送达承办案件的人民检察院;无法及时调取的,应当作出说明。被请求协助的人民检察院有异议的,可以与承办案件的人民检察院进行协商;无法解决的,由承办案件的人民检察院报请共同的上级人民检察院决定。

第五十五条 承办案件的人民检察院需要询问异地证人、被害人的,可以通过远程视频系统进行询问,证人、被害人所在地的人民检察院应当予以协助。远程询问的,应当对询问过程进行同步录音录像。

第六章 跨国(边)境司法协作

第五十六条 办理跨国网络犯罪案件应当依照《中华人民共和国国际刑事司法协助法》及我国批准加入的有关刑事司法协助条约,加强国际司法协作,维护我国主权、安全和社会公共利益,尊重协作国司法主权、坚持平等互惠原则,提升跨国司法协作质效。

第五十七条 地方人民检察院在案件办理中需要向外国请求刑事司法协助的,应当制作刑事司法协助请求书并附相关材料,经报最高人民检察院批准后,由我国与被请求国间司法协助条约规定的对外联系机关向外国提出申请。没有刑事司法协助条约的,通过外交途径联系。

第五十八条 人民检察院参加现场移交境外证据的检察人员不少于二人,外方有特殊要求的除外。

移交、开箱、封存、登记的情况应当制作笔录,由最高人民检察院或者承办案件的人民检察院代表、外方移交人员签名或者盖章,一般应当全程录音录像。有其他见证人的,在笔录中注明。

第五十九条 人民检察院对境外收集的证据,应当审查证据来源是否合法、手续是否齐备以及证据的移交、保管、转换等程序是否连续、规范。

第六十条 人民检察院办理涉香港特别行政区、澳门特别行政区、台湾地区的网络犯罪案件,需要当地有关部门协助的,可以参照本规定及其他相关规定执行。

第七章　附　则

第六十一条　人民检察院办理网络犯罪案件适用本规定,本规定没有规定的,适用其他相关规定。

第六十二条　本规定中下列用语的含义:

(一)信息网络,包括以计算机、电视机、固定电话机、移动电话机等电子设备为终端的计算机互联网、广播电视网、固定通信网、移动通信网等信息网络,以及局域网络;

(二)存储介质,是指具备数据存储功能的电子设备、硬盘、光盘、优盘、记忆棒、存储芯片等载体;

(三)完整性校验值,是指为防止电子数据被篡改或者破坏,使用散列算法等特定算法对电子数据进行计算,得出的用于校验数据完整性的数据值;

(四)数字签名,是指利用特定算法对电子数据进行计算,得出的用于验证电子数据来源和完整性的数据值;

(五)数字证书,是指包含数字签名并对电子数据来源、完整性进行认证的电子文件;

(六)生物识别信息,是指计算机利用人体所固有的生理特征(包括人脸、指纹、声纹、虹膜、DNA 等)或者行为特征(步态、击键习惯等)来进行个人身份识别的信息;

(七)运行脚本,是指使用一种特定的计算机编程语言,依据符合语法要求编写的执行指定操作的可执行文件;

(八)数据镜像,是指二进制(0101 排序的数据码流)相同的数据复制件,与原件的内容无差别;

(九)MAC 地址,是指计算机设备中网卡的唯一标识,每个网卡有且只有一个 MAC 地址。

第六十三条　人民检察院办理国家安全机关、海警机关、监狱等移送的网络犯罪案件,适用本规定和其他相关规定。

第六十四条　本规定由最高人民检察院负责解释。

第六十五条　本规定自发布之日起施行。

人民检察院办理认罪认罚案件开展量刑建议工作的指导意见

（2021 年 12 月 3 日）

为深入贯彻落实宽严相济刑事政策，规范人民检察院办理认罪认罚案件量刑建议工作，促进量刑公开公正，加强对检察机关量刑建议活动的监督制约，根据刑事诉讼法、人民检察院刑事诉讼规则等规定，结合检察工作实际，制定本意见。

第一章　一般规定

第一条　犯罪嫌疑人认罪认罚的，人民检察院应当就主刑、附加刑、是否适用缓刑等提出量刑建议。

对认罪认罚案件，人民检察院应当在全面审查证据、查明事实、准确认定犯罪的基础上提出量刑建议。

第二条　人民检察院对认罪认罚案件提出量刑建议，应当坚持以下原则：

（一）宽严相济。应当根据犯罪的具体情况，综合考虑从重、从轻、减轻或者免除处罚等各种量刑情节提出量刑建议，做到该宽则宽，当严则严，宽严相济，轻重有度。

（二）依法建议。应当根据犯罪的事实、性质、情节和对于社会的危害程度等，依照刑法、刑事诉讼法以及相关司法解释的规定提出量刑建议。

（三）客观公正。应当全面收集、审查有罪、无罪、罪轻、罪重、从宽、从严等证据，依法听取犯罪嫌疑人、被告人、辩护人或者值班律师、被害人及其诉讼代理人的意见，客观公正提出量刑建议。

（四）罪责刑相适应。提出量刑建议既要体现认罪认罚从宽，又要考虑犯罪嫌疑人、被告人所犯罪行的轻重、应负的刑事责任和社会危险性的大小，确保罚当其罪，避免罪责刑失衡。

（五）量刑均衡。涉嫌犯罪的事实、情节基本相同的案件，提出的量刑建议应当保持基本均衡。

第三条 人民检察院对认罪认罚案件提出量刑建议，应当符合以下条件：

（一）犯罪事实清楚，证据确实、充分；

（二）提出量刑建议所依据的法定从重、从轻、减轻或者免除处罚等量刑情节已查清；

（三）提出量刑建议所依据的酌定从重、从轻处罚等量刑情节已查清。

第四条 办理认罪认罚案件，人民检察院一般应当提出确定刑量刑建议。对新类型、不常见犯罪案件，量刑情节复杂的重罪案件等，也可以提出幅度刑量刑建议，但应当严格控制所提量刑建议的幅度。

第五条 人民检察院办理认罪认罚案件提出量刑建议，应当按照有关规定对听取意见情况进行同步录音录像。

第二章 量刑证据的审查

第六条 影响量刑的基本事实和各量刑情节均应有相应的证据加以证明。

对侦查机关移送审查起诉的案件，人民检察院应当审查犯罪嫌疑人有罪和无罪、罪重和罪轻、从宽和从严的证据是否全部随案移送，未随案移送的，应当通知侦查机关在指定时间内移送。侦查机关应当收集而未收集量刑证据的，人民检察院可以通知侦查机关补充相关证据或者退回侦查机关补充侦查，也可以自行补充侦查。

对于依法需要判处财产刑的案件，人民检察院应当要求侦查机关收集并随案移送涉及犯罪嫌疑人财产状况的证据材料。

第七条 对于自首情节，应当重点审查投案的主动性、供述的真实性和稳定性等情况。

对于立功情节，应当重点审查揭发罪行的轻重、提供的线索对侦破案件或者协助抓捕其他犯罪嫌疑人所起的作用、被检举揭发的人可能或者已经被判处的刑罚等情况。犯罪嫌疑人提出检举、揭发犯罪立功线索的，应当审查犯罪嫌疑人掌握线索的来源、有无移送侦查机关、侦查机关是否开展调查核实等。

对于累犯、惯犯以及前科、劣迹等情节，应当调取相关的判决、裁定、释放证明等材料，并重点审查前后行为的性质、间隔长短、次数、罪行轻重等情况。

第八条 人民检察院应当根据案件情况对犯罪嫌疑人犯罪手段、犯罪动机、主观恶性、是否和解谅解、是否退赃退赔、有无前科劣迹等酌定量刑情节进行审查,并结合犯罪嫌疑人的家庭状况、成长环境、心理健康情况等进行审查,综合判断。

有关个人品格方面的证据材料不得作为定罪证据,但与犯罪相关的个人品格情况可以作为酌定量刑情节予以综合考虑。

第九条 人民检察院办理认罪认罚案件提出量刑建议,应当听取被害人及其诉讼代理人的意见,并将犯罪嫌疑人是否与被害方达成调解协议、和解协议或者赔偿被害方损失,取得被害方谅解,是否自愿承担公益损害修复及赔偿责任等,作为从宽处罚的重要考虑因素。

犯罪嫌疑人自愿认罪并且有赔偿意愿,但被害方拒绝接受赔偿或者赔偿请求明显不合理,未能达成调解或者和解协议的,可以综合考量赔偿情况及全案情节对犯罪嫌疑人予以适当从宽,但罪行极其严重、情节极其恶劣的除外。

必要时,人民检察院可以听取侦查机关、相关行政执法机关、案发地或者居住地基层组织和群众的意见。

第十条 人民检察院应当认真审查侦查机关移送的关于犯罪嫌疑人社会危险性和案件对所居住社区影响的调查评估意见。侦查机关未委托调查评估,人民检察院拟提出判处管制、缓刑量刑建议的,一般应当委托犯罪嫌疑人居住地的社区矫正机构或者有关组织进行调查评估,必要时,也可以自行调查评估。

调查评估意见是人民检察院提出判处管制、缓刑量刑建议的重要参考。人民检察院提起公诉时,已收到调查评估材料的,应当一并移送人民法院,已经委托调查评估但尚未收到调查评估材料的,人民检察院经审查全案情况认为犯罪嫌疑人符合管制、缓刑适用条件的,可以提出判处管制、缓刑的量刑建议,同时将委托文书随案移送人民法院。

第三章 量刑建议的提出

第十一条 人民检察院应当按照有关量刑指导意见规定的量刑基本方法,依次确定量刑起点、基准刑和拟宣告刑,提出量刑建议。对新类型、不常见犯罪案件,可以参照相关量刑规范和相似案件的判决提出量刑建议。

第十二条 提出确定刑量刑建议应当明确主刑适用刑种、刑期和是否适用缓刑。

建议判处拘役的,一般应当提出确定刑量刑建议。

建议判处附加刑的，应当提出附加刑的类型。

建议判处罚金刑的，应当以犯罪情节为根据，综合考虑犯罪嫌疑人缴纳罚金的能力提出确定的数额。

建议适用缓刑的，应当明确提出。

第十三条　除有减轻处罚情节外，幅度刑量刑建议应当在法定量刑幅度内提出，不得兼跨两种以上主刑。

建议判处有期徒刑的，一般应当提出相对明确的量刑幅度。建议判处六个月以上不满一年有期徒刑的，幅度一般不超过二个月；建议判处一年以上不满三年有期徒刑的，幅度一般不超过六个月；建议判处三年以上不满十年有期徒刑的，幅度一般不超过一年；建议判处十年以上有期徒刑的，幅度一般不超过二年。

建议判处管制的，幅度一般不超过三个月。

第十四条　人民检察院提出量刑建议应当区别认罪认罚的不同诉讼阶段、对查明案件事实的价值和意义、是否确有悔罪表现，以及罪行严重程度等，综合考量确定从宽的限度和幅度。在从宽幅度上，主动认罪认罚优于被动认罪认罚，早认罪认罚优于晚认罪认罚，彻底认罪认罚优于不彻底认罪认罚，稳定认罪认罚优于不稳定认罪认罚。

认罪认罚的从宽幅度一般应当大于仅有坦白，或者虽认罪但不认罚的从宽幅度。对犯罪嫌疑人具有自首、坦白情节，同时认罪认罚的，应当在法定刑幅度内给予相对更大的从宽幅度。

第十五条　犯罪嫌疑人虽然认罪认罚，但所犯罪行具有下列情形之一的，提出量刑建议应当从严把握从宽幅度或者依法不予从宽：

（一）危害国家安全犯罪、恐怖活动犯罪、黑社会性质组织犯罪的首要分子、主犯；

（二）犯罪性质和危害后果特别严重、犯罪手段特别残忍、社会影响特别恶劣的；

（三）虽然罪行较轻但具有累犯、惯犯等恶劣情节的；

（四）性侵等严重侵害未成年人的；

（五）其他应当从严把握从宽幅度或者不宜从宽的情形。

第十六条　犯罪嫌疑人既有从重又有从轻、减轻处罚情节，应当全面考虑各情节的调节幅度，综合分析提出量刑建议，不能仅根据某一情节一律从轻或者从重。

犯罪嫌疑人具有减轻处罚情节的,应当在法定刑以下提出量刑建议,有数个量刑幅度的,应当在法定量刑幅度的下一个量刑幅度内提出量刑建议。

第十七条 犯罪嫌疑人犯数罪,同时具有立功、累犯等量刑情节的,先适用该量刑情节调节个罪基准刑,分别提出量刑建议,再依法提出数罪并罚后决定执行的刑罚的量刑建议。人民检察院提出量刑建议时应当分别列明个罪量刑建议和数罪并罚后决定执行的刑罚的量刑建议。

第十八条 对于共同犯罪案件,人民检察院应当根据各犯罪嫌疑人在共同犯罪中的地位、作用以及应当承担的刑事责任分别提出量刑建议。提出量刑建议时应当注意各犯罪嫌疑人之间的量刑平衡。

第十九条 人民检察院可以根据案件实际情况,充分考虑提起公诉后可能出现的退赃退赔、刑事和解、修复损害等量刑情节变化,提出满足相应条件情况下的量刑建议。

第二十条 人民检察院可以借助量刑智能辅助系统分析案件、计算量刑,在参考相关结论的基础上,结合案件具体情况,依法提出量刑建议。

第二十一条 检察官应当全面审查事实证据,准确认定案件性质,根据量刑情节拟定初步的量刑建议,并组织听取意见。

案件具有下列情形之一的,检察官应当向部门负责人报告或者建议召开检察官联席会议讨论,确定量刑建议范围后再组织听取意见:

(一)新类型、不常见犯罪;

(二)案情重大、疑难、复杂的;

(三)涉案犯罪嫌疑人人数众多的;

(四)性侵未成年人的;

(五)与同类案件或者关联案件处理结果明显不一致的;

(六)其他认为有必要报告或讨论的。

检察官应当按照有关规定在权限范围内提出量刑建议。案情重大、疑难、复杂的,量刑建议应当由检察长或者检察委员会讨论决定。

第四章 听取意见

第二十二条 办理认罪认罚案件,人民检察院应当依法保障犯罪嫌疑人获得有效法律帮助。犯罪嫌疑人要求委托辩护人的,应当充分保障其辩护权,严禁要求犯罪嫌疑人解除委托。

对没有委托辩护人的,应当及时通知值班律师为犯罪嫌疑人提供法律咨询、程序选择建议、申请变更强制措施等法律帮助。对符合通知辩护条件的，应当通知法律援助机构指派律师为其提供辩护。

人民检察院应当为辩护人、值班律师会见、阅卷等提供便利。

第二十三条 对法律援助机构指派律师为犯罪嫌疑人提供辩护，犯罪嫌疑人的监护人、近亲属又代为委托辩护人的，应当听取犯罪嫌疑人的意见，由其确定辩护人人选。犯罪嫌疑人是未成年人的，应当听取其监护人意见。

第二十四条 人民检察院在听取意见时，应当将犯罪嫌疑人享有的诉讼权利和认罪认罚从宽的法律规定，拟认定的犯罪事实、涉嫌罪名、量刑情节，拟提出的量刑建议及法律依据告知犯罪嫌疑人及其辩护人或者值班律师。

人民检察院听取意见可以采取当面、远程视频等方式进行。

第二十五条 人民检察院应当充分说明量刑建议的理由和依据，听取犯罪嫌疑人及其辩护人或者值班律师对量刑建议的意见。

犯罪嫌疑人及其辩护人或者值班律师对量刑建议提出不同意见，或者提交影响量刑的证据材料，人民检察院经审查认为犯罪嫌疑人及其辩护人或者值班律师意见合理的，应当采纳，相应调整量刑建议，审查认为意见不合理的，应当结合法律规定、全案情节、相似案件判决等作出解释、说明。

第二十六条 人民检察院在听取意见的过程中，必要时可以通过出示、宣读、播放等方式向犯罪嫌疑人开示或部分开示影响定罪量刑的主要证据材料，说明证据证明的内容，促使犯罪嫌疑人认罪认罚。

言词证据确需开示的，应注意合理选择开示内容及方式，避免妨碍诉讼、影响庭审。

第二十七条 听取意见后，达成一致意见的，犯罪嫌疑人应当签署认罪认罚具结书。有刑事诉讼法第一百七十四条第二款不需要签署具结书情形的，不影响对其提出从宽的量刑建议。

犯罪嫌疑人有辩护人的，应当由辩护人在场见证具结并签字，不得绕开辩护人安排值班律师代为见证具结。辩护人确因客观原因无法到场的，可以通过远程视频方式见证具结。

犯罪嫌疑人自愿认罪认罚，没有委托辩护人，拒绝值班律师帮助的，签署具结书时，应当通知值班律师到场见证，并在具结书上注明。值班律师对人民检察院量刑建议、程序适用有异议的，检察官应当听取其意见，告知其确认犯罪嫌疑人认罪认罚的自愿性后应当在具结书上签字。

未成年犯罪嫌疑人签署具结书时，其法定代理人应当到场并签字确认。法定代理人无法到场的,合适成年人应当到场签字确认。法定代理人、辩护人对未成年人认罪认罚有异议的,未成年犯罪嫌疑人不需要签署具结书。

第二十八条 听取意见过程中,犯罪嫌疑人及其辩护人或者值班律师提供可能影响量刑的新的证据材料或者提出不同意见,需要审查、核实的,可以中止听取意见。人民检察院经审查、核实并充分准备后可以继续听取意见。

第二十九条 人民检察院提起公诉后开庭前,被告人自愿认罪认罚的,人民检察院可以组织听取意见。达成一致的,被告人应当在辩护人或者值班律师在场的情况下签署认罪认罚具结书。

第三十条 对于认罪认罚案件,犯罪嫌疑人签署具结书后,没有新的事实和证据,且犯罪嫌疑人未反悔的,人民检察院不得撤销具结书、变更量刑建议。除发现犯罪嫌疑人认罪悔罪不真实、认罪认罚后又反悔或者不履行具结书中需要履行的赔偿损失、退赃退赔等情形外,不得提出加重犯罪嫌疑人刑罚的量刑建议。

第三十一条 人民检察院提出量刑建议,一般应当制作量刑建议书,与起诉书一并移送人民法院。对于案情简单、量刑情节简单,适用速裁程序的案件,也可以在起诉书中载明量刑建议。

量刑建议书中应当写明建议对犯罪嫌疑人科处的主刑、附加刑、是否适用缓刑等及其理由和依据,必要时可以单独出具量刑建议理由说明书。适用速裁程序审理的案件,通过起诉书载明量刑建议的,可以在起诉书中简化说理。

第五章　量刑建议的调整

第三十二条 人民法院经审理,认为量刑建议明显不当或者认为被告人、辩护人对量刑建议的异议合理,建议人民检察院调整量刑建议的,人民检察院应当认真审查,认为人民法院建议合理的,应当调整量刑建议,认为人民法院建议不当的,应当说明理由和依据。

人民检察院调整量刑建议,可以制作量刑建议调整书移送人民法院。

第三十三条 开庭审理前或者休庭期间调整量刑建议的,应当重新听取被告人及其辩护人或者值班律师的意见。

庭审中调整量刑建议,被告人及其辩护人没有异议的,人民检察院可以当庭调整量刑建议并记录在案。当庭无法达成一致或者调整量刑建议需要履行相应报告、决定程序的,可以建议法庭休庭,按照本意见第二十四条、第二十五条的规定组织听取意见,履行相应程序后决定是否调整。

适用速裁程序审理认罪认罚案件，需要调整量刑建议的，应当在庭前或者当庭作出调整。

第三十四条 被告人签署认罪认罚具结书后，庭审中反悔不再认罪认罚的，人民检察院应当了解反悔的原因，被告人明确不再认罪认罚的，人民检察院应当建议人民法院不再适用认罪认罚从宽制度，撤回从宽量刑建议，并建议法院在量刑时考虑相应情况。依法需要转为普通程序或者简易程序审理的，人民检察院应当向人民法院提出建议。

第三十五条 被告人认罪认罚而庭审中辩护人作无罪辩护的，人民检察院应当核实被告人认罪认罚的真实性、自愿性。被告人仍然认罪认罚的，可以继续适用认罪认罚从宽制度，被告人反悔不再认罪认罚的，按照本意见第三十四条的规定处理。

第三十六条 检察官应当在职责权限范围内调整量刑建议。根据本意见第二十一条规定，属于检察官职责权限范围内的，可以由检察官调整量刑建议并向部门负责人报告备案；属于检察长或者检察委员会职责权限范围内的，应当由检察长或者检察委员会决定调整。

第六章 量刑监督

第三十七条 人民法院违反刑事诉讼法第二百零一条第二款规定，未告知人民检察院调整量刑建议而直接作出判决的，人民检察院一般应当以违反法定程序为由依法提出抗诉。

第三十八条 认罪认罚案件审理中，人民法院认为量刑建议明显不当建议人民检察院调整，人民检察院不予调整或者调整后人民法院不予采纳，人民检察院认为判决、裁定量刑确有错误的，应当依法提出抗诉，或者根据案件情况，通过提出检察建议或者发出纠正违法通知书等进行监督。

第三十九条 认罪认罚案件中，人民法院采纳人民检察院提出的量刑建议作出判决、裁定，被告人仅以量刑过重为由提出上诉，因被告人反悔不再认罪认罚致从宽量刑明显不当的，人民检察院应当依法提出抗诉。

第七章 附 则

第四十条 人民检察院办理认罪认罚二审、再审案件，参照本意见提出量刑建议。

第四十一条 本意见自发布之日起施行。

人民检察院办理认罪认罚案件听取意见同步录音录像规定

（2021年12月2日）

第一条 为规范人民检察院办理认罪认罚案件听取意见活动，依法保障犯罪嫌疑人、被告人诉讼权利，确保认罪认罚自愿性、真实性、合法性，根据法律和相关规定，结合办案实际，制定本规定。

第二条 人民检察院办理认罪认罚案件，对于检察官围绕量刑建议、程序适用等事项听取犯罪嫌疑人、被告人、辩护人或者值班律师意见、签署具结书活动，应当同步录音录像。

听取意见同步录音录像不包括讯问过程，但是讯问与听取意见、签署具结书同时进行的，可以一并录制。

多次听取意见的，至少要对量刑建议形成、确认以及最后的具结书签署过程进行同步录音录像。对依法不需要签署具结书的案件，应当对能够反映量刑建议形成的环节同步录音录像。

第三条 认罪认罚案件听取意见同步录音录像适用于所有认罪认罚案件。

第四条 同步录音录像一般应当包含如下内容：

（一）告知犯罪嫌疑人、被告人、辩护人或者值班律师对听取意见过程进行同步录音录像的情况；

（二）告知犯罪嫌疑人、被告人诉讼权利义务和认罪认罚法律规定，释明认罪认罚的法律性质和法律后果的情况；

（三）告知犯罪嫌疑人、被告人无正当理由反悔的法律后果的情况；

（四）告知认定的犯罪事实、罪名、处理意见，提出的量刑建议、程序适用建议并进行说明的情况；

（五）检察官听取犯罪嫌疑人、被告人、辩护人或者值班律师意见，犯罪嫌疑人、被告人听取辩护人或者值班律师意见的情况；

（六）根据需要，开示证据的情况；

（七）犯罪嫌疑人、被告人签署具结书及辩护人或者值班律师见证的情况；

（八）其他需要录制的情况。

第五条 认罪认罚案件听取意见应当由检察官主持，检察官助理、检察技术人员、司法警察、书记员协助。犯罪嫌疑人、被告人、辩护人或者值班律师等人员参与。

同步录音录像由检察技术人员或其他检察辅助人员负责录制。

第六条 同步录音录像一般应当在羁押场所或者检察机关办案区进行，有条件的可以探索在上述地点单独设置听取意见室。

采取远程视频等方式听取意见的，应当保存视频音频作为同步录音录像资料。

第七条 听取意见前，人民检察院应当告知辩护人或者值班律师听取意见的时间、地点，并听取辩护人或者值班律师意见。

在听取意见过程中，人民检察院应当为辩护人或者值班律师会见犯罪嫌疑人、查阅案卷材料提供必要的便利。

第八条 同步录音录像，应当客观、全面地反映听取意见的参与人员、听取意见过程，画面完整、端正，声音和影像清晰可辨。同步录音录像应当保持完整、连续，不得选择性录制，不得篡改、删改。

第九条 同步录音录像的起始和结束由检察官宣布。开始录像前，应当告知犯罪嫌疑人、被告人、辩护人或者值班律师。

第十条 听取意见过程中发现可能影响定罪量刑的新情况，需要补充核实的，应当中止听取意见和同步录音录像。核实完毕后，视情决定重新或者继续听取意见并进行同步录音录像。

因技术故障无法录制的，一般应当中止听取意见，待故障排除后再行听取意见和录制。技术故障一时难以排除的，征得犯罪嫌疑人、被告人、辩护人或者值班律师同意，可以继续听取意见，但应当记录在案。

第十一条 同步录音录像结束后，录制人员应当及时制作同步录音录像文件，交由案件承办人员办案使用，案件办结后由案件承办人员随案归档。同步录音录像文件的命名应当与全国检察业务应用系统内案件对应。各级人民检察院应当逐步建立同步录音录像文件管理系统，统一存储和保管同步录音录像文件。同步录音录像文件保存期限为十年。

第十二条 同步录音录像文件是人民检察院办理认罪认罚案件的工作资料,实行有条件调取使用。因人民法院、犯罪嫌疑人、被告人、辩护人或者值班律师对认罪认罚自愿性、真实性、合法性提出异议或者疑问等原因,需要查阅同步录音录像文件的,人民检察院可以出示,也可以将同步录音录像文件移送人民法院,必要时提请法庭播放。

因案件质量评查、复查、检务督察等工作,需要查阅、调取、复制、出示同步录音录像文件的,应当履行审批手续并记录在案。

第十三条 检察人员听取意见应当着检察制服,做到仪表整洁,举止严肃、端庄,用语文明、规范。

第十四条 人民检察院刑事检察、检察技术、计划财务装备、案件管理、司法警察、档案管理等部门应当各司其职、各负其责、协调配合,保障同步录音录像工作规范、高效、有序开展。

第十五条 人民检察院办理未成年人认罪认罚案件开展听取意见同步录音录像工作的,根据相关法律规定,结合未成年人检察工作实际,参照本规定执行。

第十六条 本规定自 2022 年 3 月 1 日起实施。

关于建立涉案企业合规第三方监督评估机制的指导意见(试行)

（2021年6月3日）

为贯彻落实习近平总书记重要讲话精神和党中央重大决策部署，在依法推进企业合规改革试点工作中建立健全涉案企业合规第三方监督评估机制，有效惩治预防企业违法犯罪，服务保障经济社会高质量发展，助力推进国家治理体系和治理能力现代化，根据刑法、刑事诉讼法等法律法规及相关政策精神，制定本指导意见。

第一章　总　则

第一条　涉案企业合规第三方监督评估机制（以下简称第三方机制），是指人民检察院在办理涉企犯罪案件时，对符合企业合规改革试点适用条件的，交由第三方监督评估机制管理委员会（以下简称第三方机制管委会）选任组成的第三方监督评估组织（以下简称第三方组织），对涉案企业的合规承诺进行调查、评估、监督和考察。考察结果作为人民检察院依法处理案件的重要参考。

第二条　第三方机制的建立和运行，应当遵循依法有序、公开公正、平等保护、标本兼治的原则。

第三条　第三方机制适用于公司、企业等市场主体在生产经营活动中涉及的经济犯罪、职务犯罪等案件，既包括公司、企业等实施的单位犯罪案件，也包括公司、企业实际控制人、经营管理人员、关键技术人员等实施的与生产经营活动密切相关的犯罪案件。

第四条　对于同时符合下列条件的涉企犯罪案件，试点地区人民检察院可以根据案件情况适用本指导意见：

(一)涉案企业、个人认罪认罚;

(二)涉案企业能够正常生产经营,承诺建立或者完善企业合规制度,具备启动第三方机制的基本条件;

(三)涉案企业自愿适用第三方机制。

第五条 对于具有下列情形之一的涉企犯罪案件,不适用企业合规试点以及第三方机制:

(一)个人为进行违法犯罪活动而设立公司、企业的;

(二)公司、企业设立后以实施犯罪为主要活动的;

(三)公司、企业人员盗用单位名义实施犯罪的;

(四)涉嫌危害国家安全犯罪、恐怖活动犯罪的;

(五)其他不宜适用的情形。

第二章 第三方机制管委会的组成和职责

第六条 最高人民检察院、国务院国有资产监督管理委员会、财政部、全国工商联会同司法部、生态环境部、国家税务总局、国家市场监督管理总局、中国国际贸易促进委员会等部门组建第三方机制管委会,全国工商联负责承担管委会的日常工作,国务院国有资产监督管理委员会、财政部负责承担管委会中涉及国有企业的日常工作。

第三方机制管委会履行下列职责:

(一)研究制定涉及第三方机制的规范性文件;

(二)研究论证第三方机制涉及的重大法律政策问题;

(三)研究制定第三方机制专业人员名录库的入库条件和管理办法;

(四)研究制定第三方组织及其人员的工作保障和激励制度;

(五)对试点地方第三方机制管委会和第三方组织开展日常监督和巡回检查;

(六)协调相关成员单位对所属或者主管的中华全国律师协会、中国注册会计师协会、中国企业联合会、中国注册税务师协会、中国贸促会全国企业合规委员会(中国贸促会商事法律服务中心)以及其他行业协会、商会、机构等在企业合规领域的业务指导,研究制定涉企犯罪的合规考察标准;

(七)统筹协调全国范围内第三方机制的其他工作。

第七条 第三方机制管委会各成员单位建立联席会议机制,由最高人民检察院、国务院国有资产监督管理委员会、财政部、全国工商联负责同志担任召集人，根据工作需要定期或者不定期召开会议，研究有关重大事项和规范性文件，确定阶段性工作重点和措施。

各成员单位应当按照职责分工，认真落实联席会议确定的工作任务和议定事项，建立健全日常联系、联合调研、信息共享、宣传培训等机制，推动企业合规改革试点和第三方机制相关工作的顺利进行。

第八条 试点地方的人民检察院和国资委、财政部门、工商联应当结合本地实际，参照本指导意见第六条、第七条规定组建本地区的第三方机制管委会并建立联席会议机制。

试点地方第三方机制管委会履行下列职责：

（一）建立本地区第三方机制专业人员名录库，并根据各方意见建议和工作实际进行动态管理；

（二）负责本地区第三方组织及其成员的日常选任、培训、考核工作，确保其依法依规履行职责；

（三）对选任组成的第三方组织及其成员开展日常监督和巡回检查；

（四）对第三方组织的成员违反本指导意见的规定，或者实施其他违反社会公德、职业伦理的行为，严重损害第三方组织形象或公信力的，及时向有关主管机关、协会等提出惩戒建议，涉嫌违法犯罪的，及时向公安司法机关报案或者举报，并将其列入第三方机制专业人员名录库黑名单；

（五）统筹协调本地区第三方机制的其他工作。

第九条 第三方机制管委会应当组建巡回检查小组，按照本指导意见第六条第五项、第八条第三项的规定，对相关组织和人员在第三方机制相关工作中的履职情况开展不预先告知的现场抽查和跟踪监督。

巡回检查小组成员可以由人大代表、政协委员、人民监督员、退休法官、检察官以及会计审计等相关领域的专家学者担任。

第三章 第三方机制的启动和运行

第十条 人民检察院在办理涉企犯罪案件时，应当注意审查是否符合企业合规试点以及第三方机制的适用条件，并及时征询涉案企业、个人的意见。涉案企业、个人及其辩护人、诉讼代理人或者其他相关单位、人员提出适用企业合规试点以及第三方机制申请的，人民检察院应当依法受理并进行审查。

人民检察院经审查认为涉企犯罪案件符合第三方机制适用条件的，可以商请本地区第三方机制管委会启动第三方机制。第三方机制管委会应当根据案件具体情况以及涉案企业类型,从专业人员名录库中分类随机抽取人员组成第三方组织,并向社会公示。

第三方组织组成人员名单应当报送负责办理案件的人民检察院备案。人民检察院或者涉案企业、个人、其他相关单位、人员对选任的第三方组织组成人员提出异议的,第三方机制管委会应当调查核实并视情况做出调整。

第十一条 第三方组织应当要求涉案企业提交专项或者多项合规计划,并明确合规计划的承诺完成时限。

涉案企业提交的合规计划,主要围绕与企业涉嫌犯罪有密切联系的企业内部治理结构、规章制度、人员管理等方面存在的问题,制定可行的合规管理规范,构建有效的合规组织体系,健全合规风险防范报告机制,弥补企业制度建设和监督管理漏洞,防止再次发生相同或者类似的违法犯罪。

第十二条 第三方组织应当对涉案企业合规计划的可行性、有效性与全面性进行审查,提出修改完善的意见建议,并根据案件具体情况和涉案企业承诺履行的期限,确定合规考察期限。

在合规考察期内,第三方组织可以定期或者不定期对涉案企业合规计划履行情况进行检查和评估,可以要求涉案企业定期书面报告合规计划的执行情况,同时抄送负责办理案件的人民检察院。第三方组织发现涉案企业或其人员尚未被办案机关掌握的犯罪事实或者新实施的犯罪行为,应当中止第三方监督评估程序,并向负责办理案件的人民检察院报告。

第十三条 第三方组织在合规考察期届满后,应当对涉案企业的合规计划完成情况进行全面检查、评估和考核,并制作合规考察书面报告,报送负责选任第三方组织的第三方机制管委会和负责办理案件的人民检察院。

第十四条 人民检察院在办理涉企犯罪案件过程中,应当将第三方组织合规考察书面报告、涉案企业合规计划、定期书面报告等合规材料,作为依法作出批准或者不批准逮捕、起诉或者不起诉以及是否变更强制措施等决定,提出量刑建议或者检察建议、检察意见的重要参考。

人民检察院发现涉案企业在预防违法犯罪方面制度不健全、不落实,管理不完善,存在违法犯罪隐患,需要及时消除的,可以结合合规材料,向涉案企业提出检察建议。

人民检察院对涉案企业作出不起诉决定,认为需要给予行政处罚、处分或者没收其违法所得的,应当结合合规材料,依法向有关主管机关提出检察意见。

人民检察院通过第三方机制,发现涉案企业或其人员存在其他违法违规情形的，应当依法将案件线索移送有关主管机关、公安机关或者纪检监察机关处理。

第十五条 人民检察院对于拟作不批准逮捕、不起诉、变更强制措施等决定的涉企犯罪案件，可以根据《人民检察院审查案件听证工作规定》召开听证会，并邀请第三方组织组成人员到会发表意见。

第十六条 负责办理案件的人民检察院应当履行下列职责：

（一）对第三方组织组成人员名单进行备案审查，发现组成人员存在明显不适当情形的，及时向第三方机制管委会提出意见建议；

（二）对涉案企业合规计划、定期书面报告进行审查，向第三方组织提出意见建议；

（三）对第三方组织合规考察书面报告进行审查，向第三方机制管委会提出意见建议，必要时开展调查核实工作；

（四）依法办理涉案企业、个人及其辩护人、诉讼代理人或者其他相关单位、人员在第三方机制运行期间提出的申诉、控告或者有关申请、要求；

（五）刑事诉讼法、人民检察院刑事诉讼规则等法律、司法解释规定的其他法定职责。

第十七条 第三方组织及其组成人员在合规考察期内，可以针对涉案企业合规计划、定期书面报告开展必要的检查、评估，涉案企业应当予以配合。

第三方组织及其组成人员应当履行下列义务：

（一）遵纪守法，勤勉尽责，客观中立；

（二）不得泄露履职过程中知悉的国家秘密、商业秘密和个人隐私；

（三）不得利用履职便利，索取、收受贿赂或者非法侵占涉案企业、个人的财物；

（四）不得利用履职便利，干扰涉案企业正常生产经营活动。

第三方组织组成人员系律师、注册会计师、税务师（注册税务师）等中介组织人员的，在履行第三方监督评估职责期间不得违反规定接受可能有利益关系的业务；在履行第三方监督评估职责结束后一年以内，上述人员及其所在中介组织不得接受涉案企业、个人或者其他有利益关系的单位、人员的业务。

第十八条 涉案企业或其人员在第三方机制运行期间，认为第三方组织或其组成人员存在行为不当或者涉嫌违法犯罪的，可以向负责选任第三方组织的第三方机制管委会反映或者提出异议，或者向负责办理案件的人民检察院提出申诉、控告。

涉案企业及其人员应当按照时限要求认真履行合规计划，不得拒绝履行或者变相不履行合规计划、拒不配合第三方组织合规考察或者实施其他严重违反合规计划的行为。

第四章　附　则

第十九条　纪检监察机关认为涉嫌行贿的企业符合企业合规试点以及第三方机制适用条件，向人民检察院提出建议的，人民检察院可以参照适用本指导意见。

第二十条　试点地方人民检察院、国资委、财政部门、工商联可以结合本地实际，参照本指导意见会同有关部门制定具体实施办法，并按照试点工作要求报送备案。

本指导意见由最高人民检察院、国务院国有资产监督管理委员会、财政部、全国工商联会同司法部、生态环境部、国家税务总局、国家市场监督管理总局、中国国际贸易促进委员会负责解释，自印发之日起施行。

第四编

典型案例

检察机关贯彻少捕慎诉慎押刑事司法政策典型案例(第一批)(部分)

(2021 年 11 月 29 日)

案例四　韩某等 47 人诈骗案——区分情形,分类处理,对非羁押人员运用科技手段实施监管,保障诉讼顺利进行

【基本案情】

被告人韩某,女,1997 年 11 月出生,河南某高校本科毕业,河南工作。

被不起诉人马某,男,1997 年 4 月出生,河南某高校本科毕业,北京工作。

本案其他 45 名被不起诉人基本情况略。

2019 年 6 月,浙江省杭州市为吸引人才安家落户出台了相关政策,对来杭州工作的本科及以上学历应届毕业生发放一次性生活补贴,其中,本科 1 万元、硕士 3 万元。毕业生在申请补贴时限内,需在杭州市用人单位就业或自主创业,并按规定缴纳社会保险。

2020 年 5 月至 6 月期间,韩某、马某等 47 名不符合上述补贴领取条件的应届毕业生,通过中介人员邱某(因本案,以诈骗罪被判处有期徒刑四年六个月,并处罚金 4 万元)操作,挂靠在邱某所在的杭州某公司短暂缴纳社保,虚构在杭州劳动关系,骗领补贴共计人民币 49 万元。其中,韩某骗领补贴 1 万元后,又介绍其他 9 名人员以相同方式骗领补贴 9 万元,并收取好处费;马某等其余 46 人分别骗领补贴 1 万元或 3 万元不等。

2020 年 10 月,浙江省杭州市公安局萧山区分局对该案立案侦查。

【检察机关履职情况】

(一)运用"非羁码"科技手段监管,加强对非羁押人员监督管理。浙江省杭

州市萧山区人民检察院应邀介入该批大学生骗补案件,针对强制措施适用建议公安机关分类处理,对专门以骗补为业的中介人员邱某等建议提请批准逮捕,从严惩处;对认罪态度好的涉案大学生韩某等人建议适用取保候审措施,从宽处理。公安机关于2020年12月对韩某等47人取保候审,为保证诉讼顺利进行,运用杭州市检察院、公安局联合开发的"非羁码"数字监管系统,对取保候审人员、办案人员同步安装"非羁码"手机端,办案人员利用外出提醒、违规预警、定时打卡和不定时抽检等多重功能,对取保候审人员"码"上进行实时监管。韩某等47人取保候审期间,均按要求定时打卡,无一人脱管失控。

(二)宽严相济,区分情形,区别对待。2020年12月25日,公安机关将韩某等47人移送审查起诉,检察机关严格审查证据,对涉案人员求学就业等情况进行补充调查。经审查认为,本案47人均涉嫌诈骗罪,但危害后果、主观恶性不同,应区别对待。其中,韩某积极介绍9名同学骗补,并收取好处费,社会危害严重,应当从严处理,依法起诉;马某等46人犯罪情节轻微,且有自首、坦白、退赃等从宽情节,均表示认罪认罚,处于稳定工作、读研的状态,符合不起诉条件,可以从宽处理。

(三)组织公开听证,听取各方意见。鉴于本案社会影响较大,检察机关组织召开听证会,邀请律师、人民监督员等担任听证员,广泛听取意见,自觉接受监督,并让涉案金额相对较大的马某等人参加。听证员一致认为,本案应给予刚出大学校门的年轻人改过自新、服务社会的机会。听取各方意见后,2021年7月23日,检察机关对马某等46人作出不起诉决定,予以了训诫,对韩某依法提起公诉。7月30日,法院判处韩某有期徒刑一年二个月,缓刑一年二个月。

(四)制发检察建议,促进完善社会管理。检察机关办案中发现,杭州市应届高学历毕业生生活补贴的申领手续相对粗疏,核发流程尽管快捷方便,但容易造成国家人才补贴款流失。对此,检察机关建议有关职能部门弥补政策制度漏洞、加大监管力度、加强法治宣传、开展政府补贴专项巡查行动等。经共同努力,2021年10月,有关职能部门调整了补贴政策,从源头上防范了骗补风险。

【典型意义】

(一)区分情形,区别对待,准确把握少捕慎诉慎押刑事司法政策。检察机关审查逮捕、审查起诉过程中,对此类案件,要注重全面审查、综合衡量,结合具体情形,区别对待。对犯罪情节轻微,认罪悔罪的,要依法从宽处理;对社会危害性大、主观恶性大、情节恶劣的,该捕即捕,依法追诉。

(二)运用科技手段对非羁押犯罪嫌疑人有效监管。落实少捕慎诉慎押刑事司法政策过程中，支持积极探索现代科技手段在非羁押强制措施适用中的运用，推广“非羁码”等数据监管系统，提高监管效能，降低监管成本，更好保障刑事诉讼顺利进行。

（三）延伸职能，积极开展诉源治理。检察机关办案过程中，应主动延伸检察职能，深挖案件背后可能存在的社会管理问题，及时向有关部门反映情况，有针对性提出建章立制的建议，堵塞制度漏洞，强化犯罪预防，用检察担当助力社会治理。

首批检察改革典型案例(部分)

（2021 年 1 月 4 日）

案例 3:山东省东营市人民检察院创建“三位一体”制度体系打造非羁押诉讼新模式

【关键词】

非羁押诉讼模式　三位一体　认罪认罚从宽制度

【改革情况】

长期以来,我国刑事诉讼案件审前羁押率偏高,羁押时间较长,羁押后被判轻刑、缓刑率较高等问题较为突出。山东省东营市检察机关创建以羁押必要性全流程审查、非羁押诉讼全方位保障、全社会支持为主要内容的“三位一体”非羁押诉讼模式,将降低审前羁押的制度和举措贯穿刑事诉讼全过程,将非羁押诉讼社会协作模式纳入基层社会治理体系,形成“案件办理＋司法协作＋社会参与”的中国特色非羁押诉讼制度实践样本。

一、构建羁押必要性全流程审查机制,让不该羁押、不必羁押的犯罪嫌疑人免受“牢狱之苦”

(一)建立捕前分流过滤机制,从源头上减少羁押。由检察机关和公安机关共建提请逮捕协商工作机制,出台《关于办理轻微刑事案件有关问题的意见》,明确非羁押诉讼案件的适用标准、案件范围和提捕条件,统一司法尺度。设立检警协作办公室,公安机关刑事立案后及时通报检察机关同步介入,听取检察机关意见,对醉驾等轻微刑事案件,公安机关原则上不提请逮捕,采取非羁押方式直接起诉。近三年来,全市捕前共分流 4899 人,占犯罪嫌疑人总数的

52.3%;判处缓刑人数3991人,占非羁押诉讼人数的81.4%。

(二)建立捕中听证机制,在审查逮捕中严控羁押。率先在全国开展审查逮捕诉讼化转型试点工作,由检察机关、司法行政机关、律师协会三方共同制定《审查逮捕工作中充分听取律师意见实施办法》,构建了书面听取、当面听取和公开听证阶梯式律师参与机制。检察机关受理公安机关提请逮捕案件后,以社会危险性的审查为重点,多渠道、多形式听取律师意见,对有无逮捕必要进行精细化、诉讼化审查,对可捕可不捕的不予批捕,更好地贯彻宽严相济的刑事司法政策。认真贯彻落实服务民营经济检察政策,探索涉民营企业案件公开听证模式,主动邀请人大代表、政协委员、人民监督员、工商联等多方代表参与听证,依法严格审慎适用羁押措施。近三年来,全市共不予批准和决定逮捕1133人,占受理数的25.4%。

(三)建立捕后跟踪机制,在诉讼进程中依法及时变更羁押。严格按照法定程序,全面审查捕后案件犯罪嫌疑人羁押的必要性,坚持"三审三听":审查卷宗事实,审查犯罪情节,审查社会外部评估因素;听取犯罪嫌疑人、被告人及其法定代理人、辩护人意见,听取被害人及其法定代理人、委托代理人意见,听取同监室在押人员评价,形成可供办案参考的调查报告,作为是否变更和解除强制措施的依据。近三年来,通过羁押必要性审查变更或解除强制措施367人,占执行逮捕人数的11%。

二、构建非羁押诉讼全方位保障机制,让刑事诉讼进程不因犯罪嫌疑人未羁押而"中途搁浅"

(一)创新实施"电子手表"智能监控。自2012年开始,在全国率先研发建设电子手表智能监控系统,通过北斗卫星、基站等多种定位模式,对佩戴智能手表的人员进行实时定位和轨道查询,实现了对取保候审人员"全时段、全方位"监督,为非羁押措施的适用奠定基础。特别是今年以来,全市开展打击电信诈骗专项行动,先后抓捕180余人,针对疫情期间犯罪嫌疑人散居于全国各地,不便于在东营集中羁押的现实情况,对其中160余人采取了电子监控措施,有力保障了案件的顺利推进。

(二)探索赔偿保证金提存制度。针对交通肇事、轻伤害等案件因一时无法达成和解,或者和解后犯罪嫌疑人不积极履行等情况,探索赔偿保证金由公证部门第三方提存制度,检察机关审查后可以对其作出不捕决定,待案件经判决确定赔偿数额后,由被害人持生效裁判文书至第三方申请取得赔偿金。该制度便于促成刑事和解,有效降低了轻罪案件逮捕率。2020 年以来,全市共适用赔偿保证金制度案件 132 起 147 人。

(三)建立繁简分流快速办理机制。公安、检察、法院建立非羁押诉讼案件快速处理协作机制,创新"集中审理、打包起诉"工作模式,对犯罪嫌疑人认罪认罚、事实清楚、适用法律无争议的非羁押诉讼案件,确保 7 个工作日内审结;对轻微刑事案件,进入"快车道",实行集中开庭、集中宣判,大部分"醉驾"类轻微刑事案件平均庭审时间 7 分钟,实现了快侦、快诉、快判。

三、构建非羁押诉讼社会支持体系,让犯罪嫌疑人感受到"法治温度"

(一)全国首创"刑事执行人权保障中心"。2014 年,河口区检察院依托刑事智能监督平台整合取保候审、监视居住、社区矫正等功能,创建"黄河驿站",后市委政法委牵头在全市推广应用。2017 年,河口区检察院在黄河驿站基础上创建"刑事执行人权保障中心"。通过对非羁押人员各项诉讼权利保障,消除对抗情绪,推进认罪认罚服判。2019 年 8 月,中国法学会刑事执行检察专业委员会第二届年会在东营现场观摩,与会领导、专家给予充分肯定。

(二)创建新航基地,整合社会力量全面参与。垦利区创建了集社区服务、集中教育、公益劳动及困难帮扶于一体的非羁押诉讼和社区矫正人员帮教基地——新航基地,将非羁押人员纳入社会治理网格化管理服务平台,犯罪嫌疑人是否存在诉讼风险纳入网格化监管内容,作为司法机关认罪认罚从宽量刑的重要依据,解决了公安机关警力不足、难以全面有效监管的难题,实现了对重点人员的网格化社会管控。

(三)搭建检调对接平台。针对犯罪嫌疑人认罪认罚,但与被害人在刑事附带民事赔偿上存在争议、非羁押诉讼难以推进的难题,依托东营市人民调解中心设立检察和解中心,与公安、法院、信访等部门和基层社区建立联动机制,充分发挥人民调解员、社区网格员、基层组织作用,通过释法说理,政策引导,促使刑事诉讼各方当事人在不违反法律、不损害公共利益的前提下,达成刑事和解协议,实现从"结案了事"到"案结事了人和"的转变。

【典型意义】

山东省东营市检察院以羁押必要性全流程审查、非羁押诉讼全方位保障、全社会支持为主要内容的"三位一体"非羁押诉讼模式,是落实"少捕慎诉少押"司法政策的有效机制,降低诉讼成本,提高司法效率。该模式充分运用科技手段保障诉讼顺利进行,创新赔偿保障金提存制度,创建刑事执行人权保障中心,以促进刑事和解、认罪认罚，在保障被害人权益和被告人诉讼权利等方面具有示范性。

案例4：甘肃省兰州市人民检察院创新大数据研判与衔接平台建设推进公益诉讼工作机制创新

【关键词】

公益诉讼　大数据研判　智能分析　平台管理

【改革情况】

甘肃省兰州市人民检察院紧跟时代步伐，运用“大数据”技术，实施“一个战略、两个行动”（即大数据战略、“互联网＋”行动、“人工智能＋”行动），建设公益诉讼大数据应用平台，与全市27家行政单位达成了数据对接与信息共享机制。目前，通过平台发现大量公益诉讼案件线索。仅2019年上半年，审查公益线索265件，依法立案230件，发出诉前检察建议217件，其中通过平台发现的案件占比近80％。实现了法律效果、政治效果和社会效果的有机统一。

一、打破数据壁垒，构建数据互通机制

兰州市检察机关充分利用已建设的“公益诉讼大数据应用平台”，构建数据互通机制，实现数据一次性采集。一方面，通过互联网采集新闻媒体、投诉举报、贴吧论坛等涉及公益诉讼的数据。另一方面，采用主动采集方式，建立了与行政执法单位数据对接机制，攻克了以往与多单位、多系统数据对接时，需要对接单位投入大量人力物力以及第三方供应商配合的问题。具体而言，只要网络可达、系统可见、数据可见（对接单位只需提供用户名密码）即可迅速、自动完成数据采集，节省了大量时间。同时，兰州市检察机关对兰州与甘肃公益诉讼案源发现渠道数据的标准进行梳理，形成各类案件类型所需要的数据资源目录体系、自然资源的知识图谱体系，完成数据源、数据格式、采集模板，开放形式等多种标准，为将来在甘肃开展的其他业务提供数据支撑，并形成全国性自然资源保护的技术标准和数据标准。

二、智能分析研判，准确定位责任主体

兰州市检察机关在办理公益诉讼案件时，通过平台智能研判功能，将平台过滤分类的线索数据与平台中预置的研判模型进行碰撞，自动识别出线索数据中反映的违法行为，快速研判出负有监管责任主体和保护责任的权利清单，并

根据已经识别出的行政区划、权责主体、涉及领域等信息,对案件线索自动“归类、合并、集中”,在线索涉及多领域或多行业时,平台为办案人员提供知识匹配,还采集了互联网中全国范围内其他兄弟检察院所办理的公益诉讼案例,结合已经预警的线索详情,智能推荐相关案例,通过大数据平台为检察官提供相关的法律法规和类似案件,拓展检察官的办案思路,提高案件办理准确度,提升办案效率,为整个公益诉讼工作的顺利开展提供了强有力的技术支撑。

三、细化研判规则,支撑专项行动开展

在平台的应用过程中,兰州市检察机关坚持“专项带动、以点带面”的思路,推动公益诉讼工作深入发展。根据各个专项行动要求,细化平台研判规则,对采集到涉及专项行动的数据进行分类筛选,与先期采集到的其他知识资源数据库进行交叉比对,先后开展“网络餐饮”“携手清四乱,保护母亲河”“明长城文物保护”等多个专项行动,排查出一批涉及专项行动的公益诉讼案件线索。例如,2018 年 11 月平台测试期间,在最高检部署的“保障千家万户舌尖安全”的专项行动中,兰州市检察机关通过平台发现互联网案源线索 1200 余条,对这些案源线索梳理后,向相关单位发出 27 份类案检察建议,保障了人民群众的饮食安全;在 2019 年 3 月 8 日开展的“携手清四乱,保护母亲河”专项中,发现线索 781 条,梳理后向相关单位发出检察建议,严厉打击了全市湖河流域“乱占、乱采、乱堆、乱建”等现象,真正织牢兰州市河湖生态环境保护网;2020 年 4 月,平台采集到涉及可能存在损毁、破坏不可移动文物(包括古长城、烽火台、壕堑、墓葬遗址)、古建筑及工业遗产文物的线索 224 条,向包括榆中县城关镇、永登县武胜驿镇、皋兰县九合镇等地的人民政府发出类案诉前检察建议,依法妥善解决文物保护与乡村治理工作的冲突矛盾,为以后文物保护工作和乡村振兴文化旅游产业发展奠定了良好的文化遗产资源基础。

四、依托平台管理,持续跟进案件办理

兰州市检察机关通过平台对案件进行全周期管理,依据线索行政区划,通过平台“案源分配”功能,将线索分配到辖区内检察院,基层院检察官在接收线索后,根据平台智能推荐地点到现场进行初查,并在调查过程中使用无人机进行视频取证,调查结束后,相关照片、视频、调查意见等可通过平台进行填写上传,兰州市检察院可随时通过平台掌控办理进度,掌握基层院在办案中遇到的新问题、新思路、新办法,指导基层院办案,提升办案主观能动性,提高办案水平

和质量。平台从数据采集、线索发现到对线索分析研判、现场调查情况、整改情况等均进行记录与留存，同时对已经发送了检察建议的案件，是否按照检察建议进行整改，整改情况是否符合法律标准，损害社会利益、国家利益、公共利益的情况是否已经停止，被破坏的资源是否得到恢复等对行政执法单位整改情况进行实时跟进，提高公益诉讼工作质效和社会公信力与满意度，努力实现检察机关公益诉讼工作法律效果、政治效果和社会效果的有机统一。

【典型意义】

科技是推动检察工作发展的重要力量。科技强检的关键是要促进科技与检察工作深度融合、取得推动检察工作发展的实效。甘肃省兰州市检察院探索建立公益诉讼大数据应用平台，将大数据、"互联网＋"、"人工智能＋"等新技术新思维与检察机关公益诉讼工作深度融合，不仅建立了与行政执法单位的数据对接，而且可以自动识别线索数据中反映的违法行为，快速研判负有监管责任的主体和权力清单，具有很好的示范、推广价值。

案例5：上海市宝山区人民检察院邀请专门技术人员参与办案增强"四大检察"专业力量

【关键词】

专业人员　辅助办案　解决技术难题

【改革情况】

近年来，检察机关在办理生态环境和资源保护、食品药品安全、知识产权、金融犯罪、计算机犯罪等专业性较强的案件时，由于缺乏相关技术专业背景，使得案件涉及技术相关事实的认定成为难题。上海市宝山区检察院认真落实最高检《关于指派、聘请有专门知识的人参与办案若干问题的规定(试行)》，率先研究制定具体实施意见，明确专业技术人员参与案件诉讼活动、提供技术咨询过程中的职责和程序，为推进"四大检察"全面协调充分发展提供技术支撑。

一、践行"智慧借助"理念，完善制度设计

一是科学界定专业技术范围。明确规定专业技术调查人员是指在刑事检察、民事检察、行政检察、公益诉讼检察工作中协助解决专门性、技术性问题或者提出意见的检察辅助人员，不包括以鉴定人身份参与办案的人员。二是明确适用范围。规定在办理生态环境和资源保护、食品药品安全、国有财产保护、国有土地使用权出让、知识产权、金融犯罪、计算机犯罪等专业性较强的案件时，

可以邀请其参与诉讼活动,提供专业咨询。三是扩展人员构成。明确辅助办案的专业技术人员既可以由本院相关技术人员担任,也可以从生态环境和资源、食品药品检验、审计、知识产权、产品质量、电子数据、文检、痕检等方面具有技术专长的人员中聘任。四是规范工作职责。明确专业技术人员可以对技术性事项的争议焦点以及调查的范围、顺序、方法等提出建议;对评估、审计的标准、方式等进行说明;在检察官的主持下参与现场勘验、调查取证;参与询问、听证、诉前检察建议圆桌会议;对技术调查意见进行解释、说明;列席检察官联席会议等有关会议,其提出的专业技术意见可以作为检察办案的参考。

二、加强履职保障,完善硬件支持

2020 年 6 月 5 日,宝山区检察院举行首批专业技术人员聘任仪式。本次是从区院内部现有技术人员中,指派了 3 名电子数据、文检、痕检等方面的技术人员,从外部聘请了 4 名技术人员,涵盖了生态环境和资源、食品药品检验、知识产权等方面。2020 年 7 月 17 日,宝山区检察院又聘任上海证监局稽查处副处长于承、上海证监局法制工作处四级调研员黄志达同志。

为确保专业技术人员作用得到充分发挥,宝山区检察院明确规定检察机关应当积极为他们的工作提供必要条件,在检务保障部设置检察技术中心,专门负责日常管理;检察官应当主动介绍与案件专门性问题有关的情况,提供涉及专门性问题的相关材料,明确要求协助或提出意见的问题,保障专业技术人员履职。同时,宝山区检察院在现有技术条件基础上,专门设立检察技术中心,主要职能包括“公益诉讼快速检测实验室”、司法鉴定分中心和技术调查官队伍管理。检察技术中心可指派或聘请专业技术人员协助各业务部门开展检察工作。

三、落实辅助办案,增强办案专业性

《若干意见(试行)》出台后,宝山区检察院积极落实相关制度,充分运用专业人士资源优势,办理一批涉及专业领域案件,取得良好效果。2020 年 6 月 10 日,宝山区检察院第五检察部在办理一起与生态环境公益诉讼有关案件中,邀请聘任的技术人员余成鹏参与现场调查。余成鹏为上海国齐检测技术有限公司工程师,在水和土壤等生态环境领域具有十分丰富的经验。经初步查看,现场用于收集污水及生活废弃物的设施简单,池壁和底板均未采取防渗漏措施,对周围环境存在污染风险。建议取样对总磷、PH 等指标进行检测,为做好该案公益诉讼工作提供了技术支撑。2020 年 7 月 17 日,宝山区检察院召开“关于场外配资刑法规制问题研讨会”，会议邀请聘任的专业技术人员于承、黄志达就场外配资的刑事打击必要性、入罪标准、不同行为主体的刑事责任及金融市场综合治理等问题开展研讨，两位专业技术人员运用其专业知识对场外配资行为中的专门性、技术性问题进行了分析，为区院办理该场外配资案件提供了思路，推动案件办理更加客观、公正、高效，有利于准确打击犯罪。

【典型意义】

宝山区检察院积极开展聘请专业技术人员参与辅助检察办案活动，明确了专业技术人员参与案件诉讼活动、提供技术咨询过程中的职责和程序，涵盖了“四大检察”相关的多种专业，是借助“外脑”辅助检察机关办案理念的生动实践，对进一步完善专业人士辅助检察官办理案件制度具有较强的参考价值。

案例6：浙江省嘉兴市海盐县人民检察院创建“案件码”分类管控机制助推刑事案件质效新提升

【关键词】

案件码　侦查监督　分类管控

【改革情况】

为做优新时代刑事检察，全面提升刑事案件办理质效，浙江省海盐县检察院牢牢把握数字赋能检察工作带来的发展机遇，自主研发“案件码”程序，对刑事案件进行源头管控、精密智控，努力降低诉讼成本、提升诉讼效益，推动刑事检察程序全面优化。自2020年2月份“案件码”应用以来，刑事案件办理质效明显提升，退补率、延长率同比分别下降57.05％和60.77％，“案-件比”稳控在1.3左右。

一、创新驱动，“科学赋码”激发捕诉一体新优势

紧抓“捕诉一体”运行下“一人全链条管理一案”的新机遇，凝聚检警协作合力，以智慧检察为依托，打造刑事案件管控利器——“案件码”，强化案件源头管理和审前过滤，提升办案质效。

（一）转变监督理念，统一检警应用共识。打破检察机关被动受理、单向监督壁垒，强化检警联动协作，协同公安机关对近年来刑事案件退补、延长情形“高发”的原因进行研究分析，充分听取意见建议，共同研究决定启用“案件码”程序对刑事案件进行质量管控。联合出台《刑事案件“案件码”分类管控实施办法》，就“案件码”的适用范围、运作程序及适用效果等达成一致共识，确保制度

规范化统一运行。

(二)科学量化评分,直观体现案件质量。深入调研影响案件质效关键因素,科学设计《“案件码”量化评分表》,从犯罪构成、量刑情节两个维度科学量化评分,设置10个具体评分项,以100分作为满分评价基准,以对案件质量的影响程度设定相应分值,由承办检察官根据各项目存在问题的严重程度进行反向扣分。系统根据评分自动划分70分以下、70～90分、90分以上三档,分别赋予红、黄、绿三种颜色“案件码”。将“刑事责任能力未查清”等5个项目设置为一票否决项,一旦出现即赋予“红码”。首次受理评分后,承办检察官通过钉钉等渠道将“案件码”发送给侦查人员,侦查人员手机扫描后即可获悉案件评分详情,如对案件评分存在异议,可在线提出复核申请,由检警双方共同评议决定,增强赋码客观性与补侦针对性。

(三)前移审查关口,夯实案件质量根基。充分发挥捕诉一体优势,依托在公安机关设立的检察官办公室,前移证据审查关口,推动审查工作由静态观望到动态跟踪、由客观被动向主观能动转变。将“案件码”管控机制的适用范围确定为提前介入及审查逮捕案件,通过量化评分、三色预警、动态管控,将检察机关的证据意识以及不断提高的证据标准,从侦查初期即持续传递给公安机关,并从案件定性、证据收集、取证重点等方面实行同步引导,全面激发前期介入、质量控制等初步把关优势,为审查起诉阶段优质高效办理奠定证据基础。

二、锁定重点,“动态转码”助推办案质效新提升

明确检察官是非“绿码”案件“转码”的共同责任人,推进引导侦查模式不断改革,形成环环相扣、层层递进的“提前介入、捕后跟踪、边审边补”工作格局,实现办案质量与办案效率的良性耦合态势。

(一)强化检察主导,精准指明补侦方向。严格落实检察官指控证明犯罪主导责任,对非“绿码”案件,重点强化补充侦查提纲的说理性和针对性,按照要求逐项列明案件存在问题、补侦目的、补侦事项、补侦要求等,引导公安机关补侦重点更加突出,方向更加明确。如,对何某强奸案介入侦查工作中,在嫌疑人零口供且痕迹物证灭失的情况下,针对问题逐一列明补证方向,引导侦查人员利用间接证据构建和完善证据体系,最终案件顺利从“红码”转为“绿码”,嫌疑人也被依法逮捕。再如,徐某某等人销售假冒注册商标商品案办理中,精准作出《继续侦查取证意见书》,获评全省检察机关补充侦查优秀文书。

(二)动态跟踪引导,助推办案提速增效。建立完善“捕诉一体”下的分阶段

链条式引导侦查模式，通过“案件码”程序强化补侦跟踪、动态引导。针对非“绿码”案件设置定时预警功能，提醒承办检察官对“红码”案件一周一评估、“黄码”案件半月一评估，实时反馈评估结果，督促扣分项目定期“销号”。初始评分赋码后，承办检察官依据后期补侦情况及时更新案件评分，动态变更“案件码”颜色，同步反映案件补侦进度，引导公安机关高效利用侦查阶段有利时机，及时补强完善证据，确保审查起诉前证据收集到位“转码”成功。

（三）推进诉前会商，把脉会诊疑难案件。对于部分经补充侦查仍无法顺利“转码”的重大疑难案件，协同公安机关建立诉前会商机制，由公安机关在案件侦查期限届满前十五日启动侦诉会商程序，就检察引导侦查意见落实、证据体系后续完善等进行再次分析研判，商讨解决办法，争取案件进入审查起诉环节时均能接近或达到“绿码”标准。如，办理一起涉案金额达70余万元的涉疫诈骗案中，通过诉前会商机制研究补证方向，推进该案在移送审查起诉前“销号”所有扣分项，由“黄码”升为“绿码”，后仅用一天时间完成审查起诉工作，极大提高了办案质效。

三、以质促效，“合理用码”构建监督制约新格局

坚持“理念共融、制度共筑、队伍共建、成功共享”原则，通过“案件码”管控机制双向传导监督压力，倒逼侦查人员、检察人员切实履行各自职责，主动提高全面、规范收集证据的意识和能力，促进形成严格执法、公正司法的良好法治环境。

（一）扫码分类受理，高效完成诉前过滤。建立扫码分类受理机制，案管部门受理移送审查起诉案件时，通过扫描“案件码”一键审核，按照“绿码放行、黄码待定、红码退回”原则分类受理，严把接收关口，防止案件“带病”进入审查起诉环节。“黄码”案件由承办检察官视具体案情，分别作出延期受理、先收后补等决定。案件受理后，以“案件码”预警级别为依据实行繁简分流，“绿码”案件快速办理，“黄码”“红码”案件精细化办理，实现轻重分离、快慢分道，进一步优化检力资源，提升整体效能。

（二）全程监督留痕，促进执法司法规范化。贯彻“在办案中监督、在监督中办案”的理念，以“案件码”管控机制为抓手，对刑事案件侦办程序进行全流程“跟踪式”监督，扫除监督盲区。通过主动提前介入下沉检力，帮助承办检察官及时掌握侦查活动情况，第一时间发现并纠正公安机关违法取证、证据瑕疵等执法不规范情形，防止问题进一步扩大，避免“小瑕疵”影响整案质量的情况发

生。截至目前,在运用“案件码”提前介入、引导侦查过程中已发现违法取证线索2条,均发出纠正违法通知书要求整改,得到公安机关回复。

(三)内外联动监控,倒逼责任层层落实。激活大数据分析研判优势,在“案件码”程序中开发在办案件得分详情及“转码”查询统计功能,为宏观掌控、微观分析提供数据支持。加强与公安、法院的沟通协调,建立完善业务数据分析研判会商长效机制,通过对高频问题事项定期评析,及时总结经验,查摆不足,并就共性问题提出阶段性整改目标和措施,推动重点问题和类型化问题有效解决。针对部分长期侦查仍未顺利“转码”,尤其是羁押期限已至仍是“红码”的案件,实行责任倒查,推动履职行为与履职能力同步提升。

【典型意义】

捕诉一体办案模式全面推开后,办理刑事案件的检察官权责更加明确,如何最大化程度发挥捕诉一体的优势,充分发挥检察机关在刑事诉讼中的引导作用,是各地需要积极探索的新课题。浙江省嘉兴市海盐县检察院自主研发的“案件码”程序,充分发挥捕诉一体优势,实现对提前介入及审查逮捕案件的源头控制、动态跟踪、全程监督,大大降低了退回补充侦查率、延长审查起诉期限率及“案-件比”,探索了检察机关与公安机关在互相配合、互相制约过程中实现双赢、共赢的新模式,有效提升了案件办理质效。该程序具有较强的可复制性及推广性,可适用于其他检察机关特别是基层检察院。

第一批企业合规典型案例

（2021 年 6 月 3 日）

案例一：张家港市 L 公司、张某甲等人污染环境案

（一）基本案情

江苏省张家港市 L 化机有限公司（以下简称“L 公司”）系从事不锈钢产品研发和生产的省级高科技民营企业，张某甲、张某乙、陆某某分别系该公司的总经理、副总经理、行政主管。

2018 年下半年，L 公司在未取得生态环境部门环境评价的情况下建设酸洗池，并于 2019 年 2 月私设暗管，将含有镍、铬等重金属的酸洗废水排放至生活污水管，造成严重环境污染。苏州市张家港生态环境局现场检测，L 公司排放井内积存水样中总镍浓度为 29.4mg/L、总铬浓度为 29.2mg/L，分别超过《污水综合排放标准》的 29.4 倍和 19.5 倍。2020 年 6 月，张某甲、张某乙、陆某某主动向张家港市公安局投案，如实供述犯罪事实，自愿认罪认罚。

2020 年 8 月，张家港市公安局以 L 公司及张某甲等人涉嫌污染环境罪向张家港市检察院移送审查起诉。张家港市检察院进行办案影响评估并听取 L 公司合规意愿后，指导该公司开展合规建设。

（二）企业合规整改情况及处理结果

检察机关经审查认为，L 公司及张某甲等人虽涉嫌污染环境罪，但排放污水量较小，尚未造成实质性危害后果，可以进行合规考察监督并参考考察情况依法决定是否适用不起诉。同时经调查，L 公司系省级高科技民营企业，年均纳税 400 余万元、企业员工 90 余名、拥有专利 20 余件，部分产品突破国外垄

断。如果公司及其主要经营管理人员被判刑,对国内相关技术领域将造成较大影响。有鉴于此,2020 年 10 月,检察机关向 L 公司送达《企业刑事合规告知书》,该公司在第一时间提交了书面合规承诺以及行业地位、科研力量、纳税贡献、承担社会责任等证明材料。

检察机关在认真审查调查报告、听取行政机关意见以及综合审查企业书面承诺的基础上,对 L 公司作出合规考察决定。随后,L 公司聘请律师对合规建设进行初评,全面排查企业合规风险,制定详细合规计划,检察机关委托税务、生态环境、应急管理等部门对合规计划进行专业评估。L 公司每月向检察机关书面汇报合规计划实施情况。2020 年 12 月,组建以生态环境部门专业人员为组长的评估小组,对 L 公司整改情况及合规建设情况进行评估,经评估合格,通过合规考察。同月,检察机关邀请人民监督员、相关行政主管部门、工商联等各界代表,召开公开听证会,参会人员一致建议对 L 公司作不起诉处理。检察机关经审查认为,符合刑事诉讼法相关规定,当场公开宣告不起诉决定,并依法向生态环境部门提出对该公司给予行政处罚的检察意见。2021 年 3 月,苏州市生态环境局根据《水污染防治法》有关规定,对 L 公司作出行政处罚决定。

通过开展合规建设,L 公司实现了快速转型发展,逐步建立起完备的生产经营、财务管理、合规内控的管理体系,改变了野蛮粗放的发展运营模式,企业家和员工的责任感明显提高,企业抵御和防控经济风险的能力得到进一步增强。2021 年 L 公司一季度销售收入同比增长 275%,缴纳税收同比增长 333%,成为所在地区增幅最大的企业。

(三)典型意义

一是检察机关积极主动发挥合规主导责任。本案中,检察机关在办理涉企犯罪案件时,主动审查是否符合企业合规试点适用条件,并及时征询涉案企业、个人的意见,做好合规前期准备。在企业合规建设过程中,检察机关会同有关部门,对涉案企业合规计划及实施情况进行检查、评估、考察,引导涉案企业实质化合规整改,取得明显成效。

二是检察机关推动企业合规与检察听证、刑行衔接相结合。本案中,检察机关召开公开听证会,听取各方面意见后对涉案企业依法作出不起诉决定,以公开促公正,提升司法公信力。同时,检察机关结合企业合规情况,主动做好刑行衔接工作,提出检察意见移送有关主管机关处理,防止不起诉后一放了之。

案例二：上海市A公司、B公司、关某某虚开增值税专用发票案

（一）基本案情

被告单位上海A医疗科技股份有限公司（以下简称“A公司”）、上海B科技有限公司（以下简称“B公司”），被告人关某某系A、B两家公司实际控制人。

2016年至2018年间，关某某在经营A公司、B公司业务期间，在无真实货物交易的情况下，通过他人介绍，采用支付开票费的方式，让他人为两家公司虚开增值税专用发票共219份，价税合计2887余万元，其中税款419余万元已申报抵扣。2019年10月，关某某到案后如实供述上述犯罪事实并补缴涉案税款。

2020年6月，公安机关以A公司、B公司、关某某涉嫌虚开增值税专用发票罪移送检察机关审查起诉。上海市宝山区检察院受理案件后，走访涉案企业及有关方面了解情况，督促企业作出合规承诺并开展合规建设。

（二）企业合规整改情况及处理结果

检察机关走访涉案企业了解经营情况，并向当地政府了解其纳税及容纳就业情况。经调查，涉案企业系我国某技术领域的领军企业、上海市高新技术企业，科技实力雄厚，对地方经济发展和增进就业有很大贡献。公司管理人员及员工学历普遍较高，对合规管理的接受度高、执行力强，企业合规具有可行性，检察机关遂督促企业作出合规承诺并开展合规建设。同时，检察机关先后赴多地税务机关对企业提供的纳税材料及涉案税额补缴情况进行核实，并针对关某某在审查起诉阶段提出的立功线索自行补充侦查，认为其具有立功情节。

2020年11月，检察机关以A公司、B公司、关某某涉嫌虚开增值税专用发票罪对其提起公诉并适用认罪认罚从宽制度。12月，上海市宝山区人民法院采纳检察机关全部量刑建议，以虚开增值税专用发票罪分别判处被告单位A公司罚金15万元，B公司罚金6万元，被告人关某某有期徒刑三年，缓刑五年。

法院判决后，检察机关联合税务机关上门回访，发现涉案企业的合规建设仍需进一步完善，遂向其制发检察建议并公开宣告，建议进一步强化合法合规经营意识，严格业务监督流程，提升税收筹划和控制成本能力。检察机关在收到涉案企业对检察建议的回复后，又及时组织合规建设回头看。经了解，涉案企业已经逐步建立合规审计、内部调查、合规举报等有效合规制度，聘请专业人士进行税收筹划，大幅节约生产经营成本，提高市场占有份额。

（三）典型意义

一是检察机关推动企业合规与适用认罪认罚从宽制度相结合。本案中，检

察机关在督促企业作出合规承诺并开展合规建设的同时,通过适用认罪认罚从宽制度,坚持和落实能不判实刑的提出判缓刑的量刑建议等司法政策,努力让企业“活下来”“留得住”“经营得好”,取得更好的司法办案效果。

二是检察机关推动企业合规与检察建议相结合。本案中,检察机关会同税务机关在回访过程中,发现涉案企业在预防违法犯罪方面制度不健全、不落实,管理不完善,存在违法犯罪隐患,需要及时消除的,结合合规整改情况,向涉案企业制发检察建议,推动其深化实化合规建设,避免合规整改走过场、流于形式。

案例三:王某某、林某某、刘某乙对非国家工作人员行贿案

(一)基本案情

深圳Y科技股份有限公司(以下简称“Y公司”)系深圳H智能技术有限公司(以下简称“H公司”)的音响设备供货商。Y公司业务员王某某,为了在H公司音响设备选型中获得照顾,向H公司采购员刘某甲陆续支付好处费25万元,并在刘某甲的暗示下向H公司技术总监陈某行贿24万余元。由王某某通过公司采购流程与深圳市A数码科技有限公司(以下简称“A公司”)签订采购合同,将资金转入至A公司账户,A公司将相关费用扣除后,将剩余的资金转入至陈某指定的账户中。Y公司副总裁刘某乙、财务总监林某某,对相关款项进行审核后,王某某从公司领取行贿款项实施行贿。

2019年10月,H公司向深圳市公安局南山分局报案,王某某、林某某、刘某乙及刘某甲、陈某相继到案。2020年3月,深圳市公安局南山分局以王某某、林某某、刘某乙涉嫌对非国家工作人员行贿罪,刘某甲、陈某涉嫌非国家工作人员受贿罪向深圳市南山区检察院移送审查起诉。

2020年4月,检察机关对王某某依据《刑事诉讼法》第一百七十七条第二款作出不起诉决定,对林某某、刘某乙依据《刑事诉讼法》第一百七十七条第一款作出不起诉决定,以陈某、刘某甲涉嫌非国家工作人员受贿罪向深圳市南山区法院提起公诉。同月,深圳市南山区法院以非国家工作人员受贿罪判处被告人刘某甲有期徒刑6个月,判处被告人陈某拘役5个月。法院判决后,检察机关于2020年7月与Y公司签署合规监管协议,协助企业开展合规建设。

(二)企业合规整改情况及处理结果

检察机关在司法办案过程中了解到,Y公司属于深圳市南山区拟上市的重

点企业，该公司在专业音响领域处于国内领先地位，已经在开展上市前辅导，但本案暴露出Y公司在制度建设和日常管理中存在较大漏洞。检察机关与Y公司签署合规监管协议后，围绕与商业贿赂犯罪有密切联系的企业内部治理结构、规章制度、人员管理等方面存在的问题，制定可行的合规管理规范，构建有效的合规组织体系，健全合规风险防范报告机制，弥补企业制度建设和监督管理漏洞，防止再次发生相同或者类似的违法犯罪。Y公司对内部架构和人员进行了重整，着手制定企业内部反舞弊和防止商业贿赂指引等一系列规章制度，增加企业合规的专门人员。检察机关通过回访Y公司合规建设情况，针对企业可能涉及的知识产权等合规问题进一步提出指导意见，推动企业查漏补缺并重启了上市申报程序。

（三）典型意义

本案中，检察机关积极推动企业合规与依法适用不起诉相结合。依法对涉案企业负责人作出不起诉决定，不是简单一放了之，而是通过对企业提出整改意见，推动企业合规建设，进行合规考察等后续工作，让涉案企业既为违法犯罪付出代价，又吸取教训建立健全防范再犯的合规制度，维护正常经济秩序。

案例四：新泰市J公司等建筑企业串通投标系列案件

（一）基本案情

2013年以来，山东省新泰市J工程有限公司（以下简称“J公司”）等6家建筑企业，迫于张某黑社会性质组织的影响力，被要挟参与该涉黑组织骨干成员李某某（新城建筑工程公司经理，犯串通投标罪被判处有期徒刑一年零六个月）组织的串通投标。李某某暗箱操作统一制作标书、统一控制报价，导致新泰市涉及管道节能改造、道路维修、楼房建设等全市13个建设工程项目被新城建筑工程公司中标。由张某黑社会性质组织案带出的5起串通投标案件，涉及该市1家民营企业、2家国有企业、3家集体企业，均为当地建筑业龙头企业，牵扯面大，社会关注度高。

2020年3月、4月，公安机关将上述5起串通投标案件移送新泰市检察院审查起诉。检察机关受理案件后，通过自行补充侦查进一步查清案件事实，同时深入企业开展调查，于2020年5月召开公开听证会，对J公司等6家企业作出不起诉决定。

（二）企业合规整改情况及处理结果

检察机关通过自行补充侦查，查清J公司等6家企业被胁迫陪标的案件事实。6家企业案发时均受到涉黑组织骨干成员李某某的要挟,处于张某黑社会性质组织控制范围内,被迫出借建筑资质参与陪标,且没有获得任何非法利益。同时,检察机关实地到6家企业走访调查,掌握企业疫情防控常态化下复工复产情况及存在的困难问题;多次到住建部门座谈,了解到6家企业常年承接全市重点工程项目,年创税均达1000万元以上,其中1家企业年创税1亿余元,在繁荣地方经济、城乡建设、劳动力就业等方面作出了突出贡献。如作出起诉决定,6家企业三年内将无法参加任何招投标工程,并被列入银行贷款黑名单,将对企业发展、劳动力就业和全市经济社会稳定造成一定的影响。

2020年5月,泰安市两级检察机关邀请人民监督员等各界代表召开公开听证会,参会人员一致同意对J公司等6家企业及其负责人作不起诉处理。检察机关当场公开宣告不起诉决定,并依法向住建部门提出对6家企业给予行政处罚的检察意见,同时建议对近年来建筑行业的招投标情况进行全面细致摸排自查,净化建筑业招投标环境。听证会结束后,检察机关组织当地10家建筑企业、连同6家涉案企业负责人召开专题座谈会,宣讲企业合规知识,用身边案例警醒企业依法规范经营,从而实现了"办理一案、教育一片、治理社会面"的目的。

检察机关还向6家涉案企业发出检察建议,要求企业围绕所涉罪名及相关领域开展合规建设,并对合规建设情况进行跟踪监督,最后举办检察建议落实情况公开回复会,对合规建设情况进行验收,从源头上避免再发生类似违法犯罪问题。在合规建设过程中,6家涉案企业缴纳171万余元行政罚款,并对公司监事会作出人事调整,完善公司重大法务风险防控机制。此后6家被不起诉企业积极扩大就业规模,安置就业人数2000余人,先后中标20余项重大民生工程,中标工程总造价20余亿元。

(三)典型意义

本案中,检察机关充分履行自行补充侦查职权,全面查清案件事实,开展社会调查,为适用企业合规提供充分依据。同时,检察机关推动企业合规与不起诉决定、检察听证、检察意见、检察建议等相关工作紧密结合,既推动对企业违法犯罪行为依法处罚、教育、矫治,使企业能够改过自新、合规守法经营,又能减少和预防企业再犯罪,使企业更主动地承担社会责任,同时推动当地建筑行业深层次问题的解决,为企业合规建设提供了生动的检察实践。

第二批企业合规典型案例

（2021 年 12 月 8 日）

案例一：上海 J 公司、朱某某假冒注册商标案
——依托长三角一体化协作平台，对涉案企业异地适用第三方监督评估机制

【关键词】

企业合规　异地监督考察　长三角协作　检察一体化

【要旨】

针对涉案企业注册地、生产经营地和犯罪地分离的情况，依托长三角区域检察协作平台，联合探索建立涉案企业合规异地协作工作机制，合力破解异地社会调查、监督考察、行刑衔接等难题，以检察机关企业合规工作协同化推动长三角营商环境一体化建设，为企业合规异地检察协作提供参考和借鉴。

一、基本案情

上海市 J 智能电器有限公司（以下简称“J 公司”）注册成立于 2016 年 1 月，住所地位于浙江省嘉兴市秀洲区，公司以生产智能家居电器为主，拥有专利数百件，有效注册商标 3 件，近年来先后被评定为浙江省科技型中小企业、国家高新技术企业。公司有员工 2000 余人，年纳税总额 1 亿余元，被不起诉人朱某某系该公司股东及实际控制人。

2018 年 8 月，上海 T 智能科技有限公司（以下简称“T 公司”）与 J 公司洽谈委托代加工事宜，约定由 J 公司为 T 公司代为加工智能垃圾桶，后因试产样品未达质量标准，且无法按时交货等，双方于 2018 年 12 月终止合作。为了挽回

前期投资损失,2018 年 12 月至 2019 年 11 月,朱某某在未获得商标权利人 T 公司许可的情况下,组织公司员工生产假冒 T 公司注册商标的智能垃圾桶、垃圾盒,并对外销售获利,涉案金额达 560 万余元。2020 年 9 月 11 日,朱某某主动投案后被取保候审。案发后,J 公司认罪认罚,赔偿权利人 700 万元并取得谅解。2020 年 12 月 14 日,上海市公安局浦东分局以犯罪嫌疑单位 J 公司、犯罪嫌疑人朱某某涉嫌假冒注册商标罪移送浦东新区检察院审查起诉。

二、企业合规整改情况及效果

一是认真审查,对符合适用条件的企业开展合规试点。浦东新区检察院经审查认为,J 公司是一家高新技术企业,但公司管理层及员工法律意识淡薄,尤其对涉及商业秘密、专利权、商标权等民事侵权及刑事犯罪认识淡薄,在合同审核、财务审批、采购销售等环节均存在管理不善问题。鉴于 J 公司具有良好发展前景,犯罪嫌疑人朱某某有自首情节,并认罪认罚赔偿了 T 公司的损失,且该公司有合规建设意愿,具备启动第三方机制的基本条件,考虑其注册地、生产经营地和犯罪地分离的情况,有必要启动跨区域合规考察。

二是三级联动,开启跨区域合规第三方机制"绿色通道"。2021 年 4 月,浦东新区检察院根据沪浙苏皖四地检察院联合制定的《长三角区域检察协作工作办法》,向上海市检察院申请启动长三角跨区域协作机制,委托企业所在地的浙江省嘉兴市检察院、秀洲区检察院协助开展企业合规社会调查及第三方监督考察。两地检察机关签订《第三方监督评估委托函》,明确委托事项及各方职责,确立了"委托方发起""受托方协助""第三方执行"的合规考察异地协作模式,由秀洲区检察院根据最高检等九部门联合下发的《关于建立涉案企业合规第三方监督评估机制的指导意见(试行)》成立第三方监督评估组织。随后,秀洲区检察院成立了由律师、区市场监督管理局、区科技局熟悉知识产权工作的专业人员组成的第三方监督评估组织,并邀请人大代表、政协委员对涉案企业同步开展监督考察。

三是有的放矢,确保合规计划"治标更治本"。浦东新区检察院结合办案中发现的经营管理不善情况,向 J 公司制发《合规风险告知书》,从合规风险排查、合规制度建设、合规运行体系及合规文化养成等方面提出整改建议,引导 J 公司作出合规承诺。第三方组织结合风险告知内容指导企业制定合规计划,明确合规计划的政策性和程序性规定,从责任分配、培训方案到奖惩制度,确保合规计划的针对性和实效性。同时,督促企业对合规计划涉及的组织体系、政策体系、程序体系和风险防控体系等主题进行分解，保证计划的可行性和有效性。J公司制定了包括制定合规章程、健全基层党组织、建立合规组织体系、制定知识产权专项合规政策体系、打造合规程序体系、提升企业合规意识等方面的递进式合规计划，并严格按照时间表扎实推进。

四是找准定位，动态衔接实现异地监管“客观有效”。监督考察期间，第三方组织通过问询谈话、走访调查，深入了解案件背景，帮助企业梳理合规、风控方面的管理漏洞，督促制定专项整改措施。根据第三方组织建议，J公司成立合规工作领导小组，修改公司章程，强化管理职责，先后制定知识产权管理、合同审批、保密管理、员工培训、风险控制等多项合规专项制度，设立合规专岗，实行管理、销售分离，建立合规举报途径，连续开展刑事合规、民事合规及知识产权保护专项培训，外聘合规专业团队定期对企业进行法律风险全面体检，并且每半个月提交一次阶段性书面报告。第三方组织通过书面审查、实地走访、听取汇报等形式，对合规阶段性成效进行监督检查。同时，浦东新区检察院为确保异地合规监管的有效性，制作了《企业合规监督考察反馈意见表》，实时动态跟进监督评估进度，对第三方组织成员组成、合规计划执行、企业定期书面报告、申诉控告处理等提出意见建议。

五是充分评估，确保监督考察及处理结果“公平公正”。考察期限届满，第三方组织评估认为，经过合规管理，J公司提升合规意识，完善组织架构，设立合规专岗，开展专项检查，建立制度指引，强化流程管理，健全风控机制，加强学习培训，完成了从合规组织体系建立到合规政策制定，从合规程序完善到合规文化建设等一系列整改，评定J公司合规整改合格。浦东新区检察院联合嘉兴市检察院、秀洲区检察院通过听取汇报、现场验收、公开评议等方式对监督考察结果的客观性充分论证。2021年9月10日，浦东新区检察院邀请人民监督员、侦查机关、异地检察机关代表等进行公开听证。经评议，参与听证各方一致同意对涉案企业及个人作出不起诉决定。

三、典型意义

1.积极探索，为企业合规异地适用第三方机制开拓实践思路。针对涉案企业注册地、生产经营地和犯罪地分离的情况，上海、浙江检察机关依托长三角区域检察协作平台，通过个案办理探索建立企业合规异地协作工作机制，确立了“委托方发起”“受托方协助”“第三方执行”的合规考察异地协作模式，合力破解异地社会调查、监督考察、行刑衔接等难题，降低司法办案成本，提升办案质效，为推动区域行业现代化治理提供了实践样本。

2.有序推进，切实防止社会调查“一托了之”。本案中，检察机关采取层层递进的工作方式，确保社会调查重点明确、调查结果全面客观。一是事前细化调查提纲。重点围绕涉案企业社会贡献度、企业发展前景、社会综合评价等开展协助调查，一并考察企业家的一贯表现，确保社会调查结果全面客观。二是事中加强沟通协调。浦东新区检察院多次赴浙江会商，就调查方式、调查内容及相关要求达成共识，形成办案合力。秀洲区检察院协调区市场监管、人社、税务、科技、工商联及行业协会，对涉案公司及个人开展全面调查。三是事后进行专项研讨。检察机关深入审查全部协查材料，研究认为涉案企业符合企业合规改革试点适用条件，并层报上级机关审核备案。

3.完善机制，提升监督评估实际效果。本案中，秀洲区检察院联合当地13个部门出台规范性文件，探索构建企业合规“双组六机制”工作模式。“双组”，即检察机关牵头成立“合规监管考察组”和“合规指导组”两个工作组；“六机制”，即联席会议、合规培育、提前介入、会商通报、指导帮扶、审查监管等六个协作机制。合规考察中，由合规监管考察组和合规指导组共同研究形成专业意见，并邀请人大代表、政协委员全程参与，提高监管考察的透明度和公信力。

4.标本兼治，有效防治企业违法犯罪。从司法实践看，涉企经济犯罪成因复杂，许多涉及经济社会系统性、深层次矛盾问题，单靠刑事法律的“孤军作战”，难以取得良好的社会治理效果。本案中，检察机关开展企业合规改革以推动源头治理为着力点，针对办案发现的企业经营管理中的突出问题，通过第三方监督评估机制对涉案企业开展扎实有效的合规整改，促进企业依法合规经营发展，对于完善制度机制、形成治理合力具有积极意义。

案例二：张家港S公司、睢某某销售假冒注册商标的商品案——介入侦查认定“挂案”性质，积极引导涉案小微企业开展合规建设

【关键词】

假冒注册商标　“挂案”清理　小微企业合规建设　第三方监督评估

【要旨】

检察机关推进涉企“挂案”清理过程中，对尚未进入检察环节的案件，可采取介入侦查的形式开展个案会商，认定“挂案”性质，能动清理。对符合企业刑事合规条件的案件，积极引导涉案企业开展合规建设，引入第三方组织进行监

督评估，规范推进合规监督考察和“挂案”清理工作。检察机关与公安机关等有关部门积极配合，多措并举合力护航民营经济健康发展。

一、基本案情

张家港市S五交化贸易有限公司（以下简称“S公司”）2015年6月注册成立，注册资本200万元，在职员工3人，睢某某系该公司法定代表人、实际控制人。

2018年11月22日，张家港市市场监督管理局在对S公司进行检查时，发现该公司疑似销售假冒“SKF”商标的轴承，并在其门店及仓库内查获标注“SKF”商标的各种型号轴承27829个，金额共计68万余元。2018年12月17日，张家港市市场监督管理局将该案移送至张家港市公安局。2019年2月14日，斯凯孚（中国）有限公司出具书面的鉴别报告，认为所查获的标有“SKF”商标的轴承产品均为侵犯该公司注册商标专用权的产品。2019年2月15日，张家港市公安局对本案立案侦查。

二、企业合规整改情况及效果

一是应公安机关邀请介入侦查。2021年5月初，张家港市检察院应张家港市公安局邀请，派员介入听取案件情况。梳理在案证据，本案侦查工作的主要情况如下：第一，睢某某辩称涉案的轴承部分是从山东威海一旧货调剂市场打包购买，部分是从广州H公司、上海J公司购买，认为自己购进的都应该是正品。第二，公安机关经与广州H公司、上海J公司核实，上海J公司系授权的一级代理商，主要经营SKF等品牌轴承。广州H公司从上海J公司进购SKF轴承后进行销售，曾3次通过上海J公司直接发货给S公司，共计54万元。同时，公安机关对山东威海的旧货调剂市场进行了现场调查，发现该市场确实是二手交易市场，无法追溯货品源头。第三，斯凯孚（中国）有限公司出具书面鉴别报告时，未对查获的轴承及包装的真伪进行现场勘查，仅根据清点明细材料出具了鉴别说明和比对示例，且不愿再重新鉴定。此外，该案立案距今超过两年，已属“挂案”状态。

二是及时启动社会调查。检察机关向S公司、睢某某告知企业合规相关政策后，该公司分别向检察机关、公安机关递交了《提请开展刑事合规监督考察的申请书》。随后承办检察官走访企业和市场监督管理局、税务局等行政部门，实地查看公司经营现状、指导填写合规承诺、撰写调查报告。走访调查了解到，该公司系已实际经营六年的小微民营企业,因涉嫌犯罪被立案,一定程度上影响经营,资金周转困难,公司面临危机。该公司规章制度不健全,内部管理不完善,尤其是企业采购程序不规范,对供货商资质和货品来源审查不严,单据留存不全,还曾因接受虚开的增值税发票被税务机关行政处罚。检察机关经综合考虑,鉴于S公司有整改行为和较强的合规愿望,认为可以开展企业合规监督考察。

三是深入会商达成共识。检察机关认为,该案证明S公司及睢某某犯罪故意的证据不确实、不充分,公安机关也难以再查明轴承及包装的来源是否合法,案件久拖不决已处于“挂案”状态,亟待清理。检察机关与公安机关共同分析了相关情况,并就该案下一步处理进行会商,双方就企业合规、“挂案”清理工作达成共识。公安机关明确表示,如该公司通过企业合规监督考察时还没有新的证据进展,将作出撤案处理。

四是扎实推进合规考察。经向上级检察机关请示并向张家港市企业合规监管委员会报告后,张家港市检察院联合公安机关对S公司启动合规监督考察程序,确定6个月的整改考察期。同时,张家港市企业合规监管委员会根据第三方监督评估机制,从第三方监管人员库中随机抽取组建监督评估小组,跟踪S公司整改、评估合规计划落实情况。按照合规计划,S公司梳理企业风险点,制定《财务管理合规建设制度》《发票制发流程》《货物销售采购流程》等内部制度,并形成规范的公司合同模板。在税务方面,公司从以往直接与代账会计单线联系,转变为与会计所在单位签订合同,对财务人员应尽责任、单位管理职责进行书面约定。在知识产权方面,公司明确渠道商应提供品牌授权证明并备案,每笔发货都注明产品明细,做到采购来路明晰、底数清晰。合规整改期间,检察机关会同第三方监督评估小组,每月通过座谈会议、电话联系、查阅资料、实地检查等方式,特别是通过“不打招呼”的随机方式,检查企业合规建设情况。同时,检察机关还向公安机关通报企业合规建设进展情况,邀请参与合规检查,并认真吸收公安机关对合规制度完善提出的意见。2021年8月5日,鉴于该公司员工数少、业务单一、合规建设相对简易的情况,第三方监督评估小组提出缩短合规监督考察期限的建议。检察机关听取市场监督管理部门、税务部门意见后,决定将合规监督考察期限缩短至3个月。2021年8月16日至18日,第三方监督评估小组对该公司合规有效性进行评估,出具了合规建设合格有效的评估报告。

五是参考考察结果作出处理。2021年8月20日,张家港市检察院组织公开听证，综合考虑企业合规整改效果，就是否建议公安机关撤销案件听取意见，听证与会人员一致同意检察机关制发相关检察建议。当日，检察机关向公安机关发出检察建议，公安机关根据检察建议及时作出撤案处理，并移送市场监督管理部门作行政处罚。检察机关两个月后回访发现，S公司各项经营已步入正轨，因为合规建设，两家大型企业看中S公司合规资质与其建立了长期合作关系，业务预期翻几番，发展势头强劲。

三、典型意义

1.对尚未进入检察环节的涉企“挂案”进行排查，采取与企业合规改革试点结合等方式能动清理。检察机关推进涉企“挂案”清理过程中，除依托统一业务应用系统中排除出相关数据外，还可以通过控告申诉、日常走访、服务企业平台等了解“挂案”线索。对尚未进入检察环节的案件，可采取介入侦查的形式，积极与公安机关开展个案会商。通过听取案件情况、审查在案证据、实地走访调查等工作，与公安机关共同分析是否属于“挂案”、“挂案”原因、“挂案”影响以及侦查取证方向、可行性等因素，分类施策、妥善处理。对符合合规监督考察的条件的案件，积极引导涉案企业开展合规整改，促进涉企“挂案”清理，最大限度降低“挂案”对企业生产经营的影响。

2.严格把握企业合规监督考察条件、标准和工作程序，规范清理涉企“挂案”。通过企业合规促进“挂案”清理，在具体操作中应该重点把握三点：一是要通过走访调查，深入了解犯罪嫌疑人认罪悔罪态度、企业经营状况、社会贡献、合规意愿以及违法犯罪既往历史等情况，评估涉案企业是否符合开展合规监督考察的条件。二是要加强对外沟通，向公安机关讲清企业合规政策和涉企“挂案”清理意义，争取理解和支持。三是要依托第三方监督评估机制，客观公正地跟踪指导企业合规建设、评估合规有效性，以第三方监督评估结论为主要依据，听取行政机关以及公开听证等多方意见，做到“阳光”清理、规范清理。本案中，检察机关按照申请、调查、会商、考察等程序，规范推进企业合规，同时引入第三方组织对企业合规建设进行全程监督，值得肯定。

3.与公安机关等有关部门积极配合，多措并举合力护航民营经济健康发展。为加强民营经济平等保护，2020年10月以来，最高检与公安部联合部署开展涉民营企业刑事诉讼“挂案”专项清理工作。全国检察机关、公安机关强化协作、多措并举，一大批“挂案”得到有效清理，该撤案的及时撤案，该继续侦办的尽快突破，以实际行动服务“六稳”“六保”大局，受到社会各界的广泛好评。同时，检察机关正在深入开展涉案企业合规改革试点,落实少捕慎诉慎押刑事司法政策,依法保护涉案企业和企业家人身和财产合法权益,向涉案企业提出整改意见,督促涉案企业作出合规承诺并积极整改。在日常"挂案"清理工作中,检察机关要针对涉案企业暴露出的经营管理、法律风险方面的突出问题,自觉开展企业合规工作,积极适用第三方监督评估机制,会同公安机关等有关部门综合运用经济、行政、刑事等手段,既促进涉案企业合规守法经营,也警示潜在缺乏规制约束的企业遵纪守法发展,逐步建立长效机制,实现精准监督。

案例三:山东沂南县 Y 公司、姚某明等人串通投标案

——异地协作开展第三方监督评估,对第三方组织开展"飞行监管",促进当地招投标领域行业治理

【关键词】

串通投标　异地协作　飞行监管　关联企业共同整改　行业治理

【要旨】

在办理企业合规案件过程中,依托第三方监督评估机制,充分发挥异地协作、公开听证、检察建议等作用,促进涉案企业及关联企业共同整改,形成工作合力。组建巡回检查小组,对第三方组织履职情况开展"飞行监管",确保对涉案企业的监督评估客观公正有效。延伸检察职能,推动行业治理,实现"办理一案、治理一片"效果。

一、基本案情

山东省沂南县 Y 有限公司(以下简称"Y 公司")系专门从事家电销售及售后服务的有限责任公司,法定代表人姚某明。除 Y 公司外,姚某明还实际控制由其表哥姚某柱担任法定代表人的沂水县 H 电器有限公司(以下简称"H 公司")。

2016 年 9 月、2018 年 3 月、2020 年 6 月,犯罪嫌疑人姚某明为让 Y 公司中标沂水县农村义务教育学校取暖空调设备采购,沂水县第一、第四中学教室空调等招标项目,安排犯罪嫌疑人徐某(Y 公司员工)借用 H 公司等三家公司资质,通过暗箱操作统一制作标书、统一控制报价、协调专家评委等方式串通投标,后分别中标,中标金额共计 1134 万余元。2021 年 1 月,沂水县公安局以 Y 公司、姚某明等人涉嫌串通投标罪移送沂水县检察院审查起诉。

二、企业合规整改情况及效果

一是综合审查，确定案件纳入企业合规考察范围。沂水县检察院经审查认为，虽然该案中标金额较大，但Y公司姚某明等人有自首情节，主动认罪认罚，Y公司正处于快速发展阶段，在沂南县、沂水县空调销售市场占据较大份额，疫情期间带头捐款捐物，综合考虑企业社会贡献度、发展前景、社会综合评价、企业负责人一贯表现等情况，以及该企业在法律意识、商业伦理、人员管理、财务管理等方面存在的问题，决定对该案适用企业合规试点工作。2021年6月，沂水县检察院经征询涉案企业、个人同意，层报山东省检察院审核批准，对该案正式启动企业合规考察。

二是探索异地协作，对涉案企业开展第三方监督评估。结合涉案企业Y公司所在地为沂南县、犯罪地为沂水县的实际，沂水县检察院多次与两地第三方机制管委会及沂南县检察院沟通交流，共同签订《企业合规异地协作协议》，并由沂南、沂水两地第三方机制管委会从专业人员名录库中抽取律师、市场监管、工商联人员5人组建第三方组织，对Y公司合规建设开展监督评估。第三方组织多次深入企业实地走访、考察，主动约谈企业负责人，全面了解企业情况，诊断出Y公司在风险防控、日常管理方面存在缺乏招投标管理制度，内部审批不严，账簿登记不实，守法意识不强，工资发放不规范等诸多问题，指导企业制定覆盖生产经营全过程、各环节和管理层级的合规计划，确定3个月的考察期。整改过程中，第三方组织每月将合规计划执行情况通报双方检察机关及第三方机制管委会，四方会商后对合规计划及执行情况提出修改完善意见建议，定期跟踪调度，并于考察期满后出具对涉案企业的合规考察报告。同时，沂水县检察院积极建议县工商联、县市场监管局指派专人，参照Y公司合规计划，一并督促做好关联企业H公司的合规整改。

三是组建巡回检查小组，对第三方组织履职情况开展"飞行监管"。沂水县第三方机制管委会制定《沂水县企业合规改革试点巡回检查小组工作方案》，结合本案案情，选取6名熟悉企业经营和法律知识的人大代表、政协委员、人民监督员组成巡回检查小组。巡回检查小组和办案检察官通过不预先告知的方式，深入到两个企业进行实地座谈，现场抽查Y公司近期中标的招标项目，对第三方组织履职情况以及企业合规整改情况进行"飞行监管"。通过现场核查，认为涉案企业整改到位，未发现第三方组织不客观公正履职情况。

四是延伸检察职能，扩大办案效果。承办检察官在全面审查合规考察报告和案件情况的基础上，提出拟不起诉意见。为确保公开公正，检察机关邀请政协委员、人民监督员和第三方机制管委会成员等5人组成听证团，对该案进行合规验收听证，听证人员一致同意检察机关意见。2021年10月，沂水县检察院经综合评估案情、企业合规整改、公开听证等情况，认为Y公司、姚某明等人主动投案、认罪认罚，主观恶性较小，串通投标次数较少，且案发后有效进行企业合规整改，建立健全相关制度机制堵塞管理漏洞，依法合规经营不断创造利税，社会危害性较小，对Y公司、姚某明等人依法作出相对不起诉决定。同时，针对办案过程中发现的问题，沂水县检察院建议行政主管部门对Y公司及其他公司出借资质的行为依法处理；向财政、教育、市场监管三部门发出完善招投标管理、堵塞制度漏洞等检察建议，建议进一步严格落实行贿犯罪查询、政府采购活动中违法违规行为查询等制度规定，加强对招标代理公司管理。

当地市场监管等部门积极采纳检察建议，开展招投标领域专项整治，对2021年以来60余个招投标项目全面清查，发现标前审查不严格、招标代理机构管理不规范等问题21个，并针对问题逐项整改；举办行业管理人员、招标代理机构专题培训，建立健全投标单位标前承诺制度、违法违规行为强制查询制度，对专项整治以来中标项目进行动态跟踪，畅通违法行为举报途径，加大惩罚力度，强化行政监管，有效遏制了串标、围标等违法行为。

三、典型意义

1.积极探索，对第三方组织开展“飞行监管”。该案中，为确保企业合规建设和第三方组织监督工作依法、规范、有序进行，第三方机制管委会组建巡回检查小组，探索建立“飞行监管”机制，对第三方组织及其组成人员的履职情况开展不预先告知的现场抽查和跟踪监督。实践中，第三方机制管委会可以牵头组建巡回检查小组，邀请人大代表、政协委员、人民监督员、退休法官、检察官以及会计、审计、法律、合规等相关领域的专家学者担任巡回检查小组成员开展巡回检查，并将检查情况及时报告第三方机制管委会及其联席会议，提出改进工作的意见建议。

2.强化协作配合，促进关联企业共同整改。该案探索建立第三方监督评估异地协作模式，对涉案企业开展合规建设。同时由行政主管部门加强对关联企业合规整改的监督指导。经过共同监管，涉案企业及关联企业专门聘请法律顾问进行合规建设，同时建立每月述职谈合规、合规学习、员工管理、财务管理、举报制度等相关机制。整改期间，Y公司参与了六个项目的招投标，依法合规承揽工程2000余万元,稳定持续提供就业岗位200余个。同时,各职能部门在各自管理环节落实“谁执法谁普法”,加强正面引导和反面警示,让招投标领域相关从业人员正确判断自己的行为性质,遵规守法,加强行业自律。

3.注重行业治理,实现“办理一案、治理一片”效果。近年来,不法分子为经济利益所驱动,在工程建设、设备采购等多个领域大肆“串标”“围标”,不仅严重扰乱市场经济秩序,侵害其他招投标当事人合法利益,还给工程质量、安全管理带来隐患,各方务必高度重视,采取有力措施加以解决。该案中,检察机关积极延伸办案职能,主动作为,注重加强与相关行政主管部门的沟通协作,用好公开听证、检察意见、检察建议组合拳,促进从个案合规提升为行业合规,助力在招投标领域形成合规建设的法治氛围,努力实现“办理一起案件、扶助一批企业、规范一个行业”的良好示范效应。

案例四:随州市Z公司康某某等人重大责任事故案
——在涉企危害生产安全犯罪案件中适用企业合规推动当地企业强化安全生产意识

【关键词】

重大责任事故　专项合规整改　第三方监督评估　安全生产

【要旨】

针对涉案企业安全生产管理中漏洞,检察机关深入开展社会调查,积极引导企业开展合规建设。检察机关委托应急管理局、市场监督管理局、工商联等第三方监督评估机制管委会成员单位以及安全生产协会,共同组成第三方监督评估组织,指导涉案企业及其相关人员结合履行合规计划,认真落实安全生产职责。检察机关对合规考察结果认真审查,组织召开公开听证会,确保合规整改效果,推动当地企业强化安全生产意识。

一、基本案情

湖北省随州市Z有限公司(以下简称“Z公司”)系当地重点引进的外资在华食品加工企业,康某某、周某某、朱某某分别系该公司行政总监、安环部责任人、行政部负责人。

2020年4月15日,Z公司与随州市高新区某保洁经营部法定代表人曹某某签订污水沟清理协议,将食品厂洗衣房至污水站下水道、污水沟内垃圾、污泥的清理工作交由曹某某承包。2020年4月23日,曹某某与其同事刘某某违规进入未将盖板挖开的污水沟内作业时,有硫化氢等有毒气体溢出,导致二人与前来救助的吴某某先后中毒身亡。随州市政府事故调查组经调查后认定该事故为一起生产安全责任事故。曹某某作为清污工程的承包方,不具备有限空间作业的安全生产条件,在未为作业人员配备应急救援装备及物资,未对作业人员进行安全培训的情况下,违规从事污水沟清淤作业,导致事故发生,对事故负有直接责任。康某某、周某某、朱某某作为Z公司分管和负责安全生产的责任人,在与曹某某签订合同以及曹某某实施清污工程期间把关不严,未认真履行相关工作职责,未及时发现事故隐患,导致发生较大生产安全事故。案发后,康某某、周某某、朱某某先后被公安机关采取取保候审措施,Z公司分别对曹某某等三人的家属进行赔偿,取得了谅解。2021年1月22日,随州市公安局曾都区分局以康某某、周某某、朱某某涉嫌重大责任事故罪移送随州市曾都区检察院审查起诉。

二、企业合规整改情况及效果

一是审查启动企业合规考察。曾都区检察院经审查认为,康某某等人涉嫌重大责任事故罪,属于企业人员在生产经营履职过程中的过失犯罪,同时反映出涉案企业存在安全生产管理制度不健全、操作规程执行不到位等问题。事故报告认定被害人曹某某对事故负有直接责任,结合三名犯罪嫌疑人的相应管理职责,应当属于次要责任。三人认罪认罚,有自首情节,依法可以从宽、减轻处罚。Z公司系外资在华企业,是当地引进的重点企业,每年依法纳税,并解决2500余人的就业问题,对当地经济助力很大。且Z公司所属集团正在积极准备上市,如果公司管理人员被判刑,对公司发展将造成较大影响。2021年5月,检察机关征询Z公司意见后,Z公司提交了开展企业合规的申请书、书面合规承诺以及企业经营状况、纳税就业、社会贡献度等证明材料,检察机关经审查对Z公司作出合规考察决定。

二是精心组织第三方监督评估。检察机关委托当地应急管理局、市场监督管理局、工商联等第三方监督评估机制管委会成员单位以及安全生产协会,共同组成了第三方监督评估组织。第三方组织指导涉案企业结合事故调查报告和整改要求,按照合规管理体系的标准格式制定、完善合规计划;建立以法定代表人为负责人、企业部门全覆盖的合规组织架构;健全企业经营管理需接受合规审查和评估的审查监督、风险预警机制;完善安全生产管理制度和定期检查排查机制,从制度上预防安全事故再发生,初步形成安全生产领域“合规模板”。

Z公司在合规监管过程中积极整改并向第三方组织书面汇报合规计划实施情况。2021年8月,第三方组织对Z公司合规整改及合规建设情况进行评估,并报第三方机制管委会审核,Z公司通过企业合规考察。

三是公开听证依法作出不起诉决定。检察机关在收到评估报告和审核意见后组织召开公开听证会,邀请省人大代表、省政协委员、人民监督员、公安机关和行政监管部门代表、工商联代表以及第三方组织代表参加听证,参会人员一致同意检察机关对康某某等三人作不起诉处理。2021年8月24日,检察机关依法对康某某、周某某、朱某某作出不起诉决定。

Z公司通过开展合规建设,逐步建立起完备的生产经营、安全防范、合规内控的管理体系,企业管理人员和员工的安全生产意识和责任感明显增强,生产效益得到进一步提升。

三、典型意义

1.检察机关积极稳妥在涉企危害生产安全犯罪案件中适用企业合规,推动当地企业强化安全生产意识。检察机关为遏制本地生产安全事故多发频发势头,保护人民群众生命财产安全,教育警示相关企业建立健全安全生产管理制度,积极稳妥选择在安全生产领域开展企业合规改革试点。涉企危害生产安全犯罪具有不同于涉企经济犯罪、职务犯罪的特点,检察机关需要更加深入细致开展社会调查,对涉企危害生产安全犯罪的社会危害性以及合规整改的必要性、可行性进行全面评估,确保涉案企业"真整改""真合规",切实防止"边整改""边违规"。

2.检察机关在企业合规试点中注意"因罪施救""因案明规"。在合规整改期间,检察机关针对危害生产安全犯罪的特点,建议第三方组织对企业合规整改情况定期或不定期进行检查,确保企业合规整改措施落实落细。同时,第三方组织还根据检察机关建议,要求企业定期组织安全生产全面排查和专项检查,组织作业人员学习生产安全操作规程,加强施工承包方安全资质审查,配备生产作业防护设备,聘请专家对企业人员进行专项安全教育培训并考试考核。涉案企业通过合规整改,提高了安全生产隐患排查和事故防范能力,有效防止再次发生危害生产安全违法行为。

3.检察机关积极适用第三方机制,确保监督评估的专业性。本案中,检察机关紧密结合涉企危害生产安全犯罪特点,有针对性加强与第三方机制管委会沟通协调,由安全生产领域相关行政执法机关、行业协会人员组成第三方组织,应急管理部门相关人员担任牵头人,提升监督评估专业性。第三方组织围绕本案中造成生产安全责任事故的重要因素,如未认真核验承包方作业人员劳动防护用品、应急救援物资配备等情况,未及时发现承包方劳动防护用品配备不到位等问题,指导涉案企业及其相关人员结合履行合规计划,认真落实安全生产职责,细致排查消除安全生产隐患,确保合规整改取得实效。

案例五:深圳X公司走私普通货物案
——持续开展合规引导,做好刑事司法与行政管理行业治理的衔接贯通

【关键词】

合规激励　第三方监督评估　行刑衔接　合规传导

【要旨】

积极探索检察履职与企业合规的结合方式,发挥少捕慎诉等刑事司法政策的优势,激励企业加强合规管理。在涉案企业进行合规整改的过程中,检察机关应发挥程序性主导作用及保持中立性,推动企业真正依法合规经营。通过检察履职传导合规理念,加强与行政机关的沟通协作,促进"合规互认",提升合规效果,增强参与力量,形成保护民营经济健康发展合力。

一、基本案情

X股份有限公司(以下简称"X公司")系国内水果行业的龙头企业。2018年开始,X公司从其收购的T公司进口榴莲销售给国内客户。张某某为T公司总经理,负责在泰国采购榴莲并包装、报关运输至香港;曲某某为X公司副总裁,分管公司进口业务;李某、程某分别为X公司业务经理,负责具体对接榴莲进口报关、财务记账、货款支付等。

X公司进口榴莲海运主要委托深圳、珠海两地的S公司(另案处理)代理报关。在报关过程中,由S公司每月发布虚假"指导价",X公司根据指导价制作虚假采购合同及发票用于报关,报关价格低于实际成本价格。2018年至2019年期间,X公司多次要求以实际成本价报关,均被S公司以统一报价容易快速通关等行业惯例为由拒绝。2019年4月后,经双方商议最终决定以实际成本价报关。

2019年12月12日,张某某、曲某某、李某、程某被抓获归案。经深圳海关计核,2018年3月至2019年4月,X公司通过S公司低报价格进口榴莲415

柜,偷逃税款合计397万余元。案发后,X公司规范了报关行为,主动补缴了税款。2020年1月17日,深圳市检察院以走私普通货物罪对张某某、曲某某批准逮捕,以无新的社会危险性为由对程某、李某作出不批准逮捕决定。2020年3月3日,为支持疫情期间企业复工复产,根据深圳市检察院建议,张某某、曲某某变更强制措施为取保候审。2020年6月17日,深圳海关缉私局以X公司、张某某、曲某某、李某、程某涉嫌走私普通货物罪移送深圳市检察院审查起诉。

二、企业合规整改情况及效果

一是精准问诊,指导涉案企业扎实开展合规建设。2020年3月,在深圳市检察院的建议下,X公司开始启动为期一年的进口业务合规整改工作。X公司制定的合规计划主要针对与走私犯罪有密切联系的企业内部治理结构、规章制度、人员管理等方面存在的问题,制定可行的合规管理规范,构建有效的合规组织体系,完善相关业务管理流程,健全合规风险防范报告机制,弥补企业制度建设和监督管理漏洞,防止再次发生类似违法犯罪。经过前期合规整改,X公司在集团层面设立了合规管理委员会,合规部、内控部与审计部形成合规风险管理的三道防线。加强代理报关公司合规管理,明确在合同履行时的责任划分。聘请进口合规领域的律师事务所、会计师事务所对重点法律风险及其防范措施提供专业意见,完善业务流程和内控制度。建立合规风险识别、合规培训、合规举报调查、合规绩效考核等合规体系运行机制,积极开展合规文化建设。X公司还制定专项预算,为企业合规体系建设和维护提供持续的人力和资金保障。合规建设期间,X公司被宝安区促进企业合规建设委员会(以下简称"宝安区合规委")列为首批合规建设示范企业。鉴于该公司积极开展企业合规整改,建立了较为完善的合规管理体系,实现合规管理对所有业务及流程的全覆盖,取得阶段性良好效果,为进一步支持民营企业复工复产,深圳市检察院于2020年9月9日对X公司及涉案人员作出相对不起诉处理,X公司被不起诉后继续进行合规整改。

二是认真开展第三方监督评估,确保企业合规整改效果。为检验合规整改效果,避免"纸面合规""形式合规",深圳市宝安区检察院受深圳市检察院委托,于2021年6月向宝安区合规委提出申请,宝安区合规委组织成立了企业合规第三方监督评估工作组,对X公司合规整改情况进行评估验收和回访考察。第三方工作组通过查阅资料、现场检查、听取汇报、针对性提问、调查问卷等方式进行考察评估并形成考察意见。工作组经考察认为,X集团的合规整改取得了明显效果，制定了可行的合规管理规范，在合规组织体系、制度体系、运行机制、合规文化建设等方面搭建起了基本有效的合规管理体系，弥补了企业违法违规行为的管理漏洞，从而能够有效防范企业再次发生相同或者类似的违法犯罪。通过合规互认的方式，相关考察意见将作为深圳海关对X公司作出行政处理决定的重要参考。为了确保合规整改的持续性，考察结束后，第三方工作组继续对X集团进行为期一年的回访考察。

三是强化合规引导，做好刑事司法与行政管理、行业治理的衔接贯通。深圳市检察院在该案办理过程中，在合规整改结果互认、合规从宽处理等方面加强与深圳海关的沟通协作，形成治理合力，共同指导X公司做好合规整改，发挥龙头企业在行业治理的示范作用。整改期间，X公司积极推动行业生态良性发展，不仅主动配合海关总署关税司工作，不定期提供公司进口水果的采购价格，作为海关总署出具验估价格参数的参照标准，还参与行业协会调研、探讨开展定期价格审查评估与监督机制。针对案件办理过程中发现的行政监管漏洞、价格低报等行业普遍性问题，深圳市检察院依法向深圳海关发出《检察建议书》并得到采纳。深圳海关已就完善进口水果价格管理机制向海关总署提出合理化建议，并对报关行业开展规范化管理以及加强普法宣讲，引导企业守法自律。

开展合规整改以来，X集团在合法合规的基础上，实现了年营业收入25%、年进口额60%的逆势同比增长。2021年8月10日X集团被评为深圳市宝安区“3A”信用企业(3A:海关认证、纳税信用、公共信用)，同年9月9日被评为诚信合规示范企业。

三、典型意义

1.落实少捕慎诉慎押刑事司法政策，降低办案对企业正常生产经营的影响。该案中，鉴于X公司长期以正规报关为主，不是低报走私犯意的提起者，系共同犯罪的从犯，案发后积极与海关、银行合作，探索水果进口合规经营模式，深圳市检察院经过社会危险性量化评估，对重要业务人员李某、程某作出不捕决定。在跟踪侦查进展，深入了解涉案企业复工复产状况的基础上，深圳市检察院对两名高管张某某、曲某某启动捕后羁押必要性审查。经审查，深圳市检察院认为该案事实已经查清，主要证据已收集完毕，建议侦查机关将两名高管变更强制措施回归企业。后侦查机关根据建议及时对张某某、曲某某变更为取保候审，有效避免企业生产停顿带来的严重影响。

2.坚守法定办案期限，探索合规考察不局限于办案期限的模式。企业合规改革试点要依法有序推进，不能随意突破法律。改革试点中，如何处理合规考察期限和办案期限的关系是亟需厘清的重要问题。根据案件采取强制措施方式的不同，至多存在六个半月或一年的不同办案期限。本案中，涉案企业作为大型民营企业，其涉案合规风险点及合规管理体系建设较为复杂，合规整改时间无法在案件办理期限内完成。作为企业合规改革第一批试点地区，深圳检察机关根据涉案企业阶段性的合规整改情况作出不起诉决定后，持续督促其进行合规整改，合规考察期限届满后通过第三方工作组开展合规监督评估，确保合规整改充分开展、取得实效。

3.积极促成“合规互认”，彰显企业合规程序价值。检察机关对涉案企业作出不起诉决定后，行政执法机关仍需对涉案企业行政处罚的，检察机关可以提出检察意见。在企业合规整改期限较长的情况下，合规程序往往横跨多个法律程序，前一法律程序中已经开展的企业合规能否得到下一法律程序的认可，是改革试点实践中普遍存在的问题。本案中，深圳市检察机关对涉案企业开展第三方监督评估后，积极促成“合规互认”，将企业合规计划、定期书面报告、合规考察报告等移送深圳海关，作为海关作出处理决定的重要参考，彰显了企业合规的程序价值。

4.设置考察回访程序，确保合规监管延续性。企业合规监督评估后，涉案企业合规体系是否能实现持续有效地运转，直接关系到合规整改的实效。本案中，第三方工作组针对涉案企业合规管理体系建设尚待完善之处，再进行为期一年的企业合规跟踪回访，助力企业通过持续、全面合规打造核心竞争力。

案例六：海南文昌市S公司、翁某某掩饰、隐瞒犯罪所得案

——非试点地区在法律框架内积极开展企业合规改革相关工作因地制宜推动第三方监督评估机制规范运行

【关键词】

掩饰、隐瞒犯罪所得　第三方监督评估　公开听证　轻缓量刑建议

【要旨】

非试点地区严格按照法律规定和企业合规改革的精神，在本地选择符合条件的涉案高新技术民营企业开展企业合规考察。结合案发原因指导企业制定切实可行的合规计划，根据地方实际，推动第三方监督评估机制规范运行。企业合规整改结束后，检察机关组织公开听证，综合考虑案情及合规考察效果，对涉案企业及责任人依法提起公诉，并提出轻缓量刑建议。

一、基本案情

海南省文昌市S科技开发有限公司(以下简称“S公司”)系当地高新技术民营企业,翁某某系该公司厂长。

2015年至2016年期间,张某某(另案处理)在海南省文昌市翁田镇某处实施非法采矿,经张某某雇请的王某某(另案处理)联系,将采挖的石英砂出售给S公司。S公司厂长翁某某为解决生产原料来源问题,在明知石英砂为非法采挖的情况下,仍予以收购,共计3.69万吨。随后,翁某某安排公司财务部门通过公司员工陈某某及翁某某个人账户,将购砂款转账支付给王某某,王某某再将钱取出交给张某某。经审计,S公司支付石英砂款共计125万余元。

2020年2月,文昌市公安局在侦查张某某涉恶犯罪团伙案件时,发现翁某某涉嫌掩饰、隐瞒犯罪所得犯罪线索。2021年1月,翁某某经公安机关传唤到案后,如实供述犯罪事实,自愿认罪认罚。2021年2月,文昌市公安局以翁某某涉嫌掩饰、隐瞒犯罪所得罪移送文昌市检察院审查起诉。检察机关经审查,以涉嫌掩饰、隐瞒犯罪所得罪追加S公司为被告单位。

二、企业合规整改情况及效果

一是认真审查启动企业合规。检察机关经审查了解,S公司、翁某某涉嫌掩饰、隐瞒犯罪所得罪,反映出该公司及其管理人员过度关注生产效益,片面追求经济利益,法律意识较为淡薄。S公司系高新技术民营企业,生产的产品广泛应用于航天、新能源、芯片等领域,曾荣获全国优秀民营科技企业创新奖,现有员工80余人,年产值2000余万元。2021年3月,经S公司申请,检察机关启动合规整改程序,要求该公司对自身存在的管理漏洞进行全面自查并开展合规整改。2021年4月,S公司提交了合规整改承诺书,由公司董事会审核通过,并经检察机关审查同意,企业按照要求进行合规整改。

二是扎实开展第三方监督评估。2021年7月,由文昌市自然资源和规划局、市场监督管理局、税务局、综合行政执法局、工商联等单位的相关人员以及人大代表、政协委员、律师代表等组成的第三方监督评估组织,对S公司合规整改情况进行评估验收。2021年8月,第三方监督评估组织出具评估验收报告,认为S公司已经按照要求进行合规整改,建立了较为完善的内控制度和管理机制,可以对类似的刑事合规风险进行识别并有效预防违法犯罪。检察机关就S公司是否符合从宽处理条件及案发后合规整改评估情况举行公开听证会，充分听取人大代表、政协委员、律师代表和相关行政部门负责人的意见，还邀请人民监督员参加，全程接受监督。听证会上，听证员、人民监督员一致同意检察机关对S公司和翁某某的从宽处理意见，同时认可该企业的整改结果。

三是综合考虑提出轻缓量刑建议。2021年9月，文昌市检察院根据案情，结合企业合规整改情况，以S公司、翁某某涉嫌掩饰、隐瞒犯罪所得罪依法提起公诉，并提出轻缓量刑建议。2021年11月，文昌市法院采纳检察机关全部量刑建议，以掩饰、隐瞒犯罪所得罪分别判处被告单位S公司罚金3万元；被告人翁某某有期徒刑一年，缓刑一年六个月，并处罚金人民币1万元；退缴的赃款125万余元予以没收，上缴国库。判决已生效。

三、典型意义

1.非试点地区在法律框架内积极开展企业合规改革相关工作。文昌市检察院充分认识开展涉案企业合规改革工作的重大意义，作为非试点地区积极主动作为，全面梳理排查2020年以来受理的涉企刑事案件，建立涉企案件台账，通过严把企业合规案件的条件和范围，精心选定开展企业合规改革工作的重点案件。

2.结合案发原因，指导企业制定切实可行的合规计划。检察机关经审查认为，S公司在合规经营方面主要存在两个方面的明显漏洞，首先是合同签订履行存在违法风险，其次是财务管理存在违规漏洞。鉴此，有针对性地指导企业重点围绕建立健全内部监督管理制度进行整改，督促企业在业务审批流程中增加合规性审查环节，建立起业务流程审批—法律事务审核（合规性审查）—资金收支规范—集团公司审计等四个方面全流程监管体系，有效防控无书面合同交易、坐支现金等突出问题。

3.根据本地实际，推动第三方监督评估机制规范运行。作为非试点地区，检察机关商请当地自然资源和规划局、市场监督管理局、税务局、综合行政执法局、工商联等单位的业务骨干以及人大代表、律师代表组成第三方组织对S公司合规整改情况进行评估验收，评估方式包括召开座谈会、查阅公司资料和台账、对经营场所检查走访等。各方面专业人员在此基础上结合各自职责范围出具评估验收报告，督促涉案企业履行合规承诺，促进企业合规经营。

4.充分履行检察职能，确保合规工作取得实效。本案中，检察机关结合办案发现、研判企业管理制度上的漏洞，向涉案企业制发检察建议，有针对性地指出问题,提出整改建议要求,督促涉案企业履行合规承诺。同时,还派员不定期走访S公司及相关单位,持续对合规整改进行跟踪检查并提出意见建议。整改完成后,及时公开听证,做到“能听证、尽听证”。目前,S公司在合规整改完成后,已妥善解决生产原料来源问题,经营状况良好。

附录一　刑事公诉制度相关文件目录(2021)

1.《中共中央关于加强新时代检察机关法律监督工作的意见》

2.《最高人民检察院关于推进行政执法与刑事司法衔接工作的规定》

3.《人民检察院办理网络犯罪案件规定》

4.《人民检察院办理认罪认罚案件开展量刑建议工作的指导意见》

5.《人民检察院办理认罪认罚案件听取意见同步录音录像规定》

6.《最高人民法院、最高人民检察院关于办理危害食品安全刑事案件适用法律若干问题的解释(2021)》

7.《最高人民法院、最高人民检察院、公安部等关于依法惩治涉枪支、弹药、爆炸物、易燃易爆危险物品犯罪的意见》

8.《最高人民检察院关于进一步做好刑事错案的依法纠正、责任追究和善后工作的意见》

9.《检务公开工作细则》

10.《人民检察院巡回检察工作规定》

11.《关于加强减刑、假释案件实质化审理的意见》

12.《最高人民检察院关于充分发挥检察职能服务保障黄河流域生态保护和高质量发展的意见》

13.《最高人民检察院、公安部关于健全完善侦查监督与协作配合机制的意见》

14.《人民检察院羁押听证办法》

15.《最高人民法院、最高人民检察院关于办理窝藏、包庇刑事案件适用法律若干问题的解释》

16.《最高人民法院、最高人民检察院、公安部关于办理电信网络诈骗等刑事

案件适用法律若干问题的意见(二)》

17.《最高人民法院、最高人民检察院〈关于常见犯罪的量刑指导意见(试行)〉的通知》

18.《最高人民法院、最高人民检察院、公安部、司法部关于进一步加强虚假诉讼犯罪惩治工作的意见》

19.《最高人民法院、最高人民检察院关于执行〈中华人民共和国刑法〉确定罪名的补充规定(七)》

20.《关于建立涉案企业合规第三方监督评估机制的指导意见(试行)》

21.《关于在办理涉未成年人案件中全面开展家庭教育指导工作的意见》

22.《最高人民法院、最高人民检察院、公安部关于敦促跨境赌博相关犯罪嫌疑人投案自首的通告》

23.《最高人民法院、最高人民检察院、公安部、司法部关于敦促涉黑涉恶在逃人员投案自首的通告》

附录二　刑事公诉相关典型案例目录(2021)

1.最高人民检察院第二十五批指导性案例

2.最高人民检察院第二十六批指导性案例

3.最高人民检察院第二十七批指导性案例

4.最高人民检察院第三十二批指导性案例

5.全国检察机关首批检察改革典型案例

6.检察机关推进网络空间治理典型案例

7.全国检察机关依法办理涉新冠肺炎疫情典型案例(第十三批)

8.首批保障律师执业权利典型案例

9.全国检察机关依法办理涉新冠肺炎疫情典型案例(第十四批)

10.涉窨井盖犯罪典型案例

11.惩治洗钱犯罪典型案例

12.2020 年度检察机关保护知识产权典型案例

13.依法惩治家庭暴力犯罪典型案例

14.检察机关与各方力量携手构建未成年人保护大格局典型案(事)例

15.企业合规改革试点典型案例

16.检察听证典型案例(第二批)

17.检察机关依法惩治新型毒品犯罪典型案例

18.全国检察机关依法惩治侵犯军人军属合法权益、危害国防利益犯罪典型案例

19.全国检察机关依法惩治妨害疫情防控秩序犯罪典型案例

20.人民检察院行刑衔接工作典型案例

21.检察机关依法追诉诈骗犯罪典型案例

22.检察机关依法惩治长江流域非法捕捞水产品犯罪典型案例

23.在办理涉未成年人案件中全面开展家庭教育指导工作典型案例

24.检察机关依法惩治开设赌场犯罪典型案例

25.检察机关依法惩治寄递违禁品犯罪典型案例

26.检察机关贯彻少捕慎诉慎押刑事司法政策典型案例(第一批)

27.第二批企业合规典型案例

28.检察机关对农村地区生活困难当事人等重点救助对象开展司法救助典型案例